彭城争霸

宿巍 著

辽宁人民出版社

图书在版编目（CIP）数据

彭城争霸 / 宿巍著 . -- 沈阳：辽宁人民出版社，
2025．6．-- ISBN 978-7-205-11513-5

Ⅰ．K234.109

中国国家版本馆 CIP 数据核字第 2025QW3402 号

出版发行：辽宁人民出版社
　　　　　地址：沈阳市和平区十一纬路 25 号　邮编：110003
　　　　　电话：024-23284191（发行部）　024-23284304（办公室）
　　　　　http ://www.lnpph.com.cn
印　　　刷：河北朗祥印刷有限公司
幅面尺寸：160mm×230mm
印　　张：21
字　　数：270 千字
出版时间：2025 年 6 月第 1 版
印刷时间：2025 年 6 月第 1 次印刷
责任编辑：赵维宁　姚　远
封面设计：东合社·安宁
版式设计：一诺设计
责任校对：吴艳杰
书　　号：ISBN 978-7-205-11513-5

定　　价：79.80 元

序 言

楚汉争霸，前有大秦，后有大汉。楚汉战争是过渡，也是插曲。

大秦横扫六国，在中国历史上第一次实现真正意义上的统一。秦始皇的功绩在于创基立制，书同文、车同轨，中央集权，加强君权，改分封为郡县，变贵族政治为职业官僚政治，将依附于各级贵族的百姓变成国家的编户齐民。

秦始皇的改革重大举措具有伟大的开创性，此后两千多年的中华封建君主专制体制即由此确立。中央集权、郡县制，成为历代王朝的标准模式，被始终遵循、执行、守护。

但秦始皇的大变革也彻底激怒了贵族势力。加之他不顾国力，滥用民力，导致其失去底层民众的拥护，仅靠军事威慑勉强维持统治。

当秦始皇驾崩，秦军主力又北逐匈奴南征百越，使秦在中原的统治力度变得异常脆弱，他的接班人秦二世又缺乏掌控全局的能力，危机便出现了。

最初的反抗是底层的平民，但很快各地的贵族便成为反秦起义的领导者，其代表就是项梁、项羽叔侄。他们反秦，不仅因为秦楚之间的国家矛盾，也因为秦的郡县制触犯到贵族的根本利益，因而双方爆发了激烈的冲突。

秦的统治被推翻，项羽希望形成以他主导的新的分封体系即戏下分封，但历史很快证明，分封制已是明日黄花，贵族的好时光一去不返了。

项羽与刘邦共同完成反秦大业。然而，他们之间的楚汉争霸才真正开始。

事实上，当项羽与刘邦肩负不同的使命从彭城出征的那时起，他们的争霸战争便已经开启。

鸿门宴，这场历史上著名的盛宴也成为刘邦与项羽决裂的标志，从此他们分道扬镳，从此他们化友为敌，一场你死我活的较量也由此展开。

项羽在戏下主持战后的分封，这是他此生在巨鹿之战后的又一个高光时刻。而这同时也是刘邦在鸿门宴之后的第二个人生挫折。鸿门之宴与戏下分封，决定了项羽与刘邦之间，只能有一个胜者。胜者为王。

项羽的分封与之前的西周分封已经不可同日而语，但即便如此，依然难以实现。刘邦虽起兵于楚，但他真正的龙兴之地在关中。项羽想不到，刘邦最终战胜他，靠的也是分封。刘邦闪击彭城先胜后败，在现实面前，刘邦清楚，只有通过分封才能击败项羽。刘邦在下邑也进行了一次分封，将项羽的楚地分给韩信、彭越、黥布，要求只有一个，帮他打败项羽。

最终，三人帮助刘邦实现愿望。韩信攻占项羽的彭城阻其归路。西楚大势已去。汉军及诸侯军四面合围而来，项羽兵败垓下，陷入十面埋伏、四面楚歌之中，在霸王别姬的生死离别之后，西楚霸王项羽自杀。楚汉战争，以刘邦的胜利结束。

刘邦在功臣、诸侯的拥戴下建号称帝，国号大汉。刘邦成为中国历史上第一位平民出身的皇帝。

汉承秦制。刘邦在秦国旧地依旧实行中央集权的郡县制，但也顺应人心与当时的社会思潮，在六国所在的关东恢复分封，实际是郡国并行。

　　称帝之后，刘邦用了整整七年的时间，将异姓诸侯强行变成同姓诸侯，而他击败项羽的楚汉战争也才历时四年。

　　郡国并行，以同姓取代异姓已经是刘邦所能做出的最好选择。他需要用同姓诸侯去制衡吕氏外戚与丰沛功臣。至于吕氏外戚、丰沛功臣与同姓诸侯三者共存是利大于弊还是弊大于利，只能留给他的子孙去解决，而后来的文景之治与昭宣中兴，其实已经给出答案。

目　录

六世余烈　二世而终——大秦兴亡

秦国历六世而兴，二世即亡。其中的原因复杂而深刻。从战国七雄到秦的统一，不仅仅是国家之间的兼并战争，更是分封制被郡县制全面替代的政治革新。

从西周分封到秦朝郡县，原本缓慢的进程，却因秦的速胜，一朝而定。仅仅数十年间，分封变郡县，战国时代的人们由此经历近千年未有之大变局。

秦的兼并战争以及统一六国，不仅有刀剑上的交锋，也有思想上的激烈碰撞。战场上，表现为秦并六国；思想上，呈现的则是儒法之争。

然而，秦的改变过于迅猛，这种一步到位的政治改革是在秦始皇的强制下推行的，缺乏深厚的政治基础与历史积淀。

真正成功的改革都是渐进式的。疾风暴雨般的改革往往都是昙花一现。

郡县制从战国萌芽，到秦朝确立，再到汉朝稳定，从秦皇到汉武，历经百年风雨，才最终确立。

数百年的战国被秦始皇用数十年结束，准确地说，只有十年。从七雄并立，到大秦一统，秦始皇只用了十年。虽然秦始皇的统一是在奋六世之余烈的基础上取得的胜利，但是这个速度还是快得有点不可思议，令人惊叹。然而，秦始皇令人惊叹的还远不止于此。

他这辈子干了许多事儿，很多还是开创性的大事，足以垂范后世，如书同文、车同轨、统一度量衡，等等。随便举出一个都足以影响千年。

秦始皇的远见卓识超越了同时代的许多人，以至于当时很多人对他的做法难以理解，更难认同。后世知道这些举措深刻地改变并影响着中国的历史。

书同文、车同轨对一个大一统的国家有多重要，历史已经做出了回答。正是这些举措，将原本松散分裂的中国紧紧地团结在一起，直到今天，在可以预见的将来依然如此。

极有见地又极具魄力的始皇帝做的都是开基立业、垂范千年的大业。秦始皇最大的优点就是做事果决、雷厉风行，从不拖泥带水。这是他的优点，但同时也是他的缺点。

秦始皇做事最大的特点就是快。统一六国，只用十年，快。从他成为始皇帝，放弃分封制，到全面推行郡县制，推进新政，也只有十年，还是快。

数百年之分裂被他用十年结束，数百年之分封也被他用十年推翻。然而，历史是有惯性的，对于当时的国家而言，快，未必都是好事儿。

在一个缓慢但稳定的轨道上运行，速度虽然慢，但至少平稳，数百年来人们已习惯于这种平稳。然而，秦始皇的出现令国家强行改道，还要提速运行，突然地变轨改道提速开快车，大概率会翻车。对于一个大国而言，快并不是最重要的，稳才是。只有稳定才能长久。改革也要稳步推进，因为涉及方方面面的利益，一步到位只能激化矛盾引起动荡。

在国家内部，秦始皇只求快，忽视稳，这是秦极盛而衰的内因。

在对外方面，秦始皇只做了两件大事，北逐匈奴，南并百越。他做的这些事情，后来的汉武帝也一件不少都做了。秦的胜利是短暂的，随着政权的崩塌，这些胜利也都烟消云散。汉的胜利是持久的，骄狂百年的匈奴被打得远遁漠北，南越更是永久成为大汉疆土。

造成秦与汉不同的结局的原因就在于，秦一味求快，而汉则是稳中求进。

秦始皇过于急躁，甚至可以说是急功近利、好大喜功。刚刚完成统一，便急不可待地南征北战。北逐匈奴，南并百越。不是不对，这甚至可以说是非常正确，是功在当代、利在千秋的伟业。事做得对，但时机不对。

此时的秦只是表面看起来强大，因为这种建立在军事征服基础上的统一很脆弱。

这点大秦与后来的前秦颇有几分相似。前秦在统一中国北方的过程中表现得也极为强悍，在北方的战事结束不久，前秦即挥师南下，结果淝水之战，一战即原形毕露，土崩瓦解。

国家尚未稳固，便急于对外征伐，后果就是从极盛转入极衰。

大秦虽未遭遇淝水之战那种惨败，却遇到比那更糟的情况，即秦始皇的暴亡。

秦始皇是国家的缔造者也是国家的灵魂。他的突然暴亡，令原六国之人看到机会，仅仅一年，整个国家就陷入一片混乱，两年后，强盛一时的大秦便土崩瓦解，之前北逐匈奴、南并百越的战果也一朝散尽。

汉则不同，刘邦在起兵推翻暴秦后，又与项羽楚汉争霸，战胜项羽，建立汉朝，这才仅仅是开始。刘邦称帝后始终将重心放在稳定内部，即使遭遇白登之围，也从未改变。刘邦处心积虑清除异姓诸侯，用同姓诸侯取而代之，郡国并行，以同姓诸侯制衡丰沛功臣，实现国家稳定。汉文帝解除丰沛功臣的威胁。汉景帝则通过平定七国之乱解除同姓诸侯的威胁。到汉武帝即位时，汉朝才实现政治稳定、国家富庶。汉武帝在此基础上对外用兵，延续当年秦始皇的征伐之路，北逐匈奴，南并百越，也取得大胜，而且胜得持久。

秦的败亡，源于他的速胜。因为速胜才会膨胀，不顾国力的极度扩张，才导致国家的迅速崩塌。

分封而治　郡县立国——儒法之争

秦始皇之所以备受争议，被视为千古暴君，很大原因在于他的"焚书坑儒"。然而，事情并非"焚书坑儒"那么简单。

战国秦汉之际，虽是百家争鸣，但同为显学的只有儒、法两家。

战国的时代大趋势是从分封走向郡县，从分权走向集权。郡县制与中央集权是法家的倡导。分封制却是儒家的主张。

战国后期，各国都在进行变法改革，在中央集权，在地方建立郡县。儒家却还在主张"复古"，倡导分封，与各国君主加强中央集权的意愿背道而驰，也难怪儒生们会处处碰壁，不受各国国君的待见。

秦统一之后，对是实行分封制还是推行郡县制的争论就从未停止过。

战国时代，七国都是分封与郡县并行。

秦统一后，始皇帝打算改弦易辙，在全国彻底推行郡县制，因为他吃过分封的苦。就在不久之前的伐楚之役，昌平君的叛乱导致大将李信伐楚失败。李信兵败，就是因为昌平君在其后方突然反秦，致使李信腹背受敌。而此前一直重用昌平君的就是秦始皇本人，因此说秦始皇才是李信伐楚失败的主要责任人，李信不过是替秦始皇背锅。

有伐楚的前车之鉴，秦始皇不想重蹈覆辙。封君制始终存在隐患，甚至对国君形成威胁。在秦始皇之前的封君是各类政变的主要参与者，秦始皇本人也经历过多次的封君叛乱，所以，他才想全力推行郡县制。所有的郡县官员都不再世袭而由他直接任命，听他指挥，向他负责。但他这么做势必会触及贵族阶层的利益，不仅是秦国的贵族，还有六国的，所有的贵族都将站到他的对立面。

分封制下，贵族都是世袭。

郡县制下，只有皇帝才能世袭。

也许有人会说，秦国的贵族为何不反对。他们何尝不想，只是做不到。

想想秦国为何能从偏远落后的西陲之国一跃而成群雄之首横扫六国。秦国实现逆袭，当然是因为变法。

秦的变法是战国七雄中最彻底的，也是最成功的。为何会最彻底、最成功？因为秦国的贵族势力最弱，变法改革阻力最小。

而战国变法最鲜明的时代特征就是中央集权。权力归于中央，地方自然弱小。战国前期的封君对封地有实际的管辖权，还可以在封地征兵，但到后期，很多封君只是徒有其名，食其租税。

秦的分封制最大的转变就发生在秦始皇在位期间，此时秦尚未完成统一。所以，大将王翦才会发出感叹，为大王将，有功，终不得封侯。

秦国的贵族早就躺平了。至于六国贵族，早已是亡国之人，反不反对，有何差别？

秦始皇对统一后的国家是继续执行分封与郡县并行，还是推行全面的郡县制，心中早已有了答案。

只不过，在真正统一之前，他从未对外公开宣布。从他即位以来，初期忙于稳固权位，后期他的主要精力都投入到为期十年的统一六国的战争中。直到战争结束，他终于有时间和精力去推行酝酿已久的各种制度，如书同文、车同轨等，当然，最重要的还是郡县制。

因为秦始皇未公开他的主张，群臣也不知他的心意。于是，丞相王绾建议仍旧实行分封，分封秦始皇的儿子们去齐、楚等边远之地为王，镇抚守卫。

对秦始皇的心思，大臣们也不是一点都猜不透，从丞相王绾提出的封始皇诸子为王的方案上就能看出，这已经是做过妥协的了。

王绾未说在全国推行，只是说在秦统治薄弱，势力还不强的地区如齐、楚旧地实行分封，至于秦的关中、巴蜀，甚至中原，也未提及。

尽管小心翼翼，但他们还是错误地估计了形势，即使在偏远之地的分封，秦始皇也是不接受的，他要的是彻底的郡县制。但他的这个举动过于超前，因为丞相王绾的建议得到大多数朝臣的拥护，说明大家更认同以往的分封与郡县并存的制度。

秦始皇让群臣表态，大家都赞同王绾，这个场面令秦始皇很被动。幸好，廷尉李斯是懂秦始皇的，也可能之前他们就已经做过商议。

李斯说："昔日周朝分封同姓，为的也是同姓子弟能出入相友、守望相助。结果如何呢？数代之后，族属疏远，举兵相攻如同寇仇。今海内赖陛下神灵一统，皆为郡、县，诸子功臣以赋税重赏赐之，甚足易制，此安宁之术也。分封诸侯，多有不便。"这时，秦始皇接过话锋说："天下苦战不休，就是因为有这些侯王。赖宗庙，天下初定，又复立国，是再树兵！廷尉此言极是。"于是，大议既定，不分封，设郡县，在全国设三十六郡。

西周分封是因为不得不分封。

秦不分封是因为不必分封。

原因，其实就是这么简单。

很多人以为的分封：被册封为一方诸侯，然后带着自己的家人班底去上任就行了。封地有现成的城池，有负责管理的官员，还有众多的百姓为你服劳役纳税赋。

而实际的情况是，你得到的可能只是一张委任状。封地，确实存在，但只有少数的几座城给你接收。除此之外，周边地区到处都是未开发的土地，以及充满敌意的当地人。要想成为真正的一方诸侯，只能靠自己去开拓。与周边的民族斗智斗勇，一边战斗一边建设。筚路蓝缕，以启山林，说的就是诸侯创业的艰难。经过多少代人的努力，才能成为名副其实的诸侯。

周的分封是不得已而为之。在周推翻商的统治之前，只是一个西陲小国，即使殷商覆亡，周也不具备治理广袤国土的实力。

在自身实力不够强大的同时又希望控制更多的土地，即使是名义上的控制者也可以，于是，分封制度就诞生了。

西周初建，一方面对原有的各路诸侯予以招抚，一方面分封大批的同姓诸侯。

原先的诸侯国只要拥护周朝，就能得到承认。同姓诸侯则分散到广袤的国土上封邦建国开基立业，以实现迅速扩张，壮大实力。

周的分封，目的明确，分封亲戚，以藩屏周。受封的同姓诸侯要接受周王的领导，纳贡称臣，服从周王的命令，带领军队追随周王作战。

但大秦不同以往，秦对疆域国土的控制力度不知要比周强多少倍。秦在统一之前就已经是一个高度中央集权化的国家。商鞅变法时已设郡立县。即使有封君的存在，他们也不再是国家的主体。民众都是被纳入户籍的国家的编户齐民。

正是因为国家能够实际控制民众，才能进行充分的动员，集中各种资源，同时征发百姓从军进行兼并战争。

秦在全国设郡立县，各级政权由郡到县，直至乡邑，都有国家任命的各级官吏进行管理。这些官吏大多都由国君委任，保证权力的高度集中、政令的贯彻统一。秦不再需要分封进行分权管理。秦的高度集权的郡县制，管理更为高效。

分封是西周在实力不足的情况下，要实现迅速扩张才设计出的制度。

不是周人愿意将土地分封出去，而是那些土地很多原本就不属于他们，而他们的分封只不过是授权，至于建国还要靠受封者自己去实现。

秦具备强大的实力，有行之有效的政权体系，有在编户齐民基础上建立的庞大军队，自己完全能掌控的土地，又怎么会分给别人。分封其实分的都是别人的地，自己的地才不会分封，当然要留给子孙，传之万世。

任何时代，土地都是国家的根本。

战国数百年烽火不息，皆因分封而起。诸侯，才是乱源所在。天下纷争不休，皆因分封。罢黜分封，天下才能安定。

既然已经有更好的郡县制，当然就要摒弃落后的分封制。李斯的话已经说得很清楚。他讲的就是秦始皇想说的。即使分封给子弟，数代之后，血脉疏远，还是会重蹈周的覆辙，兄弟之国举兵相攻如同寇仇。李斯是战国法家的代表人物。秦始皇的治国理念即来自法家。

分封是导致动荡的乱源，以丞相王绾为首的官僚知道吗？他们当然知道。那为何还要坚持？因为利益。分封制最大的受益者是贵族。郡县制最大的赢家是皇帝。

所有的路线之争、权力斗争，归根到底都是利益之争。

儒法之争是两种思想流派的斗争，更是两种政治路线的斗争，但最根本的还是利益斗争。

所有的思想流派都代表着一个社会阶层、一定的社会团体的利益。从儒家到墨家再到法家都是如此。

儒家为何能长盛不衰？因为他代表着封建贵族的利益。

战国时代异军突起，实力强大到能与儒法并为显学的墨家为何会在秦统一后突然消失？因为墨家代表的是平民的利益。

儒家的宗法制度尊尊亲亲尚能为统治者所用，作为门面来遮蔽法家治国路线的本质。墨家的主张则直接与中央集权崇尚法治的国家政权背道而驰，当然不为当权者所容。

法家中央集权的政治主张才是统治者最欣赏最推崇的政治路线。因为法家的学说最符合他们的利益。

儒家的治国理念尽管与法家不同，但法家的主张过于露骨、缺乏温情，也过于直接，而儒家的宗法观念反而能为统治者所用。因此，历代以来，中央集权国家都在本质上实行法家制度，但在表面上又推行儒家的尊尊亲亲，为冷酷的政治披上一层温情的外衣，这即秦汉以来历代王朝推行的外儒内法的国策。

但"王绾们"显然低估了秦始皇推行郡县制的决心。作为秦统一后的首任丞相，王绾从此消失，再未出现。这已经说明了秦始皇对分封的态度。

关键时刻，力挺皇帝的廷尉李斯，不久就变成丞相李斯。曾经的楚国小吏，如今位极人臣。才华很重要，但站队更重要。

秦始皇所有的功劳，改正朔、易服色、书同文、车同轨、统一度量衡、统一货币，等等，都是为了这个新兴的中央集权国家。

而郡县制才是秦始皇所有改革中最触及根本利益的制度。因为这项制度才是保证中央集权的政治基础。也因为这项制度，秦始皇得罪了很多既得利益阶层，他也才成为"千古暴君"。秦始皇几乎所有的罪过也都与此有关。

建国的第二年，秦始皇就开始全国范围的巡行。秦国立国七百年，但大秦还是初建，那些被他横扫的六国，随便一个，至少也是立国二三百年的国家。秦始皇很清楚，表面的平静下暗潮汹涌。六国并不甘心屈服，他们只是慑于秦的军威，暂时蛰伏。因此，他要不停地巡游全国，既是巡视，也是威慑。

秦始皇还召集术士为其寻找长生之术。他确实想延寿，那是因为，他想有更多的时间去守护他辛苦建立起来的国家。

秦始皇重用法家，欣赏法家学派的韩非，任用法家代表的李斯。但秦始皇起初对儒家也并不排斥。在泰山封禅时，秦始皇就广泛征询儒生的意见，并以儒家礼仪封禅泰山。

秦始皇建号称帝，很多制度上的设计也都有儒生的参与制定。

转变发生在始皇帝三十四年（前213），这年，秦始皇在咸阳宫置酒设宴，儒生博士七十人上前为皇帝祝酒。

仆射周青臣上前称颂郡县制说："昔日秦地方不过千里，赖陛下神灵明圣，平定海内，放逐蛮夷，日月所照，莫不宾服。以诸侯为郡县，人人自安乐，当传之万世。自上古不及陛下威德。"

秦始皇听了，很是受用。

这是他最想听也最爱听的话。

仆射周青臣精于人情世故，专拣皇帝爱听的说。

有情商高的，自然就有情商低的，周青臣话音未落，唱反调的就出现了。

儒生博士齐人淳于越上前进言："臣听说殷周享国千年，就是因为其大封子弟功臣，自为藩辅。今陛下有海内，而子弟为匹夫，一旦有田常、六卿之乱，到时靠何人相救？事不师古而能长久者，未所闻也。今周青臣阿谀谄媚是加重陛下的过错，非忠臣也。"

大祸就此铸下。

秦始皇异常愤怒，又不便当场发作，便令群臣再度就分封与郡县进行讨论。

丞相李斯说："五帝不相复，三代不相袭，各以为治。今陛下创开基之业，建万世之功，非愚儒所知。三代之事，何足法？异时诸侯并争，厚招游学。今天下已定，法令出一，百姓力农工，士则习法令。今诸生不师今而学古，诽谤当世，惑乱百姓。"

李斯的话说得很重，火药味已经很浓了。

丞相李斯又说："古者天下散乱，皆因诸侯并作，语皆道古以害今，饰虚言以乱实，人善其所私学，以非上之所立。今皇帝并有天下，别黑白而定一尊。私学而相与非法教，人闻令下，则各以其学议之，入则心非，出则巷议，率群下造谤。臣请史官非秦记皆烧之。非博士官所职，天下敢有藏诗、书、百家语者，悉诣守、尉烧之。有敢偶语诗书者弃市。以古非今者族。吏见知不举者与同罪。令下三十日不烧，黥为城旦。所不去者，医药卜筮种树之书。若欲有学法令，以吏为师。"

李斯建议焚书。秦始皇当即采纳，因为他已经失去耐心。

距上次廷议已过去八年，守旧势力依然顽固。尽管李斯是丞相，他也不敢自作主张，焚书之意显然出自秦始皇。

仅仅过去一年，矛盾再次被激化，为秦始皇访求仙药的侯生与卢生因怕骗术被发现，又怕找不到使人长生的仙丹妙药被责罚，私自逃走。如果只是畏罪逃亡也就罢了，可他们对皇帝重法轻儒的政策表示不满、大加批判，到处散布言论说皇帝只重用狱吏，不用博士。狱吏当然指的就是法家，博士自然是儒家。

秦始皇再次被激怒。这次就不是焚书了，他要坑人。

在咸阳的儒生术士四百六十余人被以妖言惑众的罪名坑杀。

焚书坑儒，秦始皇以实际行动坐实他的专制暴政。他想以这种方式止息谣言震慑反对派。

他的目的达成了吗？答案当然是否定的。他不仅未能达到预期的目的，还因为他的这种极端的野蛮方式激起更多的反抗。

先是焚书，后是坑儒。秦始皇在错误的路上越走越远。

但必须说明的是，秦始皇的焚书坑儒被明显夸大了。

他为何要焚书？因为那些书都是分封时代的书籍，宣传的也大都是周的思想。那些主张分封反对郡县的反对派的理论依据就是这些书籍。秦始皇当然不会允许这类"反动"书籍的存在。他焚的也主要是这类书。

秦始皇的坑儒，坑的有儒生，也有术士，但这些人有一个共同点，那就是都反对郡县，主张分封。他们在力主维护分封、宣传儒家的分封理论的同时，对秦始皇的"新政"重用法家推行郡县进行大肆抨击。

秦始皇焚书，焚的是反对派的思想武器、理论依据。秦始皇坑儒，坑的是反对郡县制的守旧派。

坑儒，坑杀的人其实并不多，打击面也不大，但政治影响相当恶劣。以血腥屠杀遏制言论，只能是适得其反。

防民之口甚于防川。长久的压抑，到时必然引起矛盾的井喷式爆发，周厉王压制言论，导致国人闭口不言，道路以目，最后被驱逐的故事就是前车之鉴。

任何时候，一种政策的出台都会有反对的声音，难道都杀吗？显然不现实。只要反对者不占主流，不影响政策的推行，就不必在意。兼听则明，一个真正自信强大的政权，应该允许反对的声音存在。

焚书，焚的主要是六国史书，儒家典籍。这对中国的历史文化造成的损失是巨大的。

儒家典籍因为学者众多传播广泛，基本得以保留，影响不大。

但六国的史书，属于官修，烧掉就再也找不到了。先秦历史之所以很难研究，就是因为史料缺失严重，《史记》中错乱最多的就是战国历史。秦始皇难辞其咎。

焚书坑儒的目的是打击反对派，推行新政。反对派确实遭到了打击，新政也确实得以推行。但秦国的覆亡，也就此注定。

秦国在始皇帝的主政下，处理问题的方式其实才更应该引人注目、发人深省。

秦始皇处理问题的方式，简单、粗暴。有反对，就镇压。有激烈反对，就强烈镇压。妥协、退让在秦人这里是不存在的。反抗者，必杀之。投降，也得不到宽恕。偏执、极端、迷信暴力，才是秦朝覆亡的根本原因。

焚书坑儒也导致秦朝内部的矛盾激化，秦始皇为何要外放一直被当作接班人培养的扶苏，李斯又为何在始皇帝死后反对扶苏继位，都能从中找到答案。

焚书坑儒是分封制与郡县制的路线之争矛盾激化的结果。

而在秦始皇做出打击反对派的决定时，公子扶苏站出来为这些人讲情。这下问题就变得严重了。这说明扶苏已经受到儒家的影响，准备向反对派妥协。而这是秦始皇万万不能接受的。他的国家刚刚建立，他的新政刚刚推行，他需要自己的接班人沿着他的足迹继续走下去。

但是，扶苏的动摇，令秦始皇深感不安，他担心的是，他百年之后，扶苏上位向反对派妥协走回头路，再回到分封的旧路上去。那他之前的所有努力、所有心血以及为此进行的杀戮、背负的骂名就全都白做了。辛辛苦苦几十年，一夜回到改革前，这是秦始皇不可接受的也是他最担心的。为了不使数十年的心血付之流水，秦始皇只能选择换人。

扶苏，是为反对郡县制的儒生求情而被放黜。这些儒生的政治立场鲜明，那就是恪守周礼，鼓吹分封。到最后，这些人甚至对秦始皇本人展开舆论攻击，试图以否定秦始皇个人来推翻集权制度的合法性。这才招来秦始皇更激烈的反制跟报复，以焚书坑儒的方式对反对派进行最严厉的打击压制。

李斯代表的法家以及他个人与秦始皇本人的立场高度一致。统一之初，王绾与李斯的论战，李斯胜而升任丞相。秦朝后期，儒生淳于越与李斯的论战，秦始皇全面确立以吏为师，焚书坑儒，李斯再胜。

大秦有很多制度上的创新，李斯就是国家制度的主要设计者。他是多项政治制度创新，经济、文化制度统一的主持者，堪称国家集权制度的总设计师。

李斯也有与秦始皇相同的担忧。因为扶苏的言行已经有明显地偏向儒家的政治倾向。后来，陈胜起义，以扶苏为号召，也说明扶苏在关东六国深得民心。

秦二世胡亥维护新政，执行的也是秦始皇暴力统治的法家路线。只不过，他的见识与能力远不及其父。他全面继承了秦始皇的政策与路线，能力上却控制不住局面，这才导致国家崩塌，二世而亡。

斩木为兵　揭竿为旗——陈胜起义

秦始皇三十七年（前210）七月，秦始皇死于出巡路上。

秦二世元年（前209）七月，一队从楚国旧地陈郡出发的九百戍卒要前往千里之外的渔阳郡戍边屯守，途经蕲县的大泽乡时，遭遇连绵秋雨，道路不通，被迫停留。

这一停就停出大事了。

这九百戍卒大多是原来的楚人。为何这么说呢？因为其中的两位屯长，他们一个叫陈胜，陈郡阳城人；另一个叫吴广，陈郡阳夏人。他们都来自陈郡。而陈郡的郡治陈县之前还有一个名字——郢陈。是的，这里曾是楚国的旧都。

当年，白起伐楚攻破郢都。楚国被迫东迁，新都就是陈县。楚国的都城都称郢。楚在陈的新都也被称为郢陈。昌平君曾在这里反秦为楚。

九百戍卒停留的蕲县不远处，就是当年秦将王翦与楚将项燕大战的地方。此时距那场战争也才过去十余年。这九百人里很可能就有当年项燕的旧部。他们曾经都是楚军，如今，却沦为亡国奴，还要被迫远行戍边。旧地重游，自然触发了他们的故国之思。

而此时，九百戍卒面临着更大的生存危机。因为连日大雨，他们的行期已经被延误了。按照秦律，失期当斩。此刻即使立即出发，昼夜兼程，在规定的期限，也肯定赶不到渔阳了。

陈胜、吴广聚在一起商量今后的出路。陈胜说："如今逃亡是死，举大计也是死，既然都是死，不如为国而死！"秦法严酷的负面作用在这里就体现出来了。秦人的思维里似乎只有严刑重罚。酷法严刑的确能威慑百姓，但有时也会产生负面效果，逼得人铤而走险。大泽乡的九百戍卒就是被逼出来的。

陈胜说："天下苦秦久矣。我听说二世是幼子，不当立，当立的本应是公子扶苏。只因扶苏数言犯谏，被贬出朝堂在外领兵。如今扶苏又被二世所杀。百姓多闻其贤，未知其死。项燕为楚将，数有战功，爱恤士卒，楚人怜之。有人说他死了，也有人说他没死逃亡了。我们可自称是公子扶苏、项燕的部队，以此起兵，应者必众。"吴广深以为然，当即表示赞同。两人商议已定，在行动之前，决定去占卜吉凶。

占卜者知其来意，说："足下之事必成。但当卜之鬼！"陈胜、吴广大喜，瞬间就明白了占卜者之意，这是教他们在戍卒中树立威信。

于是，陈胜找来布帛在上面写下"陈胜王"三字，然后悄悄塞进鱼腹中。戍卒买鱼烹食，发现鱼腹中的帛书，大为吃惊。夜晚，吴广又在戍卒聚集的篝火附近，学狐鸣，大呼："大楚兴，陈胜王。"戍卒听见狐鸣，又想起不久之前发现的鱼腹丹书，更加惶恐。

度过了惊恐不安的一夜。第二天，大家三三两两聚在一起，窃窃私语，说话的同时却都不约而同地看向陈胜。

给自己增加神秘感，显示出自己的与众不同，这是古往今来最普通最寻常的套路，却也是最简单最实用的策略。

这么做的目的是抬高身价，大家都是戍卒，即使是屯长，比普通戍卒也高不到哪里去。他们即将要干的是拼上性命的大事。既然出身不高贵，就只能营造一个人设，与普通人拉开距离。因为距离不仅会产生美，也会生成权威。

经过鱼腹丹书与篝火狐鸣事件，陈胜的威望迅速提升。

氛围已经烘托到位，接下来就该动手了。他们要带领九百戍卒起事，首先就要夺取这支部队的领导权。而这对他们来说，其实并不难办。因为押送他们去渔阳的，只有两名秦军校尉。

至于如何夺权，两人也经过周密策划。首先，还是气氛烘托，吴广趁两个秦军校尉酒醉，故意用言语激怒他们，目的就是要他们当众鞭挞他。以此达到激怒众人的目的，制造出秦法严酷秦人暴虐的氛围，为接下来陈胜的出场作铺垫。

两名秦军校尉不知是计，举鞭就打。想必平时，他们也经常鞭挞手下的这些戍卒。秦军校尉嫌打得不过瘾，直接拔出佩剑，要杀吴广。他不知道，吴广等的就是这个机会。说时迟，那时快，吴广起身，夺剑，反杀，整个过程，一气呵成。秦军校尉还未反应过来，就已经被吴广用剑击杀。这时，陈胜也及时出手解决了另一个秦军校尉。

两人随即召集九百戍卒。陈胜当众发表了那篇载入史册的著名演说："我辈远行戍边，道路遇雨，如今皆已失期，而秦律，失期当斩。即使不被斩首，到达边地，戍边死者也是十之六七。且壮士不死即已，死即举大名耳，王侯将相宁有种乎！"

九百戍卒群情激奋齐声高呼："敬受命。"于是，陈胜、吴广诈称是公子扶苏、项燕的部队，筑坛而盟，起兵反秦。

陈胜自称将军，吴广为都尉。当天，他们就攻占大泽乡，很快又占领蕲县。

秦始皇当初就担心六国之人造反，统一六国后，就将各国兵器尽数收缴，铸成十二金人。

但这些都阻挡不了汹涌澎湃的反秦起义。这些戍卒没有兵器，他们就斩木为兵，揭竿为旗。只要能反秦，这些都不是困难。

陈胜在攻占蕲县后，便兵分两路，一路由符离人葛婴率领从蕲县向东打，一路由陈胜率领从蕲县向西打。

蕲县分兵，东、西两路同时行动，其中，东路军葛婴部是偏师并没有明确的目标。他们的任务是吸引秦军的注意，分散其兵力。西路军由陈胜亲自率领，是起义军的主力。他们的目标明确，就是陈县，楚国的旧都郢陈。

陈胜率军一路西进，沿途楚人纷纷加入。到达陈县时，义军已发展到兵车六七百乘，骑兵千余，步兵数万。

陈县是陈郡的郡治，但此时陈郡郡守与郡尉都不在，显然是见势不妙望风而逃。坚守岗位的只有郡丞。

以陈胜此时的兵力，区区一个陈县是挡不住的。不然，郡守跟郡尉也不会临阵脱逃。事实的确如此，经过一场激烈的战斗后，郡丞战死，起义军攻占陈县。

从大泽乡起兵后，这里就是陈胜的目标，如今终于如愿以偿。郢陈是楚的旧都，攻占这里政治意义巨大。

陈胜要以郢陈为都复兴楚国。不过，陈胜复兴的是他的楚国。

还记得陈胜在大泽乡起兵时说过的话吗？王侯将相，宁有种乎！现在，他也要称王。

陈胜起义军占领陈郡后，果然声势大振，各路豪杰纷纷前来投奔。秦的统一才不过十余年，很多六国之人并不甘心，他们谋求复国，可心有余而力不足。陈胜的接连大胜，令他们看到了希望。

有两位中原名士也来投奔。他们一个叫张耳，一个叫陈馀，都是原魏国大梁人，两人有着共同的志向——反秦。因为共同的理想，志同道合的他们结下深厚的友谊，相与为刎颈之交。此时的他们不会想到，仅仅两年后，他们就是必欲置对方于死地的仇敌。从刎颈之交到生死之敌，转变，只是因为利益。

他们从事的是反秦工作，因而，秦统一之后，便在全国通缉追捕二人。张耳、陈馀不得不东躲西藏，隐姓埋名来到楚地陈县，以做里巷的看门人作掩护，隐匿于民间避祸。不过，这么一来，反而令二人名声大噪，因祸得福。

陈胜对这二人也是久仰大名，他现在就需要这些有影响的人给他壮声势。

陈胜此时有意称王，在他的强烈暗示，也可以说是明示下，陈地的父老豪杰纷纷劝进，请陈胜称王。豪杰皆曰："将军被坚执锐，伐无道，诛暴秦，复立楚国之社稷，功宜为王。"

虽然心里恨不得立即称王，但陈胜明白，该有的谦虚推让还是必须要有的，该走的程序一个都不能少。这也是约定俗成的礼仪。越是急不可耐，越是要表现得谦逊礼让，这不是虚伪，是礼仪之邦在政治上的具体体现，尽管有些做作，却也是数千年来人们共同遵守的规范。

陈胜找来张耳、陈馀，说明陈地父老的拥戴之意，询问他们的意见。陈胜的用意再明显不过，他想称王，拥护劝进的人也很多，但名人不多，有声望的就更少。陈胜是希望利用张耳、陈馀的名望，由他们领衔劝进，那效果会更好，影响也会更大。

张耳、陈馀在中原奔走多年，见过的各路豪杰不计其数，大场面见得多了。他们自然明白陈胜的意思。但他们没有同意，而是劝陈胜不要称王，应当等到复立六国之后。他们的理由似乎也很有道理，六国复立，秦的敌人就不止楚国，而是六国。秦军要同时与六国作战，兵力自然分散。诸侯各国得以复国，也会感激他。

张耳、陈馀显然是对陈胜缺乏信心。分封制实行以来，数百年的贵族政治，人们的思想根深蒂固，总认为应由贵族出身的人当政才合情合理。

他们不大能接受一个布衣百姓称王主政。

但陈胜就是要布衣而王，谁说布衣百姓就不能称王？布衣出身的陈胜就是要当王。还是那句话，王侯将相，宁有种乎！

双方的立场分歧过大，谁也说服不了谁，最后，不欢而散。

陈胜不理会张耳、陈馀的建议，坚持称王，在楚国故都郢陈自立为王，号为张楚。

一个新的政权就此建立。虽然这个政权仅仅存在六个月，但意义非同凡响，因为这是西周封建以来，第一个由平民称王建立的国家。

陈胜称王，各地楚人听说后，纷纷聚众起兵攻杀县吏，响应陈胜。大泽乡的星星之火，转瞬之间，便在楚地呈燎原之势。

而陈胜也趁势遣兵四出，攻城略地。

张楚政权的攻击方向分为东、西、南、北四路，四路同时出击。

东路就是之前在蕲县分兵东进的葛婴部。

西路由陈人周文将军率领，西进攻击函谷关，进攻秦的大本营关中之地。

南路以汝阴人邓宗为将率兵南下攻略九江。

北路以陈胜的亲信陈人武臣为将军，邵骚为护军，张耳、陈馀为左、右校尉，率兵三千，北上攻略赵地。

虽然是东、西、南、北四路进兵，但主攻方向只有一路，即周文率领的西路军。

因为秦的都城咸阳在西面的关中，所以起义军攻击的重点自然也在西部。擒贼先擒王的道理，并不深奥，大家都懂。

大泽乡起义对大秦而言属于突发事件，鉴于当时的交通条件，层层上报再到做出反应，至少也要一月有余。胜负就在时间，对陈胜来说，就是要利用这个时间差，趁秦军缺乏准备，来不及反应，以迅雷不及掩耳之势，兵进关中，直取咸阳，一举推翻暴秦。

兵贵神速。对起义军而言，取胜的关键就是一个字——快。

事实上，陈胜从大泽乡起兵到攻占陈县，再到称王建立张楚政权遣兵四出，整个过程也不过一两个月。

西路军的进兵速度尤其快，在周文的率领下，起义军长驱直入，很快就杀到函谷关前。西路军在沿途迅速扩张，到达函谷关时，已经有战车千余乘，步兵数十万。

而曾经令六国军队望而却步的关中门户函谷关，在起义军面前，简直不堪一击。起义军几乎一走一过就将其踏平。

当得知数十万起义军攻入关中直奔咸阳而来时，秦二世当时就蒙了。

他即位才一年，百二秦关即被攻破，形势变化之快，让他始料未及。

秦二世赶紧召集群臣商议对策，这时，起义军已进至戏地，可以说距咸阳已是近在咫尺。

面对危局，群臣面面相觑，不知如何应答，也想不出办法。这个时候，少府章邯站出来说，群盗将至，人数众多，从各县调兵已经来不及，骊山尚有不少刑徒，可以将他们组织起来，下发兵器，阻挡关东匪盗。

事到如今，秦二世也没有更好的办法，当即下令赦免骊山囚徒，将这些人交给章邯率领去迎战周文的起义军。

用囚徒去打仗，到底靠不靠谱，这个也要分情况，最主要的还是看人。当年，武王伐纣，商纣王就是因为来不及调回在外征战的军队，不得已将奴隶武装起来，结果，这些奴隶阵前倒戈，在前面带路，引导周军杀进朝歌，殷商就此亡国。秦二世遇到的情况与当年的商纣王何其相似，但结果完全不同。

之所以会有这种差别，只是因为关键时刻，秦二世用对了一个人——少府章邯。

秦汉之际的名将很多。但能以一己之力，力挽狂澜，扭转局势的并不多，而章邯就是其中一个。在众多名将中，他至少能排第四，前面三位是刘邦、项羽，还有韩信。

秦二世尽管能力低下、水平很差，但至少在此时，他做出了一个正确的决定，让秦朝暂时摆脱了亡国的危机。

专业的事交给专业的人去做。这个看似简单易懂的道理，在大多数时候却做不到，不是他们不懂得这个道理，而是因为影响决策的因素过多，而很多时候，专业能力并不是最重要的，至少不是优先选项。

专业能力不重要，那什么才重要？答案是人情世故，是利益关系。有能力的未必是亲信，亲信的未必有能力。而在两者之间，作决策的人往往会倾向于选择后者。如果涉及多方利益，关系会更复杂。

而此时，严峻的形势逼得秦二世不得不简化选项，其他的都顾不过来了，现在的要求简单明确，谁更能打就用谁，谁能击退周文就用谁，关系户都往后排，有能力的先上。

章邯就是那个有能力的人。

秦朝也曾名将辈出、将星云集，但这时的秦军早已是将门衰落。王翦去世，其孙王离驻守北方边界防御匈奴。蒙恬、蒙毅兄弟因秦二世被杀。李信自伐楚兵败便销声匿迹。战事突起，秦二世才发现他竟然无人可用。如果不是这些将门的衰落，也轮不到章邯上场。

仅靠章邯一人，也做不到力挽狂澜，但咸阳还有五万人的卫戍部队。通常，负责守卫都城的都是精锐之师，而这五万人是大秦精锐中的精锐。名将章邯加上五万屯卫精兵，才使秦二世没有重蹈商纣王的覆辙。

章邯率领出击周文的秦军是以咸阳的五万卫戍部队为骨干组成的，骊山囚徒是重要的补充却不是主力，军队中经过训练的士兵才是这支新军的实力担当。打仗也要用专业的人才能打赢。

周文率领的起义军，虽有数十万人，但也只是听上去很有气势，因为这些人大部分都是未经战阵的布衣百姓。数十万人，真正有战斗力的，不过十之一二。

从陈县出发，沿途遭遇的都是小股秦军，起义军也未打过多少大仗、硬仗，一路之上，可以说是一帆风顺。咸阳已经遥遥在望，胜利似乎触手可及。

但周文直到遇见章邯，才知道专业与非专业的巨大差距。之前，一路势如破竹的起义军，与真正的秦军精锐遭遇后，仅仅一场大战，就被打得溃不成军。

战败的周文率军一路向东溃退，出函谷关，退守曹阳。但章邯并未立即追击，危机解除，他才有时间整训部队。

秦二世二年（前208）二月，经过数月休整，章邯率秦军出关，开启他大杀四方的征战岁月。

章邯出关后的第一个对手是他的手下败将周文。不过，这次，章邯不会再给周文留喘息之机。

章邯先是在曹阳杀败周文，赢得出关后的第一场胜仗。周文败走渑池。仅仅过去十几天，章邯在渑池再次击败周文。这次，周文没有再退，兵败之后，他拔剑自刎，全军随之溃散。

周文在遇到章邯之前，连战连胜，一路杀进函谷关，差点就攻进咸阳城。遇到章邯之后，周文屡战屡败，三战皆北。不是周文不努力，事实上，他已经拼尽全力。怎奈，双方实力差距过大。即使周文竭尽所能，依然不是章邯的对手，起义军依然挡不住秦军主力的反扑。

陈胜的张楚政权虽是东、西、南、北四路出击，但只有西路是主力。周文军失败，起义军的损失巨大，但其实，西路军不止一路。

实际上，陈胜派出的西征大军是兵分两路，一路由周文率领攻函谷关挺进关中，另一路由吴广率领围攻荥阳。

但相比最初高歌猛进、气势如虹的周文军，吴广军在荥阳的遭遇就很艰难。大军顿兵坚城之下，攻城战屡屡受挫。

荥阳不好打，因为这里是秦军重兵驻守的防御中心，战略地位仅次于都城咸阳，属于秦军在函谷关以东的战略要点。荥阳是中原漕运的枢纽，附近还有敖仓这个大粮仓。

秦军要想保住关东，荥阳是必守之地。

而起义军想入关亡秦，荥阳也是必攻之地。

只有占领敖仓，夺取荥阳，才能实现亡秦的目标。敖仓有粮食，荥阳是战略枢纽。这两处都是敌必守、我必攻的兵家必争之地。

守在荥阳的是秦军精锐，兵力雄厚，又占据地利，吴广打不动也不奇怪。

之前，有周文军冲在前面，荥阳的起义军即使攻不下荥阳，至少还是安全的。但随着周文军的溃败，他们再也得不到友军的保护。

荥阳久攻不下，又听闻友军溃散，吴广所部军心动摇发生内讧。部将田臧等人密谋："周文军已败，秦兵将至。我军攻荥阳不下，秦援兵到，必里应外合，内外夹攻，如此则我军必败。当今之计，不如少留兵围荥阳，尽起精兵迎战秦军。假王吴广不知兵权，不足与之计事。"于是，田臧等人就在军中发动兵变，杀害陈胜封拜的假王吴广，夺取兵权，将吴广的首级献给陈胜报功。

事已至此，陈胜已经控制不住局面，只能装作不知，承认既成事实，派使者赐田臧楚令尹印，任命田臧为上将率军抵挡章邯。田臧留部将李归等围城，率精兵西迎秦军，与章邯大战于敖仓。大战的结果是田臧兵败身死。章邯乘胜进兵，再败李归于荥阳城下。李归等战死荥阳，两路西征大军至此全部失败。张楚政权的败亡也由此进入倒计时。因为主力部队基本拼光，再也挡不住章邯。

起义军此前的一系列胜利都是建立在起义的突然与攻击的迅猛上。秦朝被打了一个措手不及。但局势一旦稳住，秦军正规军出现在战场上，等待起义军的就是连续的溃败。

自章邯率秦军出关以来，起义军便连遭败绩，再也未打过一场胜仗。

更糟的是，陈胜已无可用之兵。这就要说到陈胜起兵以来犯下的最大的错，不肯亲自领兵上阵，以至于他在军中的威信随着军事上的连续挫败而一落千丈，致使军权旁落。那些被他派出去的偏师，早已脱离他的控制，也不再服从他的指挥。

陈胜的失败，原因很多，比如过早称王，成为秦军重点打击目标，等等。但那些都不是决定因素。真正导致陈胜迅速败亡的，是他对军队失去掌控。

唐代传奇宰相、四朝帝师李泌曾对唐肃宗说过，天下大乱，人心重将。君主只有亲临前线，亲自掌握部队，在连续胜利的局势下，才能始终掌控部队。否则，时间一长，势必大权旁落。

看看之后出场的项羽、刘邦就会明白，他们常年在外带兵打仗，关键战役更是亲临战场亲自指挥，甚至亲率部队冲锋陷阵。这才是开国君主创业将帅的正确领兵方式。

陈胜不是世代王侯，却选择后者的做派，独居深宫，指望前线将士为他开疆拓土，他在后方坐享其成。这本身就是错的，而且是大错特错。如果他是战国君王，继承的是传世数百年的封国，他可以这么做。但他不是，那就只能如项羽、刘邦那般，亲自领兵，将军权牢牢抓在手里，才能保证对军队的有效控制。

陈胜不懂，创业的过程，也是发现人才组建团队的过程；打仗的时候，也是建立军功树立威信的时候。这些事情都必须亲自去做，才能成为深孚众望的开国之君。

陈胜很明显在学战国的君王。但此一时也，彼一时也。秦汉之际与战国时代是完全不同的。

战国时，各国君主确实不用亲自领兵出战，只要委派大将出征即可。那是因为，国家政权稳固，军队需要的兵源补充、粮饷补给，全都要依赖国家，失去来自后方的供应，不管多强大的军队，也会很快溃散。君主有很多方法对前线军队及领兵大将进行控制。

但秦汉之际，天下动荡，基层体系瓦解，新建政权缺乏对地方的掌控。军队打到哪里，兵源补充粮饷补给就在哪里。领兵主将不需要君主就能在新的占领区得到他想要的一切，军队又是其一手带出来的，各级将领也都是其提拔的亲信。那他哪还需要君主，他自己就可以成为新的君主。

事实上，他们就是这么做的。而且是羊群效应，一个学一个。

陈胜派武臣去河北略地，武臣一到赵地便自立为王，脱离陈胜。陈胜七月称王。武臣八月称王，只比陈胜晚一个月。武臣明知擅自称王会激怒陈胜，而且他的家眷也都在陈县，即便如此，武臣也毫不在意。

武臣与张耳、陈馀率兵三千从白马渡河，进入赵地。这时，张耳、陈馀在中原深耕多年的人脉开始见到成效。当地豪杰对他们的到来表示热烈欢迎。武臣感觉不错，很有宾至如归之感。其实，他的感觉是错的。豪杰们欢迎的可不是他，而是他身后的两个人。不过，有一点是对的，那就是他确实是宾。张耳跟陈馀才是主。可怜的武臣可能到死也未想明白这点。

他们一路北上，连下赵地十余城，队伍迅速壮大，很快就发展到数万之众。

但仍有很多城池据守不下，不肯归附。其中，就有范阳。武臣率兵攻打范阳。而当地一位名叫蒯通的名士找到武臣。蒯通说，略地不一定要战而胜之，得城不一定要攻而下之。如果能听从他的计策，城可不攻而下，地可不战而略，千里之地，皆可传檄而定。

开始，武臣还不敢相信，还能有这么好的事情？看着一脸狐疑的武臣，蒯通说出了他的计划：范阳令徐公，贪生怕死，很想投降，但他又怕被您诛杀。因为他是秦朝任命的官员。您之前夺取的十座城，那些秦朝官吏可都被您杀了。他担心步这些秦吏的后尘，才心怀忐忑，不敢归降。如果您还是如之前攻下十城那般，每到一地就诛杀秦吏，那么赵国边地之城就都是金城汤池。您如果派臣携带印绶封范阳令为侯，以黄屋朱轮迎范阳令，使其驱驰燕、赵之郊，燕、赵之城皆可不战而下。

蒯通的话打动了武臣，这么一座城一座城地打，损兵折将不说，还旷日持久，不如听蒯通之言，姑且一试，成功最好，即使不成，他也没啥损失。武臣当即派出车百乘、骑兵二百以及封侯之印交给蒯通，让他去招降范阳令，规格待遇一如蒯通所言。燕、赵两国听闻望风归附，不战而下者三十余城。

蒯通的成功在于他洞悉人性，将人的贪婪、自私揣摩得十分透彻，然后再有的放矢，精准游说，每发必中，因为世俗之人大多摆脱不掉利益的诱惑。

燕赵之地本就是秦统治的薄弱地区，驻军又少。秦朝委派的官吏在外来势力与本地豪杰的双重威胁下，又希望保住禄位，就只能选择归顺。

初来乍到的武臣急于攻城略地，也愿意出让部分利益换取对方的合作。

双方都有妥协的意愿。蒯通就是看准了这一点，才两边活动，最终促成合作。因为双方通过合作都能实现本方利益的最大化，所以才能迅速达成协议。而蒯通周旋其间，想必也拿到不少好处。

张耳、陈馀进入昔日的赵国都城邯郸后，就打算割据赵地与陈胜分道扬镳。在二人的劝说下，武臣自立为王，以陈馀为大将军，张耳为右丞相，邵骚为左丞相，并派人回报陈王。

两人当初在陈县极力劝阻陈胜称王，如今在邯郸极力劝说武臣称王。只是换了地方，立场就来了一个一百八十度大反转。啪啪打脸。但对于厚颜无耻、皮糙肉厚的张耳与陈馀来说，脸面实在是个多余的东西，当他们进入名利场之时，早就将脸皮丢弃。

张耳与陈馀如此双标，只是因为利益不同。陈县不是他们的势力范围，陈胜也不受他们的控制。但邯郸是他们的地盘，武臣不过是他们的政治木偶，可以由他们任意操纵。陈胜称王，他们得不到利益。但是武臣称王，他们是最大的受益者。

陈胜得知武臣在邯郸称王，勃然大怒，这是对他的公然背叛。陈胜当即就要将武臣留在陈县的家属尽数诛杀，然后发兵伐赵。

上柱国房君蔡赐劝道："秦未亡而诛武臣家，这是又生一秦；不如遣使祝贺，同时令其急引兵西击秦。"蔡赐的意思很明白，大敌当前，亡秦才是头等大事。先不要与之翻脸，既然阻止不了，不如做个顺水人情，然后让他出兵西征，增援关中，那里才是主战场。武臣称王之事暂时不要追究，还是要以战事为主。

陈胜当然明白孰轻孰重，虽心有不甘，但也只能暂作退让，将武臣的家眷接入宫中名为照顾，实为人质。陈胜又封张耳之子张敖为成都君意在拉拢，同时遣使贺赵，令其火速发兵西进。

张耳、陈馀对赵王武臣说："您在赵地称王，不是陈王本意，之所以遣使来贺，目的只是让我们出兵击秦。张楚今日亡秦，明日必加兵于赵。大王不可西进，但当北徇燕、代，南收河内拓地开疆。到时，赵南据大河，北有燕、代，楚虽胜秦，不敢制赵；不胜秦，必重赵。赵乘秦、楚之敝，可得志于天下。"

赵王武臣深以为然，于是不派兵西进，而使部将韩广攻略燕国，部将李良攻略常山，部将张黡进兵上党。

韩广率军进入燕国，当地豪杰欲立韩广做燕王。韩广说："广母在赵，万万不可！"燕地豪杰说："赵方西忧秦，南忧楚，其力不能制燕。且以楚之强，不敢害赵王将相之家，赵又怎敢害将军之家！"韩广认为言之有理，于是也自立为燕王。

果然，不久之后，赵国即遣使将韩广之母送到燕国。陈胜还要扣留武臣家属做人质，武臣却连人质都不敢要。陈胜派武臣略地，武臣背叛陈胜称王。武臣派韩广略地，韩广背叛武臣称王。从楚到赵，再到燕，简直如出一辙。

就连他们三人的结局也惊人的相似。武臣、陈胜、韩广，后来相继被叛变的部下杀死。因为在那个实力为王的时代，失去实力的王，失去的将不仅仅是王位，连性命也会一起丢掉。名利场上就是如此血腥，如此现实。

背叛陈胜的武臣很快被叛将所杀，背叛者终将为人所背叛。只是武臣想不到，他的报应会来得这么快。赵将李良已定常山，还报赵王冀在封赏。但封赏未到，得到的只是攻略太原的新令。李良率军进至石邑，发现井陉通道已被秦兵封堵，前进不得。秦将还写信对其招降。李良此时的内心已经发生动摇。

李良带兵准备返回邯郸，名义上是请求赵王增兵，实际上是要对武臣下手。因为请求增派援兵，只需一介之使，李良却在未得到赵王命令的情况下私自率军从前线返回国都，其用心已经不言自明。他想取而代之。他也想当赵王。不过，在翻脸之前，还需要一个理由，至少是表面上说得过去的理由。

在去邯郸的路上，李良找到了这个理由。因为他在道上遇到了外出饮宴酒醉而归的赵王的姐姐。这位新贵前呼后拥，随从侍卫百余骑，很是得意。不过，很快，她就要乐极生悲了。

李良远远望见车驾以为是赵王，便伏谒道旁，直到且近，才发现认错了人。这位妇人也很有礼貌派人致歉于李良。可是，李良需要的不是她的道歉而是她的人头。

李良身边的一个心腹趁机当众说道："天下叛秦，能者先立。且赵王素出将军之下，今其女眷竟不为将军下车，请追杀之！"这位亲信所说，正是李良心中所想。亲信显然是在李良的授意下才敢当着在场众将如此说，因为这就是谋反之言。说明李良在来邯郸之前就已经下定决心要除掉武臣由他当王。

李良的亲信已经说得很明白，武臣的能力远不及李良却高居王位。李良心中不服手里有兵，剩下的就只有杀武臣夺赵王之位取而代之了。

李良决定就在此时动手，派人追杀王姊，同时领兵袭取邯郸。此时的赵王尚不知情，李良率军冲进邯郸城连杀赵王武臣、左丞相邵骚。

右丞相张耳、大将军陈馀因为亲信耳目众多，提前得到消息，才得以逃脱。二人逃出邯郸收拢散兵，得数万人，又带兵反击杀回邯郸击败李良。兵败的李良去投章邯。这时有人对张耳、陈馀说："两君羁旅归国，而欲主政于赵，恐有不便。不如立赵王之后，相以辅佐，可成就大功。"意思很明白，你们虽有能力掌控赵国，但你们毕竟不是赵人，恐怕赵国人心不服，不如找一位赵国宗室充当名义上的赵王由你们二人辅佐。张耳、陈馀认为此话有理，当即派人四处寻访，找到赵国宗室赵歇。二人即拥立赵歇为王。

陈胜派魏人周市北徇魏地。周市来到魏地，欲立魏公子宁陵君魏咎为王。但此时魏咎在陈县。周市略定魏地，当地豪杰也想效法各路诸侯拥立周市做魏王。周市却不同意。他说："天下昏乱，忠臣乃见。今天下共叛秦，当立魏王后。"众人固请周市称王，周市却坚辞不受，反迎魏咎于陈。

陈胜不肯复立六国，才不听张耳、陈馀之言坚持称王。此事，众所周知，周市受陈胜之令攻略魏地，事成却不肯自立为王，看似坚守道义，其实却是更歹毒的背叛。他受陈胜之命，却要复立魏国，这是对陈胜的背叛，比之武臣更恶劣的背叛。周市明知陈胜反对六国复国，却公然派人去陈县迎魏咎。周市不但要杀人，还要诛心。

陈胜当然不肯放人，周市就一而再，再而三，派人去请，表面上是迎请，实际上是逼迫，使者往返多达五次，此时已不具备实力的陈胜只能被迫妥协，极不情愿地放魏咎回去。

魏咎回国后被周市拥立为魏王。周市自任魏相。周市以这种方式狠狠地羞辱陈胜。魏咎称王是周市的胜利，却是陈胜的奇耻大辱。陈胜仅存的最后一点威严也被夺走，从此颜面扫地。

陈人秦嘉、符离人朱鸡石等起兵围东海郡守于郯城。陈胜听说后就派武平君去郯城做监军想掌控这支部队。但秦嘉拒不受命，还自立为大司马，直接杀了武平君。陈胜的政令现在已经不出陈县四门。

连嫡系部队都不听指挥，更遑论诸侯军。

张楚军越打越少，秦军却越来越多。

秦二世又派司马欣、董翳率军增援章邯。此时连战连胜的章邯先击杀张楚上柱国房君蔡赐，又进击屯兵于陈县西面的张贺军。连战连败岌岌可危的形势下，陈胜终于坐不住了，亲自上阵督战，因为张贺部已经是陈县外围的最后一道防线。但为时已晚，张楚大势已去，即使陈胜亲临前线督战也难以挽回败局。张贺很快兵败身死。

陈胜退守汝阴，不久又转移至下城父，但接连的溃败已经使军心动摇，连为陈胜驾车的庄贾都叛变了。他趁陈胜不备将其杀害投降秦军。不久，陈胜的亲信部将吕臣率军反攻陈县，杀死叛徒庄贾，为陈胜复仇，仍以陈为楚都，礼葬陈胜于砀县。

陈胜的起义失败了。

但楚人的反秦战争才刚刚开始。

陈胜发动的大泽乡起义是偶然的。但反秦战争首先发生在楚地却一点也不偶然，甚至可以说是必然的。

秦与楚的对抗，不仅是两个国家的对抗，也是两条路线的对抗。

秦楚之间的这种路线对抗，从战国时代就已经开始。秦代表的是郡县制的中央集权，楚代表的是分封制的封建自治。战国变法，以秦最为彻底，而最不彻底的就是楚。秦因变法成功而强，楚因变法失败而弱。

秦放弃西周分封转而进行中央集权，楚全面保留发展出楚国版的分封。秦的变法成功在于宗室弱小，对改革变法不形成阻力。楚则完全相反，宗室强盛，反应激烈。

秦在郡县制的中央集权路上一路飞奔、开疆拓土、置郡设县，楚则在分封制的封建自治的领域里持续深耕，发展出屈、昭、景等大族。

曾经自称蛮夷的楚最讨厌的就是周，可世事难料，楚人"不服周"，最后却把自己活成周。

秦代表的是新的制度、新的理念。楚代表的是旧的制度、旧的观念。

秦楚之间激烈的碰撞对抗在所难免。

分封制的基础是宗族，聚族而居的以宗法制度维系的宗族是分封实行的根本。

因此，秦国变法，一项重要内容就是令秦国百姓分户别居，家有二男就要分产自立门户。这么做的目的就是将大家族拆分成小家庭。只有小家庭才不会对郡县制的体系形成威胁。

因为郡县制下的官吏完全是依靠来自中央的力量维护秩序。一旦中央发生混乱，失去力量之源的官吏就会被地方的强宗大族轻易推翻。而这些中央委派的官吏仅靠自身基本不具备与地方大族对抗的实力。郡县制过于依赖中央，也是其最大的弱点。而要维护郡县制，就必须削弱地方上的强宗豪族。

楚国正是因为集权较弱，地方大族林立，在秦统一六国的过程中损失不大。北方各国在中央集权的举国体制下与集权更深的秦国对抗，损失惨重，却仍被秦军横扫。楚国因为国内封君众多，很难进行充分动员，反而得以保留实力。

楚的疆域广大。秦在楚地尚未全面推行分户别居等政策。楚地大族才是地方上的实力派。

秦朝任命的官吏完全是依靠秦的威势对楚地进行治理。当他们与秦廷失去联系，得不到中央的实力支撑时，楚地豪强轻而易举就能将其驱逐。

这也就可以解释，为何陈胜起义之后，秦在楚地的统治会迅速崩溃。

因为秦朝官吏是外派而来的，在楚地犹如浮萍，缺乏根基，在楚地大族的攻击下，他们要么被杀，要么逃亡，却很少见到他们与之对抗，不是不想，只是做不到。

秦的郡县制对推行政令统一强化中央对地方的控制的优点尚未显现，其过于依靠中央的弱点却在反秦起义的浪潮中充分暴露出来。

秦在尚未完成对六国的地方改造之前，强行推进郡县制，却给了楚人反攻的机会。

秦的统一靠的是军事征服。

秦的统治靠的是军事威慑。

但随着强人秦始皇的去世，以及秦军主力北上驱逐匈奴，造成外重内轻的局面，令楚人看到机会。

秦始皇死后一年，大泽乡起义就发生了，说明他们畏惧的是秦始皇以及强大的秦军。当威胁消失，反抗的势力自然会适时而出。大泽乡起义是偶然的，但楚人的反抗是必然的。与其说他们是被严酷的秦律逼反，不如说他们只是在等待一个起兵的机会。

陈胜倒下了。但更强的人出现了。

陈胜未完成的亡秦大业，将由他来实现。此人即汉朝的开创者汉高祖刘邦。

泗水亭长　沛县起兵——游侠刘邦

刘邦是亭长，但又不是普通的亭长。

刘邦是酒徒，但又不是普通的酒徒。

他是伪装成亭长的游侠。

他也是装成酒徒的县豪。

游侠刘邦有个同为游侠的朋友张耳。

县豪刘邦有个县吏朋友叫萧何。

秦二世元年（前209）九月，刘邦在沛县起兵反秦。

刘邦本名刘季，伯仲叔季的季，这里为记述方便起见，统称其为刘邦。

在很多人眼中，刘邦是一个贪酒好色动辄问候人家父母的流氓形象。因为受到汉代史料的影响，很多书上对刘邦都作如此描述。这些记载是事实，却不是全部事实，记录者出于别有用心的目的，刻意遗漏了很多重要的事情，只有知道这些被有意忽略的部分，才能得知真相，发现历史的本来面目。

青年时代的刘邦也有着仰慕的对象，这个被刘邦视作偶像的人就是战国四大公子之一的魏国的信陵君。

对了，还要做出补充的是，刘邦的祖上是魏国人。他的家乡丰邑曾经也属于魏地。

从一个人的偶像就能看出他的志向。刘邦渴望建功立业。他不愿被束缚在土地上。他想做游侠，不事生产。好交游，是游侠的典型特征。

青年刘邦并不只是想想，他真的这么做了。刘邦怀揣着理想抱负从家乡来到大梁，想投奔他心中的偶像信陵君，却不料，信陵君早已去世。失落的刘邦也并非一无所获，在这里他遇到了张耳。此时还是战国时代，在关东六国，反秦是主旋律。作为曾经的信陵君的门客，张耳也投入到轰轰烈烈的反秦大业之中，刘邦自然也是其中一员。

后来，反秦失败，张耳遭到通缉。刘邦很可能就在此时回到家乡，做起众人熟知的泗水亭长。然而，亭长只是身份的掩护，刘邦的内心深处，始终激荡着凌云壮志与万丈豪情。

沛县泗水亭长刘邦并不只是喜欢女人与美酒，他也喜欢广交朋友，上到县府主吏，下到贩夫走卒，都有他的朋友。前者是他作为男人的本性，后者是他身为游侠的特质。

用今天的话说，刘邦在沛县黑白两道通吃。沛县主吏萧何是他的至交好友，游侠刘邦经常游走在法律边缘。而刘邦之所以能平平安安，靠的就是萧何等县吏的保护。狱吏曹参与司御夏侯婴也都是刘邦在县府中的朋友。

刘邦接触的人形形色色，各行各业都有，其中，有贩卖布匹的灌婴，有屠宰为业的樊哙。这些人后来都成为他的重要帮手与得力干将。

刘邦在沛县深耕多年，逐步形成以他为中心的人脉网络，他也成为沛县的风云人物——县豪。

明确刘邦的这重身份，对解读接下来发生的事情很重要。

沛县县令的朋友砀郡单父人吕公为躲避仇家，从砀郡的单父县举家搬到泗水郡（也称四川郡）的沛县。

沛中豪杰县吏听闻是县令的贵客纷纷前往拜贺。萧何作为县令的得力部下、县里的主要吏员，负责主持宴席接待宾客。这些人自然不会空手来，贺喜，自然要带上贺礼送上贺喜钱。萧何当众宣布："不满千钱者坐堂下。"言下之意，想要在堂上就座，至少也要一千钱。

众多来宾依次登记入座，轮到亭长刘邦，只见他直接当众大呼："刘邦贺钱一万。"这一声喊，着实惊呆众人。因为这钱数实在超出寻常，是普通宾客的十倍。

刘邦虽口称贺万钱，实际上，一个钱也未出。但刘邦不同寻常的举动还是引起了主人翁吕公的注意。吕公闻声大惊，急忙起身，到门口迎接。

吕公好相人，见刘邦仪表不俗，十分敬重，当即将其引入上坐。酒席宴上，吕公的目光始终停留在刘邦身上。吕公对刘邦说："我好给人相面，相过的人很多，但都不如您。我有小女，希望可以做您的箕帚之妾。"有这种好事儿，刘邦哪有不答应的道理，当即应允。刘邦一文钱未花，却白得一个媳妇。

酒席散去，吕媪怒斥吕公："你常说此女非同寻常，要嫁与贵人。沛令是你的好友，连他向你求婚，你都不同意，如今却轻易就许配给刘邦，这是何道理？"面对老婆的责问，吕公并未多作解释，只是说："这不是你们这些妇人能懂的。"尽管吕媪反对，吕公还是坚持将女儿吕雉嫁给刘邦。吕雉后来为刘邦生下一儿一女，儿子就是未来的汉惠帝，女儿即鲁元公主。

很多人都将刘邦的这番经历当作故事看，将其视为刘邦的又一个放荡不羁的典型事迹加以品评。

在这次事件中，从在场宾客到刘邦再到吕公，所有人的反应都不正常，唯一反应正常的就是刘邦的岳母吕媪。

寻常人家嫁女儿都是想高攀，不是万不得已才不愿意下嫁。吕公却反其道而行之。

明明可以嫁县令，却偏要嫁亭长。

这波反向操作，确实令人大惑不解。吕媪的反应，才是一个正常人应该有的反应。

反观吕公，从头到尾，都不按常理出牌。这是何原因呢？这就要从吕公为何举家搬到沛县说起。吕氏是单父当地的大族，能让他躲避的仇家，来头只能更大。

而从砀郡的单父到泗水郡的沛县相距并不太远。吕公的想法其实也不难猜测，他希望在沛县寻求本地势力的保护，同时谋求其家族在沛县有更大的发展。

吕氏初来乍到，人地两生，彼此陌生非亲非故，人家为何要保护你呢？说得对呀。那就结亲。

只要与地方实力派联姻，吕氏在当地就能得到长久的保护。不是亲戚，不要紧，那就通过联姻成为亲戚。

而众所周知的是，县令是下派官员，在当地缺乏资源人脉。秦朝郡县制下，县令对地方的统治全靠来自中央的权威，一旦失去朝廷实力的支持，对地方的控制会极其脆弱。

吕公需要的是来自地方势力的保护。但沛县县令提供不了这种保护。事实上，后来发生的事情证明，危急关头，他连自己都保护不了。自身难保的他，又怎么可能去保护吕氏家族。

吕公正是看到了这一点，才婉拒县令的求婚。楚地豪宗大族林立，吕公想要与当地大族联姻，但是人家未必愿意。丰沛一带的县豪，首推王陵，其次是雍齿。但不知为何，可能是外来的吕氏实力下降，也可能是别的原因，吕氏与这些县豪并未产生交集。

急于安身立命的吕公只好退而求其次，寻求与刘邦联姻。刘邦在丰沛的地位虽远不如王陵、雍齿，但在沛县当地的势力也不可小觑。

吕公说刘邦骨骼清奇、相貌不凡，那不过是托词，因为真正的原因不方便明说。只可意会，不可言传。

刘邦也有与吕氏建立联系的意愿，所以，才会在宴席上故意放出豪言。他这么做的目的也是希望以此举动吸引吕公的注意，暗示他是可以强强联合的对象。

刘邦的暗示，被吕公读懂了。吕公见有人愿意与之合作，当然高兴，这才远接高迎，将一文钱未出的刘邦当作上宾款待，而且就在宴席上当面求婚。初次见面，女方就主动求婚。可以想见，吕公的心情是有多么的急迫，就差"送货上门"，直接把姑娘送过去了。

其他在场众人的反应也不正常，这些人肯定是交过钱才被允许进入的。负责这事儿的是萧何，以萧何对工作的认真仔细，不交钱就别想进门。只有刘邦是例外。以刘邦跟萧何的关系，刘邦不出钱也能进门，不奇怪。

真正奇怪的是，那些交过钱的众多宾客对此也未表示出异议。这些宾客也都是沛县的头面人物才会受到邀请。交钱的他们只能坐在堂下，看着未交钱的刘邦登堂入室，与主人翁吕公把酒言欢，却未表现出任何异常，这本身就极不正常。从他们的反常反应，也能侧面看出刘邦在沛县不同寻常的地位。

普通人要是敢在县令朋友的乔迁之喜上这么干，别说吃酒席，早就被赶出去了。

刘邦与吕雉的婚姻，在那些不明真相的人看来，简直不可思议。但明白以上这些深层原因就会明白，这实在是再正常不过的政治联姻。双方各取所需，相互成就，强强联合，为的是两个家族都有更好的发展。

在刘邦起兵乃至征战四方的过程中，他确实得到了来自吕氏家族的鼎力相助。吕氏也因刘邦走出单父，不仅成为砀郡的豪族，而且一度成为权倾朝野的顶级政治豪门。

在未来的楚汉战争中，刘氏与吕氏确实做到了相互扶持、相互成就。刘邦的成功，吕氏功劳甚大。

本来，刘邦的发展轨迹就是在沛县，做他的顶级县豪。但是，他赶上了时代大变局，他的人生命运也由此发生改变。

亭长刘邦要负责押送囚徒去骊山为秦始皇修陵，这显然是一份苦差，但身为亭长的刘邦又不得不去。

长途跋涉，去遥远的关中，干的又是最苦最累的修陵的活儿，很多人都不愿去，因为去了，就很难再回来，几乎是九死一生。由此，众人的反应也就合情合理了，这些囚徒沿途不停地逃亡。

刘邦押着这些犯人，心情也颇为复杂。他同情这些人，但作为亭长，他又不得不履行押送职责。

但眼看着押送的人在以肉眼可见的速度急遽减少，刘邦的心里也从紧张焦虑变得彻底放松。开始有人逃亡，他还会担心，但随着逃跑的人越来越多，他反而不担心了。

因为反正也完不成任务，失职的罪是逃不掉了，刘邦反而不那么担忧了。刘邦估算以现在的逃亡速度，不用到骊山，人就都跑光了。

既然已经失职，亭长是干不成了。刘邦干脆将剩下的犯人全都放了。刘邦对他们说，你们赶紧逃吧，小心不要被官府抓住。放走你们，我也要逃了。

大家被刘邦的善举感动，有十几个人留下来表示愿意跟着刘邦干。

刘邦就带着这些人逃进砀郡的砀山中躲藏起来。砀郡跟砀县都是因砀山而得名。砀山其实是由十余座海拔不到二百米的小山峰组成的，在动辄数千米高的名山大川面前，估计它们都不好意思说自己是山，因为实在不像山。但在平坦开阔的砀郡一带，它们就是鹤立鸡群般的存在。

刘邦之所以率领部下进砀山，是因为附近只有这里才能藏人。更重要的原因是，他只能在家门口转，因为他还要靠媳妇给他送饭。

是的，刘邦逃进砀郡的砀山躲藏，要靠他的老婆吕雉及其族人给他送吃的才能维持下去。砀郡是吕氏的家乡，与沛县所在的泗水郡相邻，尚在吕氏的投送范围。

刘邦也不知这种生活会持续多久。但陈胜在大泽乡的起义，令刘邦的命运出现转机。

陈胜起兵之后，楚地迅速掀起反秦浪潮。沛县也被卷入其中，沛县县令为保命也为保住官位，准备响应起义。

这时留在沛县担任吏掾的刘邦的好兄弟萧何、曹参敏锐地意识到，机会来了。他们劝县令召回刘邦再行举事，给出的理由似乎也合情合理。他们对县令说："君为秦吏，今欲背之，率沛子弟反秦，恐人心不从。愿君召诸亡在外者，可得数百人，以此劫众，不敢不听。"县令听从二人的劝说派樊哙去召刘邦。人派出去不久，沛令就后悔了。

刘邦回来，还是带着队伍来的，到时，他这个县令往哪儿摆？刘邦会听他的指挥吗？换个角度，他能指挥得动刘邦吗？不用别人回答，沛令就想明白了。他也看出来了，萧何跟曹参名义上是帮他出主意，实则是想出卖他，迎接刘邦入主沛县。想到这里，沛令马上意识到，他的处境相当危险。反应过来的沛令赶紧命人关闭城门，并派人上城防守，同时下令全城捉拿萧何、曹参。二人知道，他们的卧底身份已经暴露，被抓住就是死。于是，萧何、曹参逾城而出投奔刘邦。

收到消息，兴高采烈赶回沛县的刘邦却吃了闭门羹。刘邦见到萧何、曹参，得知城中有变，当即将劝降的书帛射进城中，告谕城中父老，陈述利害，劝他们不要为沛令卖命，赶紧打开城门，响应起义，才是正途。

见到书信的沛县父老果然没有丝毫犹豫，大家一起冲进县府将沛令乱刀砍死，然后开门迎刘邦进城。在众人的拥立下，刘邦自称沛公，正式起兵反秦。在萧何、曹参等县吏的动员下，三千沛县子弟应募从军。这三千沛县子弟就是刘邦起兵的家底。

事实已经证明，吕公当初的选择是多么富有远见。而刘邦的胜利也说明他之前与吕氏合作的决策是多么正确。

沛县起义成功靠的是里应外合，刘邦出逃在外，靠着吕氏的补给才能挺过艰难时刻，而刘邦在沛县官署以及市井间的人脉关系也在关键时刻发挥了作用。虽然萧曹的忽悠未骗过沛令，但二人及时通风报信、传递情报，还是给刘邦出力不少。

而沛县父老中有很多刘邦的亲信，黑白两道多年的用力深耕，也在此时得到收获。吕氏的全力以赴跟萧曹的密切协作，缺一不可，刘邦能赢得沛县起义的胜利是多方势力紧密配合的结果。

从始至终，刘邦都不是一个人在战斗。他从来都不是一个人。

刘邦能上位靠的是沛县各方势力的共同推举。吕氏宗族肯定要支持他们的女婿刘邦。沛县官府方面，萧何、曹参肯定支持他们的朋友刘邦。沛县民间势力樊哙、周勃肯定支持他们的大哥刘邦。

沛县的命运几乎就是由这三方决定，而只有刘邦才能获得三方的一致认可，也只有刘邦才能将三股势力合为一体。刘邦的胜利更是三方共同的胜利。

刘邦先从沛县北上，攻占北面的胡陵、方与。当得知泗水秦军有进攻丰邑的企图，刘邦立即率军回援，据城坚守，准备迎战秦军。

秦二世二年（前208）十月，泗水秦军兵围丰邑。刘邦丝毫不惧，率军出战，大破秦军。刘邦令当地豪强雍齿留守丰邑，他自己则率军外出追击败逃的秦军。这可能是刘邦这辈子做的最后悔的一个决定了。但雍齿是丰邑土豪，刘邦当时似乎也没有更好的选择。

十一月，秦军败逃至丰邑东北的薛县。刘邦趁势进攻薛县，与秦泗水郡守在薛县大战。秦军再次被刘邦杀败，秦泗水郡守逃避不及，被刘邦部下斩杀。

刘邦两次在与泗水郡秦军的正面交锋中取胜，在证明他的实力的同时，也稳住了阵脚。

刘邦率军重新夺回被秦军占领的胡陵，又北上方与，想再度夺取此城，却发现方与已经归附魏国。刘邦当即领兵攻击方与，却在此时收到丰邑被魏国策反叛变的消息。

刘邦大惊之下，顾不得方与，立即带兵返回丰邑。这里是刘邦的家乡，也是他的大本营，不容有失。而现实的情况是，丰邑在豪强雍齿的率领下背叛刘邦投靠魏国。

刘邦又生气又伤心，指挥部队围攻丰邑，却攻城不下。急火攻心的刘邦为此大病一场，不得不率部回到沛县休整。

沛县起兵以来，刘邦打得很是顺利，连败秦军，但丰邑的突然叛变，令形势急转直下。刘邦对丰邑的背叛耿耿于怀，始终不肯原谅家乡人的这次叛变。

刘邦在沛县看着近在咫尺的丰邑恨得咬牙切齿，但他也清楚，仅凭现有的力量不足以攻下丰邑，那就只能寻求外援。偏巧，在沛县东面的留城，楚将秦嘉刚刚拥立景驹为楚王。

刘邦率部前往留城投奔景驹。但在沛县与留城之间有微山湖阻隔。刘邦在沛县想去留城，只能向东北去薛县，再从那里南下，去留城。

刘邦绕道薛县去留城的路上遇到了他未来的智囊张良。两人一见如故，相谈甚欢。

自反秦以来，张良也见过不少的将领，但大多粗鄙鲁莽，令张良大失所望。张良是坚定的反秦者，他的家族世代在韩国为官。张良与秦有亡国之恨、破家之仇。秦始皇还在的时候，张良就密谋刺杀。他花重金找来壮士在秦始皇出巡的路上埋伏，准备实施刺杀，结果在博浪沙，壮士投出的铁椎击中副车，刺杀失败。张良从此亡命江湖。

如今，反秦起义风起云涌，张良自然不肯错过复仇的良机。当他遇见刘邦后，他就知道，能帮他实现愿望的只有这个人。

两人结伴同行一起来见景驹。刘邦此行的目的是借兵攻打丰邑，报仇雪恨。但此时有秦军从南面杀来。这部秦军先是攻占相县并进行屠城，接着，又北上攻占砀县。

楚王景驹便派东阳甯君与刘邦率所部兵马南下迎击秦军。

此时秦军得知景驹在留城，便想要先攻萧县，再从萧县北上直取留城。南下的东阳甯君和刘邦与北上的秦军在萧县以西遭遇。

楚军初战不利，刘邦与东阳甯君决定兵分两路。东阳甯君率部向留城方向退却，引诱秦军深入追击。与此同时，刘邦率军向西趁虚而入攻击砀县。

秦军中计，向留城方向追击前进。刘邦趁势攻入砀县，这里是秦军的补给基地，砀郡郡治所在。刘邦在砀县的收获很大，而最大的收获就是得到六千砀兵。刘邦的兵力从三千迅速扩军至九千，实力大为增强。

而刘邦扩军之后，首先想干的事儿，当然就是回去报仇，夺回丰邑。

二月，刘邦率军从砀县出发，一路北上，攻取下邑。而后从这里出发，反攻丰邑。

三月，刘邦再次率军围攻丰邑。但令刘邦没想到的是，即使他的兵力是之前的三倍，丰邑依旧攻不下来。

四月，楚地形势突变。因为真正的楚国将门项氏出场了。

先发制人　反秦统帅——将门项氏

　　秦二世元年（前209）九月，就在刘邦沛县起兵的同时，项梁也在江东的会稽起兵，将楚地的反秦起义推向高潮。

　　项梁是楚国名将项燕之子。楚亡，项梁与侄子项羽南下江东。这里既是楚地，同时也是秦统治最薄弱的地区。项梁在江东颇得人心，吴中士大夫皆出其下。这一方面是项梁的个人能力所致，另一方面则是出于当地士大夫对秦的极度仇视从而对世代为楚将的项氏抱有更大的好感。

　　项梁充分发挥其善于交际的特长，游走于当地大族之间，所到之处，一呼百应。楚人越是对现实不满，就会越怀念楚国。项梁以项氏后人的身份到处活动，引发楚人的故国之思。项氏世代为楚将，在楚地拥有极强的感召力。项梁凭借家族优势加上自身的能力优势深耕于江东，广交豪杰，等待时机东山再起。

　　其实，相比于项梁，人们更熟悉他的侄子项羽。项羽年少时读书，不成，放弃；学剑，又不成，还是放弃。这下项梁怒了。啥都学不成，你想干啥！项羽却很有底气地说："书，能记名姓足矣。剑，敌一人之术，不足学。

要学当学敌万人之法！"于是，项梁开始教授项羽兵法。项羽大喜，略知其意，又不肯再学。项羽长大后身长八尺，力能扛鼎，才器过人。

而真正令项梁对自己的这个侄子刮目相看的是一件看起来微不足道的小事。

秦始皇三十七年（前210），秦始皇出巡途经会稽，百姓都去围观，项梁、项羽叔侄也跑去看热闹。

但见始皇帝的仪仗盛大庄严、威风凛凛，旁边的路人见了都不免啧啧称叹。项羽见了，却颇不以为然，说了句："彼可取而代也。"意思就是，我可以取代他坐上那个位置。项梁听见赶紧捂住他的嘴斥责道："别胡说，这是要诛三族的！"成语"取而代之"即由此而来。项羽不经意间随口一句便造出一个成语。虽然比起后来的成语制造小能手韩信要差许多，但项羽的每个成语知名度都很高，下一个就是著名的"破釜沉舟"。

项梁虽然嘴上训斥项羽，但内心里对这位侄子也不由得另眼相看。项羽年纪虽轻，却志向远大、胆识过人。项梁就此认定，项羽可用。

仅仅一年之后，项梁、项羽叔侄的机会就来了。

秦会稽郡守殷通听闻陈胜起兵，也想发兵响应。

一年前，秦始皇刚刚巡视过此地，郡守听说有人反秦，当即就要反水背叛，可以想见，秦在会稽的统治有多脆弱。

会稽郡守殷通找来项梁商议大计。殷通对项梁说："江西皆反，此天之亡秦也。我听说先发制人，后发制于人。我欲发兵，使公及桓楚为将。不知意下如何？"桓楚也是楚地名将，当时的处境跟沛县的刘邦近似，也逃亡在外，不知所终。

项梁当即表示愿意为将反秦，并说："桓楚逃亡不知去向，只有项羽知道他的藏身之处。"

项梁随即出去找到在外等候的项羽令他持剑等待召唤。项梁重新入座，对殷通说："请召项羽进见，使受命召桓楚。"殷通说："好，那就请他进来吧。"

项梁再次出去将项羽带进来。坐了一会儿，项梁便向项羽使眼色，意思是可以动手了。项羽闻令即行，当场拔出佩剑，挥剑斩下郡守的人头。

项梁上前抓起殷通的人头，佩戴上郡守的印绶，走出门外，向府中众人展示，这一幕，着实惊吓住了阖府众人。片刻的震惊之后，众人瞬间就乱作一团。项羽则大开杀戒，见人就砍，逢人便刺，转瞬之间，便砍倒一片，血流满地，剩下的人不敢反抗纷纷拜服于地，表示顺从。

郡守殷通明明已经准备反秦，还打算任用项梁为将，项梁为何还要杀死殷通呢？

在回答这个问题以前，可以想想之前的沛令，已经准备响应起义，并派人召回在外逃亡的刘邦，为何又突然反悔呢？因为沛令想明白了一个重要的问题，那就是谁当起义的领导人。

沛令显然是想做首领的，但带着队伍来的刘邦会同意吗？当然不会。于是，矛盾就产生了。当沛令意识到刘邦不会接受他的领导时，刘邦反而成为他最大的威胁。既然是威胁，当然就要将其拒之门外。

沛令与刘邦因领导权而产生的矛盾，也适用于郡守殷通与项梁。

郡守殷通也是以领导者自居，他想用项梁为将。也就是说，他要做起义军的首领，而项梁要在他的帐下为将。在会稽经营多年，颇具人望，亲信遍布远近郡县，又受当地豪杰拥戴的项梁是众望所归的统帅。项梁又怎么可能听殷通的号令任其驱使！殷通死在不知进退，他过高估计了他在会稽的地位。

在分封制传统浓厚的楚地，郡县制下的郡守、县令都是极度脆弱的，特别是秦在楚地的统治才十余年，还来不及削弱豪强稳固郡县体系，就被突如其来的反秦起义摧毁。

沛令与会稽郡守认识到形势的严峻，大厦将倾，以他们的能力支撑不起，想保命，就只能顺应潮流加入其中。他们虽然认清了形势，可惜，还不够彻底，他们还想保住禄位。但他们的实力配不上他们的欲望，他们又不肯退让，那就只能被实力更强的刘邦跟项梁取而代之。以项梁的身份地位跟抱负，他是不会屈居人下的。为将非其所愿，他要当的是统帅。

殷通只是名义上的郡守。项梁要杀他，易如反掌。

项梁被众人推举为会稽郡守，项羽为裨将。项梁召集平素与他相交甚厚的豪杰官吏出任各级官员，迅速接管政权。接着，项梁派人到会稽各属县征兵，很快得到八千精兵。

八千江东子弟，也成为项氏起兵的家底。

项梁任命他结交的当地豪杰担任校尉等各级军官，从官府到军队遍布项梁的亲信。项梁也由此将会稽的军政大权牢牢抓在手里，成为名副其实的会稽之主。

项梁在坐稳会稽郡守的位置后，下一步当然就是要谋求向北发展。

江东虽好，却不是久居之地，更不是建功立业的地方。天下的重心在北方。

项梁想要北上。更有人急迫地希望他北上。

广陵人召平为陈王略地广陵，但一时还未攻下。这时听闻陈王败走秦兵且至，召平立即渡江假称陈王之命，拜项梁为楚上柱国，传令项梁："江东已定，当急引兵西击秦。"

项梁本就有意北上，逐鹿中原，此举正合其意。于是，项梁、项羽叔侄率八千江东子弟渡江北上，正式开启争霸之路。

项梁刚刚率军过江，就有意外收获。项梁听说东阳县已被起义军占领，便派出使者前去联络，打算与之联合。使者出发不久即回来复命。项梁问此行顺利吗？情况如何？使者如实禀报，说对方不同意联合。项梁大为失望，谁知，使者接下来的话，又令项梁转忧为喜。使者说对方不同意联合，只接受收编。项梁简直不敢相信自己的耳朵，居然还有这种好事儿。

原来，此时东阳的起义军首领名叫陈婴，他原是东阳县的令史，是一位谨信温厚的长者，在当地很有声望，可以将其理解为东阳的萧何。当反秦大潮席卷到东阳时，当地数千人直接冲进县府杀死县令。

起义成功后，他们才发现缺少一位德高望重的首领，选来选去，也选不出合适的人。于是，他们想到了素有宽厚长者之称的陈婴，就请他做义军首领。陈婴的反应一如萧何，他们虽有治国之才，但都是文官，缺乏统御之力。陈婴百般推辞，表示自己难当重任。最后，在众人强逼之下，陈婴才勉强答应。

陈婴被推为东阳义军首领，此时义军兵力多达两万。可见，东阳也是大县。当众人想拥立陈婴称王时，陈婴的母亲却表示反对。这位老妇极有见识，她对儿子说："自从我嫁到你家，就从未听说过你的先人有过富贵者，今暴得大名，遽得大位，德不配位，福祸难测。不如有所归属，事成犹能封侯，事败也容易脱身避祸，岂不更好？"陈婴其人身为文吏素来谨慎持重不肯弄险，加上他母亲的话，便推辞不受，不敢称王。

正在这时，听闻项梁军北上，陈婴便对部下说："项氏世世为楚将。今举大事，将非其人，难以成事。我等投身名族，归附项氏，亡秦必矣。"

陈婴本不愿做首领，项梁的到来，正好让他有了脱身的机会。

陈婴率部请求项梁收编。

项梁当然是欣然接受。

两万人向八千人归附请求收编，确实少见，但发生在项梁身上却不足为奇。这也是项氏世代楚将的政治影响，收编陈婴部后，项梁的队伍迅速扩军至三万。

项梁率军渡过淮河后，各路楚地义军纷纷前来投奔，黥布、蒲将军等先后率部来投。

项梁进至下邳时，全军兵力已达七万。

此时，楚地形成两个反秦中心，即景驹为楚王、秦嘉为主将的楚军，驻军彭城；以项梁为主帅的楚军，驻军下邳。

局势十分明确，两强之间必有一战。

项梁对部将说："陈王首事，战事不利，未闻所在。今秦嘉背叛陈王而立景驹，实属大逆不道。"看到这里就能明白，大家都认同陈胜的首义之功。率先举事的政治优势就在这里，至少名义上占据主动，项梁要讨伐秦嘉，首先也是以陈胜为号召，这就占据了政治制高点。

秦嘉立景驹是其最大的政治弱点，项梁就抓住这点，进行猛烈批判。在政治正确的旗帜下，最大限度地孤立对方，而使自己处于更有利的地位，还能争取团结更多的部队，打击共同的敌人。

在经过充分的动员后，项梁亲自率军对秦嘉军发动总攻。此时，楚地的军队大部归附项梁，兵力上，项梁处于优势。秦嘉军抵抗不住，败走胡陵，被项梁军追上，又经过一天血战，秦嘉战死，余部投降。景驹逃到魏国，不久死在那里。

项梁收编秦嘉军余部，驻军胡陵。此时章邯部秦军进至栗县，项梁因为刚刚与秦嘉血拼一场，全军正在休整，就派朱鸡石、余樊君率部前去迎战，为主力争取时间。这二人很可能是秦嘉军余部，才投降项梁，就被派去当炮灰阻击章邯。结果不出预料，章邯自出关以来，尚未遇到对手，余樊君战死，朱鸡石逃回胡陵被项梁斩首。

项梁此时急于整合各路楚军，在此之前，他不想过早与秦军开战。

项梁率军进入薛县，准备在这里召集各路将领开会，因为他已经收到可靠消息，陈王确已遇害。项梁召集大家到薛县，就是要商讨楚国今后的路该怎么走。

刘邦在秦嘉与项梁决战时选择作壁上观，直到胜负见出分晓，他才出来。

刘邦亲率数百骑来见项梁，认新大哥，表示愿听从号令，服从指挥。当然，归顺之后，也是有点小小的要求——借兵。

项梁很爽快，直接拨给刘邦五千人。刘邦的兵力增加到一万四千人。得到补充的刘邦第三次率军进攻丰邑，这次终于如愿以偿，攻下丰邑，一雪前耻。

刘邦三攻丰邑，在项梁的增援下，才赶走雍齿，夺回丰邑。

刘邦为何这般执着于丰邑？因为这事关刘邦作为一个人以至于一方诸侯的尊严。

刘邦起兵时只有丰、沛两城，而丰邑不仅是他的根据地也，是他的家乡。如此重要的地方，居然稍加引诱就背叛他。一共就两座城，便叛变了一个，丰邑的叛变对刘邦军事上的打击尚在其次，更重要的是精神上的伤害。刘邦到死都不肯原谅丰邑。

起家的根据地叛变，对任何一个诸侯都是沉重的打击，更何况还是在创业初期，十分脆弱之时，这个时候，刘邦只有一个选择，那就是杀回去，清理门户。

要是连起家的根据地都摆不平，还有何脸面混江湖。

这不仅是面子，更关乎人的尊严。

刘邦也是个要脸面的人。

因此，他必须打败那些背叛他的人，夺回本属于他的城，并狠狠地惩罚那些叛徒，重新树立他的威信。

但连续两次攻击受挫，使刘邦意识到他的势力还相当弱小，仅靠自己，难以成事，必须寻求更大的靠山。于是，从这时起，刘邦开始积极寻找外援拜大哥，先后投靠景驹、项梁。

原本想要独立闯荡的刘邦，因丰邑的背叛，被迫转向，走一条新的发展之路。不过，刘邦也因此进入项梁系楚军，从而获得了更大的机会，也算是因祸得福。

叛徒雍齿的结局也有必要作个交代。刘邦此生遭遇过两次重大的背叛，一次是雍齿丰邑投魏，一次是曹无伤在鸿门宴前将他出卖给项羽。雍齿的背叛让他丢失丰邑，遭遇沛县起兵以来最沉重的打击；曹无伤的背叛让他在与项羽的交锋中处于极为危险的境地。

刘邦对这两个叛徒恨之入骨。曹无伤在鸿门宴结束就被刘邦诛杀。但雍齿不仅保住性命，甚至后来还被封侯。同为叛徒，为何下场迥异？因为曹无伤立即就被刘邦捉拿归案，明正典刑。雍齿却在丰邑被刘邦攻下时，逃了。

如果刘邦在攻占丰邑的同时，抓住雍齿，不用多问，雍齿的人头很快会被挂在丰邑的城墙上示众。但雍齿的出逃让他的命运出现转机。雍齿先是逃到魏国，但魏国很快在临济之战中被章邯率领的秦军击溃。

雍齿又逃到赵国。但章邯紧跟着也杀到赵国，后面发生的就是著名的巨鹿之战。赵国在秦军的打击下趋于崩溃。灰头土脸的雍齿还是受到报应，偏偏被他看不起的刘邦混得风生水起。最后雍齿是以赵将的身份投降刘邦。

从丰邑叛变到以赵将归降，就从斩立决变成秋后问斩，这就留下了缓冲的余地。而雍齿作为丰邑的县豪，在丰沛功臣中拥有不少人脉，其中最重要的就是沛县县豪王陵，两人交情深厚，而刘邦在沛县时对王陵是以兄事之。雍齿能活命，想必是王陵在刘邦面前求情的结果。因此，刘邦当时并未杀雍齿。事后，刘邦多次又起杀心，但还是因为顾及丰沛功臣的缘故而作罢。

饮水思源，刘邦能成功夺回丰邑，全靠项梁的鼎力相助。攻下丰邑后，刘邦立即前往薛县拜见项梁，正式投入项梁麾下。

这也正是项梁期待的结果，他现在需要整合楚地的各路军队，将其纳入他的体系，重组后的楚军将是以他为统帅的新军。

任何投入都是期待回报的。

项梁帮刘邦也是希望对方能加入进来，壮大他的队伍，扩大他的声势。

而项梁拨给刘邦的那五千人，很可能是之前击败秦嘉收编的部队，本来也不是嫡系，不如送给刘邦做个顺水人情，还能将刘邦拉到自己这边来。怎么算，项梁也不亏。投入虽大，收获更大。

项梁在薛县大会各路楚地将领。他自然是众望所归的楚军统帅。这也是项梁人生的巅峰时刻。

居鄛人范增，年已七十，是位隐居民间的奇谋之士，他也赶来薛县，劝说项梁："秦灭六国，楚最无罪。自怀王入秦不返，楚人哀怜至今。故楚南公曰：'楚虽三户，亡秦必楚。'今陈胜首事，不立楚后而自立，因而其势不长。今君起兵江东，楚将争附君者，以君世世楚将，为能复立楚之后也。"项梁采纳范增的建议，派人寻访楚王后人，在民间找到楚怀王的孙子熊心，此时的熊心已经沦落为牧羊人。熊心应该感谢范增，要不是这位七旬老翁的坚持，他此生可能就此沉沦。但从这时起，他的命运迎来转机。

秦二世二年（前208）六月，熊心被项梁册立为王，仍称楚怀王，以从民望。陈婴因率部归附之功被拜为上柱国，封五县。楚怀王定都于盱眙，项梁则自号武信君。

楚国复国，令张良羡慕不已，此时六国只有韩国尚未复国。张良请求项梁帮助韩国复国。张良对项梁说："君已立楚后，而韩诸公子中横阳君成最贤，可立为王，为楚外援。"项梁答应了张良的请求并派他去访求韩成。很快，韩成就被找到。项梁立韩成为韩王，以张良为韩司徒。

韩王成率千余人西略韩地，但因为韩军弱小，收复的城池在秦军的反攻下，也很快得而复失。韩王成只能在韩的故地颍川率领少得可怜的军队与秦军周旋往来做游兵配合楚军作战。

章邯击败陈胜的张楚政权，乘势进兵攻击魏王魏咎于临济。魏王派相国周市突围向齐、楚求救。齐、楚两国都派出军队。楚国派将军项它（一作项佗）率军救魏，齐国则是由齐王田儋亲自领兵救援。

于是，原本是秦、魏两国之间的临济大战，变成秦、魏、齐、楚的四国混战。

从秦二世二年（前208）二月到六月，秦与魏、齐、楚在临济形成对峙，时间长达四个月之久。

六月，章邯发动夜袭，秦军大败魏、齐、楚三国军队，齐王田儋、魏相周市战死。楚将项它败逃。

临济之战，魏、齐、楚惨败。

魏王魏咎为其民向秦军约降，约定，举火自焚。魏咎的死体现的是传承自春秋以来的真正的贵族精神。魏咎以他的死换取民众的生。他也因此被历史铭记。

临济惨败，魏国遭遇重创，近乎亡国，但好在魏咎的弟弟魏豹逃到楚国，为魏国保留下复兴的希望。

齐国的损失也极为惨重。为营救魏国，齐国全力以赴，国君亲自领兵，可以说是倾尽所有。

相比之下，楚国的救援就显得不是那么尽心，只是派偏师出战。当然，这也是有原因的，因为临济之战期间，项梁正忙于整合来自各地的楚军以及与秦嘉开战。等到六月，项梁拥立熊心称王，楚国复国，大事已定。临济之战也结束了。

田儋阵亡，其弟田荣收拢部队撤往东阿。章邯在击败魏国后，乘胜追击田荣，将其围在东阿，昼夜围攻。

七月，项梁领兵攻击亢父，听闻田荣被围，急忙率军赶往东阿救援。之前因为忙于与秦嘉决战，错过临济之战，致使魏国被秦军击溃。已经错过一次，这次不可再错过。魏国不可追，齐国仍能救。此时的项梁作为楚军统帅也是事实上的诸侯盟主，有责任救援友军。

魏国已经被击溃，齐国若再有失，楚国只能孤军奋战直面强秦了。

形势危急，救齐，刻不容缓。项梁率领楚军怀着悲愤急迫的心情奔走在救齐的路上。

章邯接连获胜，也有点飘飘然，防备有所松懈，被突然杀至的楚军突袭成功。楚军在东阿城下大败秦军。这也是章邯出兵以来，首遭败绩。不过，他输给项梁也很正常，因为楚军的实力与秦军不相上下，双方势均力敌，稍有大意，就会满盘皆输。

在各诸侯国连遭大败的大背景下，楚军在东阿之战的胜利极大鼓舞了诸侯军的士气。

力挽狂澜的项氏楚将又回来了。

十多年前，秦军统一六国的战争起初也是连战连胜，但在楚国，他们遭遇出征以来最惨重的溃败。之前势如破竹的秦军在大将李信的率领下深入楚地，却遭到项燕率领的楚军的正面迎击。项燕大败秦军，破军杀将，击退秦军。

十多年后，历史再次重演。危急关头，项燕的儿子项梁再次挺身而出，率领重新组建的楚军，杀败连战连胜的秦军，止住诸侯军的连败之势，成功进行反杀，再次力挽狂澜。

危急时刻，又是楚军，又是项氏楚将，成为诸侯军的希望。

章邯败走西撤。田荣引兵东归。项梁独自率军追击。楚军追至濮阳东，复与章邯大战，再次大败章邯。楚军连胜两阵，趁势将章邯包围于濮阳。

章邯引黄河水做护城河，据城坚守不出。项梁亲率楚军主力围攻濮阳，同时分兵，令项羽、刘邦率军攻击濮阳外围的城阳。鉴于章邯坚守不出，濮阳又有黄河水阻隔，易守难攻。项梁决定先扫清外围，孤立章邯，然后再聚歼章邯军于濮阳。项羽、刘邦顺利攻下城阳，之后南下进攻定陶。但定陶是中原大城，守军众多，城池坚固。二人未能攻下，于是转而西进，攻击临济。

项羽、刘邦顺利攻占临济，又南进围攻雍丘。楚军在雍丘获得大胜，不仅胜利攻占雍丘，还斩杀守将秦丞相李斯之子李由。但随着项羽、刘邦的持续南进，他们距与章邯对峙的项梁军也越来越远。

在此期间，项梁曾向齐国的田荣征兵，但田荣怨恨项梁收留其政敌，因而不肯出兵。

原来，齐国宗室听说田儋战死，便拥立前齐王田建的弟弟田假为王。田角出任齐相，田角的弟弟田间为将。

虽然他们都是齐国田氏，却并非出自同脉。以血缘论，田假与齐国王室的关系更近。新组建的齐国领导层完全将田荣这系田氏排除在外。

因而，东阿解围之后，田荣顾不得跟项梁道谢，便急匆匆东返就是为了回去争权。

田荣回到齐国赶走齐王田假。田假逃亡楚国。田角逃往赵国。田间之前率军救赵，这时也不敢回去，便留在赵国。

田荣拥立田儋的儿子田市为齐王。田荣本人担任相国，弟弟田横为将，重新占据齐国。

田荣曾开出条件，只要楚杀田假，赵杀田角、田间，他就出兵。但楚、赵两国都未答应。

项梁身为楚军统帅，当然不会受田荣的要挟。当时，楚军正处于上风，对齐国是否出兵，项梁并未在意。这件事在当时也未引起齐、楚两国的重视，却留下齐、楚反目为仇的引子。

楚军连战连胜，项梁也有了轻敌之意，放松了对章邯的警惕。章邯是秦军名将，稍有疏漏，就会被他抓住机会。

项梁见章邯在濮阳不肯出战，便率军南下去攻定陶。

在此期间，章邯却得到来自关中的兵员补充，兵力大增。章邯趁项梁围攻定陶之际，率军悄悄出击，再次发动夜袭。项梁不曾防备，在秦军的围攻下，战死沙场。

项梁的死是整个反秦战争的转折。刚刚好转的形势，再度急转直下，楚军溃败，主帅阵亡，楚国顿时大乱，人心惶惶。

项羽、刘邦正率军围攻陈留，突然得到定陶战败项梁阵亡的消息，急忙率军回撤。他们深知，此时军心已乱，不可再战。

项梁的败亡带给楚国的是极大的震撼以及随之而来的巨大恐慌。楚国政局也迎来前所未有的震荡。很多人的命运因此发生改变。从项羽到刘邦，再到那个一直被项梁当作图章的楚怀王熊心都在其列。

反向奔赴　趁势夺权——楚王熊心

项梁兵败之前，就有人预测到项梁的败亡。项梁连胜数阵之后，面有骄色。宋义劝谏道："战虽数胜，而今我军，将有轻敌之心，兵显疲惫之形，而秦军近日屡屡增兵，臣恐这么下去，对我军不利。将军还是小心为妙。"

项梁当然不爱听宋义在耳边聒噪，这明显就是在说他，谁听不出来呀。只不过，宋义这人背景深厚，之前曾做过楚国的令尹，论资历，还在项梁之上。

项梁讨厌宋义，就派他出使齐国，省得整天看到他心烦。

宋义在出使齐国的路上偶遇齐使高陵君显。宋义就问高陵君："您这是要去见武信君吗？"高陵君回答："是的。"宋义说："以在下愚见，武信君不久必败。您若缓步徐行便能免死，疾行必及于祸。"高陵君还真就照宋义的话做了，果真逃过一场兵祸，保住性命。这番经历，令高陵君不免对宋义刮目相看。

高陵君来到楚国，见到楚怀王熊心，当面将宋义狠狠夸赞一番说："宋义预言武信君必败，不过数日，军果败。兵未战而先见败征，可谓知兵。"

楚怀王当即召见宋义与之谈论军国大计。一番交谈之下，楚怀王对宋义很是满意。当时，章邯击败项梁后，认为楚地军队遭受重创，暂时不会有威胁，于是转而北上攻击赵国。在秦军的猛攻下，赵国很快就招架不住向楚国求援。楚怀王正为派谁为帅领兵出战发愁，于是就任命宋义为上将，项羽为次将，范增为末将，领兵救赵。军中众将皆统属于宋义，号为"卿子冠军"。也就是说，宋义完全取代了项梁在军中的位置，成为楚军新的统帅。

其实，宋义对项梁兵败的成功预测，并不是因为他有多么深通兵机，而是他根本就不看好项梁。

楚军数胜之后，形势大好，这个时候，宋义却站出来公开唱衰楚军，用心相当险恶。楚军连续作战，当然会疲惫。但这个不是宋义攻击的重点，他的重点在说将骄，而且还说这么下去很危险，很明显，他就差说出骄兵必败这四个字了。

这已经不是用心险恶而是用心歹毒。章邯取胜靠的是突袭，在此之前，胜负难料，宋义又不会未卜先知，他怎么就能肯定项梁必败呢！即使知道秦军援兵陆续抵达战场，以楚军的实力，双方也是势均力敌，孰胜孰败，尚未可知。宋义不是深通兵机，他只是单纯地不希望项梁赢。

虽然他们都是楚人，但不是同一阵营。项梁建功非宋义所愿。宋义的心态可以用羡慕嫉妒恨来形容。曾经的楚国令尹现在只能在军中做做幕僚，很有点大材小用的意思，他又怎么可能不恨呢！楚国官制与六国不同，令尹即国相。曾经的国相沦落至此，他心怀怨愤心有不甘。

但上阵杀敌沙场建功，又不是他的强项。他不愿待在军中，出使齐国可能也是他主动请缨，作为文官，外交战线才是他施展抱负的舞台，那里才是他的战场，也只有在那里才能发挥他的优势。

楚怀王熊心欣赏宋义的也不是他的军事才能，而正是他的外交才干。

宋义的那个预测纯粹是蒙的，明眼人都能看出来，楚怀王又怎会看不明白。宋义主动请求出使齐国，三言两语就将齐国使者高陵君拿下，已经显示出他在这方面的超强能力。

项梁兵败，很重要的一点就是未搞好与齐国的关系，而这是新上位的楚怀王重点着意的地方。宋义也极为看重齐楚关系，在这点上，他们不谋而合。宋义又极有外交才干，重用他可以缓和改善与齐国的关系，还可以用他来制衡压制项羽。这才是楚怀王对宋义委以重任的真正原因。

项梁死后，楚国曾出现过短暂的混乱，但随着楚怀王熊心全面接管政权，局势很快得到控制。

项羽、刘邦与吕臣在得知项梁的死讯时，第一反应就是将部队撤回来，而他们不约而同地都选择撤到彭城周边，因为这里是楚军的大本营。当时吕臣驻军彭城东，项羽驻军彭城西。刘邦驻军在比项羽更西面的砀县，这里是他的势力范围，也是他老婆娘家吕氏的地盘。

史料记载，得知定陶兵败，楚怀王的反应是恐惧。于是，"惊恐万状"的楚怀王就从后方的盱台迁都到距前线更近的彭城。明明"恐惧"，却偏偏不往后跑，反而深入前线，向前进。这波反向操作，着实令人惊叹，楚怀王熊心确实是"惊恐"得过头了，连前方后方都分不清啦。

有的时候，史料上的话要反着听才行。真实的情况是，面对危局，楚怀王不但不恐惧，还极为勇敢。面对危险，楚怀王不但不慌乱，还极为镇定。

在前线军民人心惶惶之际，他却从后方来到前线，从幕后走上台前。别人看到的是危机，他看到的却是机遇。

项梁拥立他为王，只是希望他做名义上的国家元首，并不指望，更不希望他出来管事，那会令项梁很困扰。楚怀王深知这一点，所以，在项梁掌权时，他老老实实做他的橡皮图章，从不过问军政大事。他不管，不是他不想管，只是他知道，项梁不想他管。楚怀王很懂事也很听话，对国家大事从不插手，所有事情都由项梁做主。

但项梁突然兵败身亡，楚怀王在悲痛之余却也看到了机会。他也不想做橡皮图章，不想做名义上的国家元首，他要做真正的王。而现在就是千载难逢的良机。所以，他不顾风险，匆忙迁都，来到彭城，接管政权。

在一片纷扰混乱之中，楚怀王熊心逆向而行，展示出他作为楚王的责任与担当，也由此赢得了人心。

而楚怀王熊心来到彭城做的第一件大事就是夺兵权。楚怀王利用楚军纷纷退守彭城的机会，迅速从项羽、吕臣手上夺过兵权，对楚国的军政重新布局。

只有牢牢掌握军权，才能实实掌控政权。

楚国是新建之国，楚王是新立之君，这些都给了楚怀王熊心重新开始的机会。

项梁从会稽起兵到定陶败亡，只有一年。如从六月召集楚军各地将领薛县会盟册立怀王算起，则只有区区数月。

项梁确是难得的大才，文武双全，治军治国都极具才干。楚国得以复国，项梁是第一功臣。如假以时日让项梁得以长期把持军政大权，楚怀王就不会有任何机会染指朝政。刘邦也很难独立出去，就连项羽也要在其麾下效命，想独自领兵就更是难上加难。

但随着项梁的死，一切都发生了改变。项梁刚刚规划好楚国未来的蓝图，连接班人都来不及指定，就突然死去。剩下一群人，一脸茫然，不知所措。

楚怀王熊心在楚汉之际，几乎找不到存在感，也常常为人所忽略。但事实上，他是楚国历史上极其重要的存在，对解读刘邦与项羽的关系，以及整个楚汉历史走向都极具价值。

项梁在时，他只是名义上的国家元首、橡皮图章。项羽巨鹿获胜夺得楚国大权后，楚怀王更是被彻底地边缘化。留给楚怀王熊心的时间只有项梁死后，巨鹿战前，极为有限的一点时间。而楚怀王熊心就是利用这一点点时间，尽其所能地影响着楚汉的历史发展走向。

九月，楚怀王收吕臣、项羽军的兵权；然后又以刘邦为砀郡长，封武安侯，统领砀郡兵；封项羽为长安侯，号鲁公；封吕臣为司徒，以其父吕青为令尹。

此时，楚国仅剩的为数不多的尚有战斗力的部队，就是项羽、吕臣、刘邦三人所部。

然而，楚怀王的这番布置，很明显有区别对待的味道。

三人统兵，只夺两人兵权。

项羽跟吕臣的兵权被收回，只有刘邦幸免。楚怀王打压项羽、扶持刘邦的意图，几乎都不加掩饰，就这么赤裸裸地呈现出来。

项羽对楚怀王熊心所有的恨意都由此而起。刘邦对楚怀王熊心所有的感念也是因此而发。

事实上，打压项羽，扶持刘邦，是楚怀王熊心主政时期的鲜明主题。楚怀王是懂制衡的。打压项羽，就要扶持刘邦。扶持刘邦，为的就是打压项羽。

项羽得势之后，为何处心积虑一定要弄死楚怀王，原因也在这里。刘邦后来发兵讨伐项羽，说是要为楚怀王报仇，也不全是虚情假意的政治口号，这里面也有一点真情实感。

因为项羽政治上的低谷是楚怀王亲自策划一手造成的，要不是项羽在巨鹿一战中创造奇迹逆势反击成功，他还不知道要被楚怀王打压多久。

而刘邦能脱颖而出从依附项梁到独立成军，初期靠的就是楚怀王的偏心扶助。

虽然楚怀王给刘邦、项羽都予封侯，封刘邦为武安侯，封项羽为长安侯，但刘邦被任命为砀郡长，统领砀郡兵，相当于封刘邦为砀郡守，砀郡的军队都归其统领。砀郡是刘邦自己夺取的战果，也是他的后方，地位仅次于丰、沛。楚怀王的任命等于在事实上承认刘邦地盘的合法性，也是一种形式的分封。

项羽则被夺去兵权，只得到一个鲁公的虚名。即使与同被剥夺兵权的吕臣比，他也更惨。楚怀王为在政治上补偿吕臣，封吕臣为司徒，封其父吕青为令尹。虽说这个司徒跟令尹也可能是虚封，但多少还有点权力，政治上也仍有相当重要的地位。可是，项羽的鲁公那就真是徒有虚名。

刘邦获得封侯，从此告别布衣，位列公卿，地位实现跨越阶层的跃升，又担任砀郡长，统率砀郡兵。他是这次政治变动的最大赢家，政治、军事双赢。

吕臣在军事上失意被剥夺兵权，但在政治地位上获得提升，失之东隅收之桑榆，有损失，也有收获。

只有项羽既被夺去兵权又被虚封鲁公，他是这场政治变动的最大输家，军事、政治双输。

一边倾尽所有地扶持，一边倾尽全力地打压，项羽要是不恨楚怀王那才叫奇怪呢！

此时，楚怀王熊心用尽心思不遗余力地压制项羽。可是，矛盾的是，他还不得不任用项羽。反秦战争，项羽是不可替代的大将。战场上可以没有宋义，却不能没有项羽。而楚怀王熊心的悲惨结局也就此注定。项羽这个人很记仇，报复心极强。楚怀王虽然能利用现在的权力打压他，但只要不打死他，待他逆势而起，死的那个人就只能而且必须是楚怀王，且死相会很难看。

楚怀王与项羽的爱恨情仇，由此开始，却注定是个悲伤的结局。

而刘邦与项羽的关系，也从这时起，发生了微妙的变化。

他们曾经是并肩战斗的战友。项梁时代，他们虽各自领兵却常常在一处，一起攻定陶，一起战雍丘，一起围外黄。虽说谈不上亲密，但也是一起出生入死的战友。而后来两人的关系，众所周知，是战场上你死我活的敌人。

从并肩作战的战友到必欲置对方于死地的仇敌，总要有一个过渡、一个转变。过渡就在这里，转变也在这里。

楚汉争霸，真正的起点也在此处发生。

推动这一切的就是楚怀王熊心。他才是让刘邦与项羽化友为敌的策划者，也是促成楚汉争霸的那个人。

楚怀王熊心主政的时间不长，但他的决策造成的影响足够深远。

即使楚怀王不出现，也未做过压制项羽、扶助刘邦的事情，楚汉相争也是必然的。但楚怀王熊心的加入起到的是推波助澜的作用，他的出现，加速了这一进程。

刘邦也是对政治极其敏锐的人。而且，楚怀王又做得这么明显。刘邦当然高兴地接受了楚怀王的好意。

从刘邦接受来自楚怀王给予的种种好处时起，他与项羽的关系就决裂了。两人从此分道扬镳，走向对立。

楚怀王熊心在通过一系列的操作稳定内部后，就开始了他对外的"国际援助"，目的是通过援助友军实现伐秦兴楚的战略目标。

楚怀王熊心对外的一系列举措可以用十二个字概括，那就是：

扶韩援魏，救赵联齐，伐秦兴楚。

楚国因起事最早胜仗最多实力最强，成为六国中的反秦盟主。

当时的形势是，楚国刚刚遭遇大败，但恢复很快。而其他各国，只有齐国尚有余力，剩下的过得都很艰难。

先说韩国，当时六国之中，最缺乏存在感的是燕国，而最凄惨的就是韩国。国家弱，又与秦国本土近在咫尺，打不过就算了，躲都没处躲。韩国虽然在楚国的援助下艰难复国，却一天安稳日子也过不上，整天被秦军撵来撵去。

好不容易盼来项梁大军，接连击败章邯，这让在困境中苦苦挣扎的韩国人看到了希望。正当韩国人沉浸在对未来美好生活的向往中时，却传来项梁定陶兵败战死的消息，这场战役对韩国人的打击一点也不比楚国人小。

梦醒之后的韩国人已经哭不出眼泪，却只能坚强地面对再次围攻上来的秦军。韩国人只能接着与秦军进行敌进我退的游击战式的日常追逐。他们也不想东躲西藏，他们也想与秦军来一场面对面的交锋，怎奈实力不允许。

项梁战亡，被项梁扶助的韩王成失去靠山，只能带着为数不多的军队投奔楚国，寻求保护。

楚怀王熊心在彭城接见了韩王成，表明了楚国支持韩国的态度。楚怀王派张良担任韩国国相辅佐韩王成，同时为其补充兵力，令其率军反攻，收复失地。

才送走韩王成，又迎来魏国流亡宗室魏豹。魏国的事情之前说过，韩国已经很惨，魏国则更为惨烈，魏王魏咎，君王死社稷，令人敬佩。

魏豹作为弟弟自然希望能为兄长报仇，重建魏国。楚怀王当即册立魏豹为魏王，分其数千士兵。魏豹就带着这些人又杀回魏国。

在韩、魏之后来到楚国的是赵国的使者，此行的目的也是求救。韩、魏至少已经挺过了最艰难的时候，正在恢复。而赵国正在遭受秦国的暴击。此时此刻，六国之中最惨的是赵国。因为章邯在击败项梁后就率秦军主力北上攻赵。现在赵国承受着秦军的全部火力，而此时能救赵国的就只有楚国了。

国际峰会，变成比惨大会。

各国代表轮番陈述，声泪俱下，楚怀王也明白，现在楚国是诸侯的希望。赵国危在旦夕，唇亡齿寒，赵国必须要救。

但楚国刚刚经历大败，元气大伤，尚未恢复，此时楚军的总兵力大致也只有十万。但是为了救赵，楚怀王狠狠心，拨出一半的兵马去救援，这已经是楚国能出动兵力的极限了。

至于主将的人选，楚怀王早就想好了，宋义。但宋义是文官出身，尽管当时文武尚未正式分职，很多人是文武兼备，既能治国理政，也能率军出征，但宋义明显不属于这类。所以，楚怀王任命项羽为次将，辅佐宋义，随军出战。这个分工的意思明确，宋义负责指挥，项羽负责打仗。考虑到宋义的军事经验不足，项羽又年少气盛，楚怀王特意派年已七十但足智多谋的范增为末将，作为辅佐，一同前往。

而其实，楚怀王交给宋义的任务有两个，救赵只是其一，还有一个不便明说，就是联齐。然而，正是联齐致使宋义被杀，也间接导致楚怀王军权旁落，从此失去对项羽的控制。

楚怀王做以上这些的最终目的是伐秦。为此，他制定了一个宏大的计划，三路伐秦。

秦二世二年（前208）闰九月，楚怀王熊心做出兵分三路讨伐暴秦的决定。伐秦即兴楚。

北路军由宋义为主将率楚军北上救赵，与章邯的秦军决战。

西路军由刘邦率领进攻秦的关中，实现入关亡秦的目标。

南路军由楚国贵族共敖率领，进攻南郡，目标是收复楚国故都。南路兵力最少，更多的是政治意义。

楚怀王为此向天下宣布：先入关中者为王。

从楚怀王的军事部署看，他明显是偏向刘邦的。

但在当时，秦兵正强，常常乘胜逐北，横扫诸侯。军中将领畏惧秦军，不敢与之交战，更别说入关亡秦。只有项羽因叔父项梁死于秦人之手，一心想要报仇，主动请战，愿率军入关破秦，与刘邦一起西进。

但项羽的请战被否决了。原因是怀王身边的诸位老将认为，项羽为人剽悍嗜杀，不可为主将。因为项羽曾进攻襄城，城被攻下，项羽就下令屠城，投降的人也全被坑杀，所过之处，鸡犬不留。大家的意思是不如派遣长者，秉持道义，不杀戮，不侵暴，告谕秦国父老，秦民必愿归降。项羽不可遣，只有沛公是宽大长者，可派他入关。楚怀王听取了老将们的意见，于是不派项羽，而派刘邦率军西进。

其实，哪是老将们不愿项羽去，是楚怀王不想让项羽去。只是这话，楚怀王不便明说，需要借老将之口说出来罢了。

他们何曾关心过被屠杀的百姓，他们又怎会在意秦民的遭遇。他们只是不希望项羽建功。

能说出口的理由，往往不是真正的理由。因为真正的理由上不得台面，更说不出口，也因为真正的理由往往很阴暗，会暴露他们的本性。

要知道，打压项羽是楚怀王的一贯政策，从未变过。项羽现在就已经如此跋扈，要是让他立下如此大功，那今后还有谁能制约他。后来发生的事证明楚怀王的担心是对的，但他千防万防，最后到底还是防不住项羽。

在楚怀王熊心的主持下，三路楚军向着各自的目标进发，等待他们的将是不同的人生际遇。

三路大军，南路是政治意义上的进攻，对战争进程的影响可以忽略不计。

真正对战局产生影响的只有两路，即此时宋义率领的北路军与刘邦统领的西路军。而北路军不久之后即将易帅，他真正的主将其实是项羽。而项羽也即将开始上演他的人生大逆袭——斩将夺兵。

项羽向北，刘邦向西。两人就此异路而行，分道扬镳。这次分离不仅是进军路线上的分道，也是政治意义上的分别。此时，二人还是名义上的战友，再见面时已是战场上的对手，政治上的仇敌。

此一别，互道珍重，他年相见，已成陌路。

破釜沉舟　背水一战——巨鹿大战

北路军在主将宋义的率领下，一路北进，前去救赵。但大军走到安阳时，宋义便下令全军停止前进，就地安营。谁知，这一停就是四十六天。

赵国岌岌可危，宋义却停在安阳，止步不前，按兵不动，到底是何用意？救兵如救火，宋义敢停在安阳一动不动，当然是秉承楚怀王熊心的旨意。楚怀王不让他动，他当然不敢动。

不同于桀骜不驯、不听指挥的项羽，宋义是忠于楚怀王的，这也是楚怀王喜欢并重用他的原因。论冲锋陷阵带兵打仗，十个宋义也不如一个项羽，但对国君而言，能力固然重要，忠诚则更为重要。

宋义听指挥服从调遣，就凭这一点，在楚怀王心中，宋义就比项羽强十倍。将领听话，国君才放心，才敢将军队交其统领。

楚怀王给宋义两个使命，第一是联齐，第二才是救赵。联齐在救赵之前，这个顺序，不容颠倒，所以宋义虽然令军队停在安阳不动，他却未闲着，事实上，他一直都很忙，忙着办外交，拉拢齐国。

从宋义停留驻军的安阳的位置，就能看出楚国君臣的意图。这个安阳在今天的山东梁山，正好位于从彭城去巨鹿的中心，也就是说，从安阳前往巨鹿与返回彭城的路程相同，等于说，宋义只走了一半就停下不走了。而他停留的地方安阳距齐国很近，这会方便他进行联齐的外交活动。

楚怀王这么布置是要吸取项梁的前车之鉴。章邯率领的秦军过于强大，即使是楚国，单独与之对阵，也未必是其对手，那就必须争取外援，寻求友军。

之前说过，楚怀王执政之后，一直在搞对外援助，扶韩援魏以及这次的救赵都是，楚国已经是国际援助的最大输出国，韩、魏、赵三国都指望楚国的救援，楚国还能从哪里寻找外援呢？答案只有齐国。六国之中，以国力而论只有齐国堪与楚国比肩，齐国的实力仅次于楚国。

在楚怀王看来，救赵之前，必须联齐，只有齐楚联合，才能对抗强秦。齐楚联军迎战秦军，要比楚军孤军与秦作战的胜率大得多。

项梁孤军奋战的惨痛教训就在不久之前，记忆犹新。楚国就这么点家底了，再不可重蹈孤军深入的覆辙。齐军不出，楚军不动。这大概就是楚怀王在出发前给宋义下的命令。

救援友军当然重要，但保存实力更为重要。即使赵国沦陷，但只要齐楚联合，就有战胜秦国的机会。必要的时候，赵国是可以牺牲的，只要楚国在，希望就在。

但齐国并不是那么容易就能联合的。此时掌握齐国实权的是齐相田荣。这可不是一个理想的谈判对象。

项梁对田荣曾有过救命之恩，但就因为楚国收留田荣的政敌，致使两国关系紧张。项梁战前多次派人协调，但田荣终究还是不肯出兵，坐视项梁败亡。两国之间也因此事大受影响。但楚怀王上位后，有意淡化项氏的影响。田荣之前说过只要交出他的政敌，齐国就会出兵。

谈判的大门并未关上，双方也都有谈的诚意，那就有的谈。更何况，楚怀王派出的宋义又是一位外交专家，最擅长的就是谈判。将合适的人用到合适的地方，这个人才是人才。

而且，楚怀王更懂得，专业的事交给专业的人去做，才能事半功倍，收到奇效。宋义也果然未让楚怀王失望。经过一个多月的外交努力，谈判取得重大进展。

齐国同意宋义的儿子宋襄去齐国为相。这也是战国以来留下的传统规则。当两国实现政治互信，进行联盟时，一方会派重要的大臣去另一方担任国相，为的是协调联合的各项事宜。这也是两国政治信任的标志。这个国相不会喧宾夺主，更多的只是具有政治上的象征意义，主要的职责是办理两国联合的事情，不会过多参与所在国的国政。

齐国在此时同意宋襄去齐国，说明两国已经达成重要协议。

此时，楚军主将宋义也为这一重大外交胜利感到欣喜振奋。宋义为此专门设宴庆贺，并亲自为儿子送行。

得意的宋义不知道，就在不远处一双充满仇视的眼睛正在看着他。

虽然宋义联齐取得重大成果，但仅限于少数上层知道，普通士兵是不知情的。他们只知道，在安阳的这些天，他们忍饥挨冻，缺衣少食。而他们的主将却在终日宴饮置酒高会。不满的情绪在军中迅速蔓延。只有一个人知道全部的真相，但是他不说。他知道宋义即将立下大功，也知道士兵们的不满情绪已经到达顶点。他只是在等待时机，他要利用机会砍下宋义的头。这个人当然就是项羽。

在宋义忙着搞外交的时候，项羽也未闲着，他在忙着准备发动兵变夺回本属于他的军队。

在安阳的四十六天，宋义跟项羽都在各自忙碌自己的事情。一个是救赵大军的主将，一个是救赵大军的次将，却都在“不务正业”，一个忙着办外交，一个忙着搞军变，在此期间，他俩的心思竟然都未用在救赵上。

当宋义的外交搞得差不多时，士兵们的情绪也快绷不住了。项羽知道，可以动手了。因为项羽深知不可让宋义建功，一旦宋义立下联齐大功，他的权力就会扩大，他的地位就会稳固，受此影响，楚怀王熊心在楚国的威望也会更高，王位也会坐得更稳。到时，项羽再想夺权就更难了。

机不可失，时不再来。项羽下定决心，准备动手。

秦二世三年（前207）十一月，项羽来见宋义。项羽说："秦军围赵甚急，此时宜疾引兵渡河。楚击其外，赵应其内，必破秦军。"宋义说："将军此言差矣。夫搏牛之虻，不可破虮虱。今秦攻赵，战胜则兵疲，我承其敝；不胜，则我引兵鼓行而西，必举秦矣。不如令秦、赵争斗，我军坐收其利。被坚执锐，义不如公；运筹划策，公不如义。"因下令军中曰："有猛如虎，狠如羊，贪如狼，强不可使者，皆斩之！"宋义就差说出，项羽，你要是再敢放肆，就将你推出去斩首示众。双方这就算谈崩了。

项羽说："将士勠力攻秦，久留此地，军士饥寒，士卒食半菽，军中乏粮，诸君却在此饮酒高会，不肯引兵渡河，就赵食，与赵并力攻秦，还说要'承其敝'。以秦之强，攻新造之赵，其势必举。赵举秦强，何敝之承！且国兵新破，王坐不安席，扫境内而专属将军，国家安危，在此一举。今不恤士卒而徇其私，非社稷之臣也！"

项羽的这番话表面是对宋义说，实际是对众将以及全军说的。他在争取人心。

一天清晨，项羽来到宋义军帐，就在帐中斩下宋义人头。项羽走出大帐，高举宋义的人头，对众将说："宋义与齐国通谋反楚，楚王密令我将其诛杀！"众将见此情景全都拜服于地，一动也不敢动，皆曰："首立楚者，将军家也，今将军诛乱，唯将军之令是从。"

于是，项羽在众将的拥戴下称假上将军。假是代理的意思，因为尚未得到楚王的正式册封。项羽派人去追杀宋义之子宋襄，在去齐国的路上将宋襄追上杀死。项羽派将军桓楚报命楚怀王。项羽先斩后奏，兵变夺权。

事到如今，楚怀王已经失去对军队的控制，只能被迫承认既成事实，封项羽为上将军统领楚军前去救赵。

　　此时的赵国已处在崩溃的边缘。自章邯移兵向北，赵国就接连遭受挫败。邯郸失守，国土大片沦陷，赵王歇与张耳退守巨鹿城。

　　秦军此前驻守北方防御匈奴的长城兵团也在主将王离的率领下大举南进，加入战场。

　　秦军的长城兵团因为要防御匈奴，直到此时才出现在中原战场上。长城兵团是秦军的精锐。果然，长城兵团初到战地，就表现出精锐的素质。赵军完全不是其对手，被打得溃不成军。围攻巨鹿的就是王离率领的秦军长城兵团。

　　之前的主力担当章邯军转而负责给王离兵团运送粮饷，守卫外围。巨鹿城中，赵军兵少粮尽。巨鹿城外，秦军兵多粮足。

　　被困巨鹿的赵国君臣望眼欲穿，日夜盼望救兵前来解围。其实，救兵早就来了，而且就在巨鹿城北不远处，只是他们畏惧秦军，不敢靠近。

　　巨鹿被围时，张耳在城中，但他的儿子张敖却在城外，因此得以逃脱。之后，张敖北上代地招募到一万多人。他率领代兵赶来救援，此时就在巨鹿城北。

　　与张敖经历相似的是陈馀，巨鹿被围时，他也不在城里，逃出来后，去了常山，在那里招到数万常山兵。这时，他也在巨鹿城北。

　　张敖、陈馀早早就来了。但他们都不敢近前。因为秦军过于强大，以他们现在的实力，不被围住已是幸运。冲上去，那就是找死。他们不想就这么去送死，于是，只能待在原地不动。

　　他们等得起，但城里那些人快要撑不下去了。张耳在此时也将他的卑鄙龌龊以及极度的双标尽皆展现出来。

　　明明他的儿子就在巨鹿城北，他却选择性忽略，对其视而不见，反而接二连三地派出使者，一味地责备同在巨鹿城北的陈馀，质问对方为何迟迟不出兵救援。对他的儿子按兵不动的行为却全程略过，一点不提，多么标准的双标，秉承的也是他一贯的自私自利、宽以待己、严以律人的卑鄙。

在他的眼里，兄弟是可以出卖的，也是可以牺牲的，但儿子是必须保护的，受不得一点伤害。至于兄弟，随他们去死。张耳称得上是卑鄙小人中最卑鄙的人。

张耳派部下张黡、陈泽来见陈馀。两人送上张耳的书信。张耳在信中说："当初，你我志同道合结为刎颈之交，誓同生死。今日，赵王与张耳命悬一线危在旦夕，而你拥兵数万，却不肯相救。"

陈馀说："以我军之兵力实难救赵，去了，也是白白牺牲。之所以不想在此时战死，是要将来为赵王、张君报仇。今日，战则必死，犹如将肉喂给饥饿的老虎，大家都死了，谁来报仇，又靠谁来复兴赵国？"张黡、陈泽受张耳影响，不管陈馀如何劝说就是不听，最后，陈馀只好拨出五千兵马交给二人。张黡、陈泽率领五千士兵冲击秦军营垒，进去就再未出来，全军覆没，未有一人生还，这都是张耳的罪过。

曾经的刎颈之交，如今反目成仇。张耳与陈馀友谊的小船在巨鹿翻了。

张耳在巨鹿城里准备等死。城外，陈馀也做好了给张耳开追悼会的准备。就在他们对未来都已不抱希望时，真正的救兵到了。

项羽率楚军抵达战场。

巨鹿之战，项羽又造出一个成语——破釜沉舟。在很多人的想象里，巨鹿之战应该是这么一番场景，项羽一声令下，全军渡河。楚军过河之后，项羽即下令凿沉所有船只，又将做饭用的釜甑全都砸碎，每人只带三日粮，以示决一死战的决心，然后就带着数万楚军去找秦军拼命。

如果项羽真的这么做了，输的肯定是项羽，不会是王离跟章邯。因为双方兵力差距悬殊，项羽不会上来就跟秦军主力进行硬碰硬的对攻。仅仅王离的长城兵团就有二十万人。章邯直到投降项羽也有近二十万人。而这时楚军的兵力最多不过六万人。

秦军的两大战略机动部队合计共有四十万。项羽只有六万。

打仗，勇敢肯定是必须的，而且是首要的，更是基本的，但仅有勇敢也是远远不够的，还要有智慧，要用脑子打仗。

仅凭血气之勇，单打独斗是可以的，两军对垒，拼的是实力，但很多时候要靠智慧，既要斗勇，也要斗智。

在兵力处于劣势的情况下，想要取胜，必须用计，以智取胜。是的，项羽打仗也不是全靠猛冲猛杀，他也会运用计谋使用策略。

此时的巨鹿战场，秦军王离的长城兵团二十万人正在围攻巨鹿城。

巨鹿城北，以陈馀为首的诸侯军在远远地看着，不敢靠近。

巨鹿城南，章邯的二十万人，分成两处：

一处在巨鹿城南，约十万人，负责王离兵团的外围安全，同时这里也是章邯为王离兵团专门修筑的运粮甬道的终点；

一处在棘原，约十万人，这里是章邯军的大本营，也是章邯为王离兵团输送补给的运粮甬道的起点。

六万对四十万，兵力对比悬殊，还必须要赢，这仗怎么打！项羽有办法。

此时，直冲巨鹿城下，楚军就会被王离军与章邯军合围，不但不能解巨鹿之围，还会把楚国仅存的这点家底都搭进去。

不主动进攻，以巨鹿守军的情况，又撑不了多久。

对楚军而言，进攻是肯定要进攻的，但从哪里进攻，才是关键。

首先，必须要想办法拆分王离部与章邯部的联系，将他们彼此孤立。

然后，再抓住机会进行分割包围，将其各个击破。尽可能分散敌人的兵力，同时，尽可能集中己方的兵力，在局部形成以多打少的兵力优势。

要调动敌人，就必须攻其所必救。

要保证取胜，就必须攻击其弱点。

同时符合以上两点的，只有敌人的补给线即运粮甬道。

粮道是王离兵团的生命线，遭到攻击，章邯肯定会救。保证粮道畅通是他的职责所在。而粮道很长也很脆弱，对秦军来说，简直防不胜防。但对楚军而言，进攻相对容易，取胜更有把握。

对，项羽的办法就是攻击敌人的补给线。这条章邯为王离的长城兵团专门修筑的运粮甬道，将为楚军打开通向胜利之门。

章邯将所部一分为二，就是为了保护粮道。

章邯军二十万，十万驻军巨鹿南大营，十万驻军棘原大营。军粮先在洹水南岸的棘原大营装船，然后走水路，经洹水，入清河，再上岸转为陆运，走甬道至章邯亲自驻守的巨鹿南大营，然后再从巨鹿南大营运至巨鹿城下王离军中秦军长城兵团大营。

章邯思虑周全，粮道主要依靠水运，唯一陆运又容易遭袭的部分又被他修筑甬道加以保护。

甬道在秦汉时期颇为流行，刘邦、项羽，甚至曹操等人都用过。

甬道通常是沿道路两边挖沟取土，然后用土沿路两边垒筑成长墙，起到隐蔽人员、辎重行动，防备敌军、盗匪和猛兽袭击的作用。四十里长的甬道，章邯动用十万人去修，很容易就能修好。

整条粮道，只有陆运的甬道部分，楚军有机会进行破袭。

虽然章邯作了防备，但甬道依然防不住也经不起大军的猛烈攻击。

项羽率军抵达清河岸边时，得到消息的陈馀立即派人与项羽取得联系，请求楚军渡河击秦。

项羽派黥布与蒲将军领兵两万，为全军前锋，先行渡河。

黥布与蒲将军过河后，立即对秦军的补给线运粮甬道发起攻击。

楚军采取的是标准的游击战术，敌进我退，敌退我进。

楚军在秦军的运粮甬道上开始了随心所欲的攻击，想在哪里打就在哪里打，想何时打就何时打，彻底放飞自我。

秦军则痛苦不堪，往来救应疲于奔命。虽然粮食还能运过去，但已经不敢保证准时，运量也直线下降。章邯的巨鹿南大营是转运站，尚能保证供应，但巨鹿前线的王离军已经开始缺粮了。

章邯不得不从巨鹿南大营抽调兵力南下保卫补给线，与黥布跟蒲将军玩捉迷藏似的追逐游戏。

两军就这么在甬道上玩了一个多月，相互拉扯之间，巨鹿南大营的秦军不停地被抽调，被派去南线守卫粮道。

章邯留在巨鹿南大营的兵力急遽减少。王离军的侧后逐渐暴露出来。空当出现了。战机出来了。

项羽攻击甬道，诱敌南下的策略取得成功。

章邯已经中计，此时巨鹿南大营兵力空虚。章邯军主力与王离兵团，不知不觉间已经被拉开距离。项羽等的就是这个机会，距离不仅产生美，也会产生机会。陈馀也瞅准时机赶紧派人过河，再次请兵。

章邯这么精明的人都被项羽用计骗过，其谋略用计的水平可见一斑。狡猾至极精明得脑袋冒烟的章邯也想不到会中项羽的调虎离山之计。

项羽之所以能成功，在于他仔细研究过章邯的用兵策略，此人极其重视补给线的安全。项羽精准地找到了章邯的这一弱点，然后，再根据章邯的这个弱点，将计就计，精心设计，精准布局。

章邯在定陶战役后，不南击楚，而北攻赵，正是因为担心粮道的安全。之前，章邯在黄河以南作战时，可以利用黄河跟济水通过水道获得补给。

章邯在东阿被项梁击败退守黄河南岸的濮阳，秦国为增援章邯不停地从关中调兵补充章邯军。前线秦军得到加强，关中却被削弱。与此同时，从关中到前线的补给通道也被拉长。章邯在定陶取胜后，如果选择东击齐，南击楚，燕、赵两国如在此时南下，就能迅速切断章邯的补给通道，将秦国关中本土与前线的章邯军分隔开。章邯就是为了后勤的安全才选择北上攻赵。

项羽正是看到章邯在用兵上的这个特点，知道章邯若得知甬道被袭，一定会倾力救援。因而，项羽设计攻击甬道，就不仅是攻其所必救，更是针对章邯的用兵特点，有的放矢，精准施策。

不过，项羽也清楚，此计虽妙，但也骗不了章邯多久。等对方发现上当，一定会迅速回撤。因此，留给他出击进攻王离的时间并不多，战机稍纵即逝，必须抓紧时间，在章邯回来之前，搞定王离兵团。

秦二世三年（前207）十二月，项羽抓住章邯主力离开巨鹿南大营的机会，率全军迅速渡河。现在对楚军最重要的就是时间，必须要快，越快越好，兵贵神速。

为争取时间，项羽下令抛弃所有辎重，轻装前进，全军只带三日粮，过河之后，凿沉所有船只，不留退路。这就是成语破釜沉舟的历史背景。对项羽跟楚军而言，此战只许胜，不许败。因为这是解巨鹿之围战胜秦军的唯一机会，必须拼，也只能拼。

楚军全力以赴，渡河之后直奔巨鹿城下，与诸侯军会合。此时驻于巨鹿城北的诸侯军也在陈馀的率领下，从城北转移至城南与项羽军会师，胜利合围王离兵团。

巨鹿南的诸侯联军有赵军陈馀部、赵军张敖部、燕军臧荼部以及跟项羽来到这里的齐军田安部、齐军田都部，加上项羽率领的楚军，总兵力应该也在二十万以上。

原来巨鹿城下有秦军王离部二十万人，秦军章邯部巨鹿南营十万人。诸侯援军总计也只有二十万，想解巨鹿之围，就必须击败王离，而要围攻王离，就必须先引开章邯。

调动章邯这步，项羽已经做到了。剩下的就是合围王离。

而仅靠数万楚军显然是围不住王离的，必须要诸侯军配合行动，即楚军与诸侯军一起包围王离兵团。

而仅仅包围也是不够的，必须要围攻击溃王离军才能解巨鹿之围。

但在围攻王离军的同时，还必须分兵阻击外围的章邯军。

章邯的反应是很快的，当他发现楚军及诸侯军的意图是围攻王离军的时候，肯定会迅速回撤全力救援。

也就是说，有人去围攻王离，就要有人去阻击章邯。

楚军与诸侯军想要围歼阻援，就要进行分兵。

项羽率楚军与陈馀率领的诸侯军在巨鹿城南胜利会师后，即形成对王离军的合围。

在之后，双方的分工明确，项羽率楚军在外围阻击赶回救援的章邯军，为诸侯军围攻王离争取时间。这其中，阻援是关键，因为一旦被章邯突破防线，楚军及诸侯军就会被秦军反包围。到时，章邯军与王离军里应外合，诸侯军被内外夹攻，必然崩溃。

在行动之前，联军肯定是经过商议的，此时楚军的主帅是项羽，诸侯军的实际统帅是陈馀。

双方制定的计划应该是，项羽迎击章邯的同时，已经对王离军形成合围的诸侯军应趁机立即发起对王离军的围攻。但事情的发展远不如想象的那么顺利，项羽率楚军如期在外围迎击章邯部秦军时，诸侯军却没有按时发起对王离部秦军的攻击，他们的举动出奇一致，在大营的壁垒上观战，看着楚军与秦军厮杀，由此又造出一个新词——作壁上观。

诸侯军这种行为是严重的背信弃义，等于在关键时刻，出卖楚军，只留楚军在外孤军奋战。而诸侯军却只观战不行动。对此，作为诸侯军实际统帅的陈馀显然负有责任。后来，项羽之所以不封陈馀并有意冷落他，主要就是对陈馀这次作壁上观按兵不动的惩罚。

诸侯军躲在营垒里面不敢出战。

而楚军则在项羽的率领下与章邯统领的秦军在巨鹿城下展开殊死血战。

对于破釜沉舟背水一战的楚军而言，此时已经没有任何退路，不胜即死，要想活命，就必须击败面前的秦军。

生死存亡的最后关头，楚军爆发出惊人的战斗力。史料记载，面对数倍于己的秦军，楚军将士毫不畏惧，而是个个奋勇，人人争先，以一当十，与秦军正面对冲，喊杀之声，惊天动地。

素以虎狼之师闻名的秦军也被楚军悍不畏死的气势所深深震撼。作壁上观的诸侯军更是被惊得目瞪口呆，被楚军的勇悍镇服，心里也不由得暗自庆幸，还好这是友军，要是敌人，他们恐怕就凶多吉少了。

而战场之上，秦、楚两军正面交锋，刀光剑影，血肉横飞，双方士兵绞杀在一起，杀得难解难分。

秦、楚两军，先后大战九场，楚军九战九捷，大胜秦军。

章邯军被击退，仓惶撤军。

见章邯军后撤，之前作壁上观的诸侯军才敢出击，对被包围的王离军发起总攻。

此前，项羽切断王离军补给的效果也在这时显现出来。缺粮严重削弱了王离军的战斗力，友军的败退又令士气急遽下降，在诸侯军的围攻下，强悍的秦军王离兵团，曾令匈奴胆寒，以至于胡人不敢南下而牧马，士不敢弯弓以抱怨的秦军长城兵团，最终土崩瓦解。主帅王离兵败被俘，副将涉间不肯投降，举火自焚。大秦精锐之师长城兵团至此不复存在。

十余年前，项羽的爷爷项燕与王离的爷爷王翦曾有一场大战，那次项燕饮恨败亡，王翦立功受封。十余年后，项羽击败王离用一场胜利告慰爷爷项燕。

项羽击败章邯军后，召诸侯将。所有的诸侯军将领都是以一种特别的方式进入楚军大营的，史料上的记载是，膝行而前，不敢仰视。

在最危险的时刻，诸侯军畏惧不前，背弃约定，致使楚军孤军奋战，好在楚军打赢了。

这笔账，即使项羽不说，诸侯们也是内心有愧的，他们在道义上对不住项羽，这是他们心虚不敢直视项羽的原因。

当然，更重要的是，巨鹿一战，打出了楚军的威风，也打出了一个日后威震四方的西楚霸王。

连凶悍如虎狼的秦军都不是楚军的对手，诸侯军更是被楚军的勇悍彻底征服。

项羽也因巨鹿之战，一战成名，成为诸侯联军事实上的统帅。

巨鹿之战，项羽打败的不仅是秦军，也令诸侯军心服口服，从此唯项羽马首是瞻。从此刻起，项羽不仅仅是楚国的上将军，同时也是诸侯各国共同的上将军。

巨鹿之战是真正意义上的战略决战。

此战过后，秦军由战略进攻转入战略防守。

诸侯军由战略防守转入战略进攻。

形势逆转，攻守异形。

此前，诸侯各国普遍担心的是，能不能在秦军凶猛凌厉的攻势下生存下去，至于亡秦，想都不敢想，至少楚国之外的各国不敢想。而战后，大家开始认真地讨论如何入关实现亡秦。诸侯们不仅敢想，而且还在用心谋划如何执行才能实现。之前是求生存，战后开始谋发展。

此战最重要的是为诸侯各国树立起信心，大家重新对未来抱有期待，而项羽不仅坐稳楚国上将军的位置，还成为大家一致认定的诸侯各国军队共同的统帅。

步步紧逼　招降章邯——棘原之战

项羽在巨鹿之战中击溃章邯围歼王离，一战成名。

秦军的两大野战兵团，一个被歼，一个败退。

但很多人忽视了一点，那就是秦军虽在巨鹿遭受重创，但主力尚存。

章邯军仍有十余万，加上败逃突围而出的王离兵团余部。秦军在黄河以北的总兵力仍有近三十万。

此时，诸侯军的总兵力也不过如此。双方实力不相上下，可以说是势均力敌。诸侯军以大胜之威，趁势而进，虽然在气势上占据上风，但在兵力上优势并不明显。

秦二世三年（前207）二月，休整后的诸侯联军在项羽的率领下向南渡过漳水，进驻漳南，逼向秦军。

章邯并不与之交锋，而是主动退守、收缩防线，以棘原为中心构筑壁垒，摆出防守阵型，固守不出。

大败之后，章邯往往会收缩兵力，利用山水地形修筑营垒，故意示弱于敌，做出一心防守的假象，麻痹对手，然后一面恢复元气，一面增派援兵，待对手松懈，再抓住机会，突然出击，往往能达到出其不意攻其不备的效果而取得大胜。之前，章邯击败项梁用的就是这个套路。

名将都善于示弱。等对方发现上当时，大多为时已晚。这也就是兵法上说的，强要示之以弱，弱要示之以强。

章邯还想故伎重施，套路项羽。但有叔父项梁的惨痛经历在前，项羽怎么可能上当。

项羽表现得很有耐心，按兵不动。虽然不攻，但也不走。两军就此陷入对峙。

双方对峙一月有余，形势突变，项羽先出招了。项羽的招数也是在巨鹿之战时用过的，包抄合围。

赵军司马卬部南下攻占河内郡。章邯的后路被赵军封住。他与关中的联系被切断，这下他也被诸侯军合围了。

这次出击相当之重要，诸侯军主动出击，将优势转化为胜势。陷入合围后的章邯在两军对阵中明显处于下风，这也是不久之后项羽逼降章邯的关键一步。后来，司马卬就是凭此战功，一战封王。

之前，每当遇到这种相持不下的情况，章邯都会一边示弱一边派人回去搬兵。援军一到就立即反击。定陶战役，章邯就是这么做的。

但这次不同，章邯发出增兵请求，援兵却没有来。章邯也不想想，此前他虽连战连胜，大杀四方，但秦军的伤亡也很大。秦廷已经给他多次补兵，关中兵源早已枯竭，派不出兵了。

即使援兵不来，以章邯的水平，手下又有二十余万大军，守上一年半载也不成问题，就算被围，也不怕。因为棘原本身就是一座大粮仓，这里原本就是秦军的屯粮之所，不缺粮。

而且，章邯在防守上很有章法，精心布局，棘原大营的构筑充分利用了地形，将地利的优势发挥到了极致。

棘原西连太行腹地，东接黄河故道，坐拥山水之便，攻守兼备。

在棘原与巨鹿之间，有两条东西走向的河流漳水与洹水，从漳水又分出一条向南的小河汙水。

章邯并未全军退守洹水南岸的棘原，而是将全军一分为三，以左翼军据守漳水之南汙水西岸，以王离兵团余部驻守漳水南岸与诸侯军隔河对峙，章邯军主力驻守洹水南岸的棘原大本营。

章邯很清楚仅凭洹水防线是守不住棘原的，因此必须加大防御纵深，同时又将全军分作三处，成掎角之势，便于相互增援，协同作战。

章邯深知项羽的攻击力之强，世所罕见。在洹水以北的汙水西岸部署的部队，与棘原大营相互策应，可以有效地牵制进攻棘原的敌军，使南下之敌军首尾不能相顾。这种分兵据守、互为依托的布阵，与巨鹿城下秦军的部署极其相似，具有鲜明的章邯风格。

当项羽率军渡过漳水进入漳南时，漳水南岸的王离兵团余部并未阻击而是连续后撤，但项羽并不追击而是与之对峙。

看过章邯的布阵，就清楚项羽为何不南下而是选择与秦军当面对峙了。

如果项羽挥师南下，去进攻棘原的章邯大营，那么据守汙水西岸的章邯左翼军就会趁机渡过汙水从背后攻击，包抄项羽军侧背，从而与南面的棘原秦军对项羽形成南北夹击之势，甚至对项羽军形成合围。

漳水南岸的王离兵团余部担当的就是诱敌部队，目的就是引诱项羽军南下进入包围圈。

项羽看出了章邯的诡计，他明白在清除汙水西岸的秦军之前，不能贸然南下，因此过河之后便停止前进，与秦军对峙。

"秦军数却"，说的就是与项羽当面对峙的秦军王离兵团余部向棘原方向的撤退。但项羽在漳南按兵未动，并未追击。

项羽并未往章邯设计的口袋里钻，而章邯在汙水西岸的左翼军反而因此陷入孤立。

章邯精心布置的防守反击阵型，在项羽不动如山的对策下被轻松化解。

章邯本想给项羽设置陷阱，结果，却掉进了坑里。此时，章邯的兵力分散，他再想主动进攻，兵力上已经不占优势。章邯不敢轻举妄动。他不动，项羽也不动。战线就此陷入沉寂，两军从二月一直相持到六月。

三月，又发生刘邦击败秦军杨熊部，秦将杨熊败走荥阳被斩事件。

秦军主力深陷河北。刘邦军逼近荥阳，关中门户洛阳岌岌可危。所以，秦二世急了。他让章邯尽快结束黄河以北的战事，将主力撤回黄河南岸的关中。但此时章邯与项羽两位顶级战术大师，却互相猜透了对方的意图，从而将仗打成相持局面，谁也不敢动，生怕被对方趁机抓住破绽，陷于被动。

秦二世让章邯南撤补防。章邯不是不想回去，而是这个时候他已经被项羽拖住，回不去了。

秦军屡屡后撤，令其回援，也不见章邯有所行动。秦二世对章邯愈发不满，下诏责问章邯为何战事久拖不决，责令其与项羽接战，并尽快结束战斗，回援关中。

此时的章邯也是有苦难言，因为章邯退却的目的就是为了进攻。只有将项羽吸引过来，才能实现对项羽的前后夹攻。

但章邯的以退为进，秦军的连连后撤，与项羽军脱离接触的一系列做法，确实很容易让人误解，也难怪会遭到秦二世的严厉责备。

章邯知道有必要派一个可靠的心腹回咸阳向皇帝当面解释，讲明自己的作战意图，澄清误会，否则，之前的所有部署、所有计划都将付之东流。

巨鹿之战后，章邯如果放弃棘原，及时收缩，将三十万大军撤到黄河以南，虽然会丢失河北，但至少能守住荥阳一线，确保关中。

章邯的迟疑给了项羽机会，更成全了西进的刘邦。

秦二世要求章邯撤兵，章邯却请求秦二世增兵。这两人的需求是南辕北辙，完全不在一个频道上。结果就是秦二世不增兵，章邯也不撤兵。不增兵是因为无兵可派，不撤兵是因为撤不回来。

最糟糕的还不是不派援兵，而是不被信任。这对一个领兵在外的大将而言，才是最致命的。

此时，章邯麾下还有二十余万军队，而且都是秦军精锐。

项羽以二十万围章邯二十万，这个包围网的强度可想而知，必定是四处漏风。

至于说到粮食，其实真正缺粮的不是包围圈里面的秦军，而是包围圈外面的诸侯联军，特别是项羽率领的楚军。他们缺粮，一直都缺，从巨鹿到棘原，一直都吃不饱饭。

巨鹿战前，为表示决一死战的决心，项羽下令将所有做饭的釜甑砸碎，全军只带三日粮。为何只带三日粮？因为楚军一直就缺粮。你以为他不想多带！他也要有才行。

直到与项羽约和，洹水会盟，全军投降，章邯在军事上其实都不落下风。

危急关头，章邯派自己的亲信长史司马欣去咸阳，希望能见到皇帝当面澄清误会，并说明自己的作战意图：之前的多次退却，并非兵败，而是诱敌之计。但是敌人很狡猾不上当，自己又被包围，形势危急，不过，自己仍有办法。只要朝廷从关中派出援兵，到时里应外合，就可以突破包围，扭转局面。

这应该就是章邯想表达的意思。但司马欣历尽艰险突围而出，好不容易赶回咸阳，却连皇帝的面都见不到。

司马欣在咸阳皇宫的司马门外苦苦等待三天，却始终未等到皇帝的召见，也正是这三天决定了大秦最后的命运。

前线军情如火，十万火急，回来汇报的人却得不到召见。司马欣的心情也从焦急变为惶恐。因为这意味着，章邯已经不再被信任。谁都知道，他代表的是章邯。而章邯是二十万秦军的主帅，他麾下的军队是大秦最后的精锐，也是仅存的家底。

可是，皇帝开始不信任手握重兵的将军，对一个正处于风雨飘摇中的国家来说，这是极其危险的举动。

其实，不是皇帝不召见他，而是皇帝压根就不知道他回来。因为有人对皇帝进行了信息屏蔽。谁这么大的胆，竟敢欺瞒皇帝？在当时的秦廷还确有这么一号人，他就是权臣赵高。当时的秦国，掌握实权的就是赵高，连秦二世也被他玩弄于股掌之间。平时，赵高的工作就是欺上瞒下、贪赃枉法，虽然他就是学法律出身，连秦二世都是他的学生。秦二世不是个好皇帝，却是个很听话的学生。

自从继承帝位，秦二世就开始放飞自我，纵情享乐。他的老师赵高更是投其所好，总是将他的娱乐项目安排得丰富多彩。为了避免繁多的政务打扰皇帝的雅兴，赵高经常代替皇帝处理政事。秦二世对此很是满意，干脆就将权力下放给赵高。他则腾出更多精力在后宫，与佳人们做些不可描述之事。

秦二世不明白，权柄必须抓在自己的手上，皇位才坐得安稳。政治家交出权力就等于交出自己的人头。

秦二世的怠政，赵高的专权，很快引起李斯、冯去疾等朝臣们的不满。

眼看山东日乱、国势日危，李斯坐不住了。左丞相李斯联合右丞相冯去疾、将军冯劫联合上书劝谏秦二世停止修建阿房宫，减少徭役的征发，舒缓民力，平息民怨。

李斯的劝谏成功地点燃了秦二世的怒火，这些都是秦二世最反感的。再加上，赵高总是在秦二世兴致正高的时候拿李斯的报告来恶心秦二世。时间一长，秦二世的不满累积到一定程度后，终于对李斯等人起了杀心。

　　秦二世下令将李斯、冯去疾、冯劫等人下狱。冯去疾、冯劫在狱中自杀。李斯被严刑拷打，挺刑不过，最后不得不承认谋反大罪。他本人被腰斩不算，还被诛杀三族。

　　诛杀政敌，铲除异己。接下来就是安插心腹，大权独揽。赵高安排弟弟赵成担任郎中令，女婿阎乐为咸阳令。

　　很快，秦二世的身边就都是赵高的人了。秦二世也成为真正的寡人，孤家寡人。

　　政治的本质在于平衡，对权高责重的大臣，一定要有所制衡。秦二世却相反，先后砍去自己的左膀右臂。皇室宗亲，本应是他依靠的力量，他却在即位之初，亲自下令处死所有的兄弟姐妹。这等于自断一臂，虽说嫡系血亲有的时候会对他形成威胁，但更多的时候其实也是他的支柱，是他的力量之源。

　　李斯、冯去疾左右两位丞相都是秦始皇留下的股肱之臣，对秦是忠诚的，虽然这种忠诚也会被私心左右，但大体是靠谱的。其能力就更不用说，他们都是辅佐秦始皇统一六国的功臣，就因为劝谏被全部诛杀，外朝势力遭到重创，秦二世等于又断一臂。

　　在秦廷，赵高已是大权在握说一不二的权臣，李斯死后，他就成了丞相。为了验证他对朝廷的掌控程度，赵高又搞出了一个流传很广的小把戏，这就是有名的指鹿为马。

　　一次，赵高牵了只鹿走上大殿，说是献给皇帝的宝马。秦二世大笑，说您弄错了，这不是鹿嘛，怎么是马。但赵高并未理会秦二世，而是转头问向群臣，这是鹿，还是马。聪明的人都选择默不作声，那些惯于溜须拍马的人赶紧跟上，纷纷赞道，果然是匹宝马。当然，也有不买账的直言说，这哪里是马，分明就是鹿。赵高并未多说什么，表面上看，这不过是一个小插曲，很快就过去了。但真正的报复，在不久之后展开。那些说是马的大臣，基本都没事，有的还被提拔官职；那些说是鹿的大臣，基本都被收拾，丢官降职，个别人还因此送命。

这件事，细思极恐。此时的赵高已然嚣张至极。秦二世说是鹿。可是，赵高不理这茬，大殿之上，当着满朝文武，他连皇帝都可以无视，可以想见，他有多跋扈多嚣张。那些说是马的大臣不是分不清鹿与马，不过是以此向赵高屈服，表示顺从。那些说是鹿的大臣也明白这是赵高故意为之，但他们依然选择对抗，知道你要搞事情，我们就是不服。

这场事件与马跟鹿其实没关系，大家都知道，真正的意思是站队。赵高表达得也很清楚，事实不重要，是马还是鹿，也不重要。他只是想告诉所有人，他的规矩就是规矩。服从的，就提拔；不服的，就干掉。同时，通过这件事，大家也知道了，皇帝已经大权旁落。

再说章邯的求援。之前的多次增兵，肯定也是赵高同意的。因为章邯平乱，也算他的业绩。之前派兵都很积极，这次怎么就消极了呢？原因已经说过，因为秦国本土的战争潜力几乎被榨干，已经无兵可派。可是，仗还要打。

之前说过，赵高的主要工作就是欺上瞒下，秦二世并不知道战争的形势有多严峻。因为赵高对送达咸阳的战报进行了分类处理，报喜不报忧，导致皇帝以为形势不错，还夸他办事得力。这时候，如果让皇帝知道，之前的战报都是经过他处理的，秦军早不是之前的连战连捷，现在更是连战连败，岌岌可危，那他的地位也将不保。即使他是权臣，即使他大权在握，但军事失利、战败的责任，也会让他颜面扫地，不再让人畏惧。

因此，面对司马欣的求见，赵高选择避而不见。这件事，他不能让皇帝知道。只能他来处理，可是，他也没办法。见吧，派不出兵；不见，事情还能再拖。

可是，司马欣不知内情，面对如此情势，他只能往最坏的地方想。接连败北，请求增援当面汇报，又不被召见，那接下来肯定就要被收拾了。

司马欣越想越怕，是非之地，不可久留，于是他决定立即返回前线。

走的时候，他留了个心眼，故意未走来时的大道，而是选了一条少有人知的偏僻小路，就是怕咸阳方面派人来追。事情的发展果然被他料中，赵高得知司马欣不告而别，立即派人沿大路追赶，因为走错路才未追上。司马欣回到军中将自己的经历见闻向章邯作了如实汇报。

司马欣告诉章邯，朝廷如今是赵高当权，现在的情况是，打赢也会被赵高陷害，难逃一死；被诸侯军围攻，也是死路一条。将军，可要想想清楚。言下之意，还是投降项羽，保存实力，方为上策。

向来沉稳的章邯，此时也心慌意乱。他也开始动摇了。

偏巧此时，陈馀的劝降书也到了。不早不晚，时机掌握得刚刚好。陈馀在信中说："白起为将，南征楚国，鄢郢之战，大败楚军，楚国东迁；长平之战，大胜赵军，坑杀降卒，攻城略地，不可胜计。而他最后的结局是被赐死。蒙恬为将，北逐匈奴，拓地千里，竟也被害于阳周。这是为何？功多，秦不能尽封，以法诛之。今将军为秦将三年，所失亡以十万数；而诸侯并起，豪杰日多。功不比白起、蒙恬，而罪过之。赵高用权，欲以法诛将军开脱罪责，使人更代将军。将军久居外，多内仇，有功亦诛，无功亦诛。秦之将亡，贤愚共知。今将军内不能谏杀奸臣，外为亡国之将，情势危矣。将军何不与诸侯联兵，共诛暴秦，王秦旧地，南面称孤！"

这封劝降书，可以说是处处戳中章邯的痛点。

章邯的两位前辈白起跟蒙恬的悲惨下场，人所共知，这不能不引发章邯的深思。兔死狐悲，毋伤其类。相比之下，章邯的处境则更为险恶。

白起、蒙恬有大功于秦，尚且不免兔死狗烹的结局。章邯出兵三年来，虽也屡屡获胜，但如今连遭败绩，更加之，奸佞当朝，不管是胜还是败，他都难逃被算计的命运。

原本想用持久战拖垮项羽的章邯，此时在长史司马欣、都尉董翳的劝说下，最终还是动摇了。

章邯派人联络项羽，想要与对方谈判。项羽同意和谈，却又利用谈判之际，章邯放松戒备的机会，准备偷袭秦军。

章邯的大本营棘原地处洹水转弯处，一条小河从漳、洹分水岭南坡在此汇入，所以这里不但水量大，流速还慢，是一个理想的水运码头。从这里上船，顺洹水向东可直入黄河。

南北交通的大动脉河内广阳道也从此穿过，从这里向西还有一条大道穿过险峻的太行山脉，直通隆虑，由此向南，即可进入章邯的大后方河内郡。所以棘原其实是一个水陆交通枢纽。

秦时，此地属河内郡，北与邯郸郡交界，章邯据守在此，不但便于接受河内郡运来的补给，还能经洹水入清河，将军粮运至巨鹿前线，又能防止叛军由河内广阳道南下，如遇不利，还可经太行险道退往河内郡，撤回关中。

棘原北面是漳水和洹水的分水岭，为太行余脉，漳水和洹水在山的南北两边，沿山脚从西向东夹山而出，形成一道天然屏障，北岭与南面和西面的太行余脉之间，形成一个口袋。

而棘原则正好在袋口位置。这是章邯精心挑选的一个攻守兼备的地形。项羽被迫接受章邯的会盟条件，与章邯所处的有利位置有很大关系。

章邯率领秦军以棘原为中心，充分利用山河之险的地利，精心构筑起一道坚固的防线。章邯正是凭此防线与项羽的诸侯联军相持半年之久。章邯敏锐地看到了棘原独特的战略价值，才将大本营设在此地。

项羽一面施放和谈的烟幕弹，一面却趁其不备发动进攻，一举突破秦军重兵防守的汙水防线，掌握了战场的主动权。

洹水北面的秦军再无险可守，只能全部退过洹水固守棘原。楚军随后渡过洹水，将秦军逼至棘原。

楚军深入洹水南岸，终于可以与在棘原的章邯率领的秦军主力进行正面决战。

就在即将大功告成之际，形势却又发生逆转。

章邯派人来到楚营，表示希望能够按照事前达成的约定会盟。

项羽召集军中众将商议此事。项羽说："粮少，欲听其约。"将领们的反应相当的一致，同意。

眼看胜利在望，项羽却选择接受章邯的条件，同意其会盟请求。而将领们也相当支持。这既不是项羽的风格，也不是楚军的作风。

此时同意会盟，就等于说，项羽接受了章邯的有条件投降。

项羽为何会做出这个决定呢？原来项羽渡过洹水后才发现，对面的章邯依然实力强劲。

在汙水获胜但已疲惫不堪的楚军即将对阵的是二十余万兵精粮足的秦军。章邯在棘原深沟壁垒，这里的防守固若金汤。项羽费尽九牛二虎之力，终于突破外围防线，但此时他才发现中心阵地更为坚固。

章邯的防守是多点支撑式的纵深防御，即设置多道外围防线，相互依托，互为支撑，层层消解敌人的进攻势头，减弱其对核心阵地的冲击，用以争取时间巩固中心阵地，环水结阵，固守待援。

项羽终于杀到章邯的主阵地，却发现啃不动，背水而战的楚军此时再想退都难，因为洹水阻隔，撤退也会被秦军半渡而击。

楚军连战连捷，但战线也越拉越长，进入洹南后，补给要过漳水，还要过洹水，不但路远，还要跨越两条河流。而章邯在棘原屯有大量粮草，拼消耗，输的肯定是项羽。

楚军虽士气正盛，但粮食匮乏，转运艰难，再也打不起消耗战。接连获胜的楚军其实已是强弩之末。楚军取得三户津之战和汙水之战的胜利后，顺利进入洹水之南。但危机也悄然而至，当楚军从连续击败章邯的狂喜中冷静下来后，才猛然发现，不经意间已经进入一个山水环绕的立体防线，钻入章邯精心设计的陷阱。

战线被拉长，楚军的补给会越来越难，前有坚垒，后有大河，如不能速胜，就会陷入进退两难的困局。要不了多久，形势就会逆转。

战事拖延下去，对楚军不利，趁此连胜之势，对方又主动请降，显然，接受章邯的投降是最明智的选择。

章邯不是没有取胜的机会，但面对可能的胜利，章邯却选择放弃，非不能也，势不为也！章邯最后不是败于战场，而是败于朝堂。

这是章邯身为秦将的悲哀，"有功亦诛，无功亦诛"。战胜项羽又有何益，只会让自己的处境更加危险。

长史司马欣、都尉董翳已明确表示支持和谈，自己若要坚持，搞不好就会引发兵变，最后的结果是，章邯不败而败，项羽不胜而胜。章邯出色的军事才能也使项羽心生忌惮。而这也最终影响了章邯的命运。

尽管投降之后的章邯很想与项羽合作，但项羽对章邯始终是防范多于重用，充满警惕，从未真正信任过这位降将。

项羽后来做出坑杀二十万秦军的决定，原因不是项羽对部下将领所说的害怕投降的秦军不从调遣不听命令，而是害怕章邯再度得势，所以有意削弱章邯的实力。

章邯是名将，二十万秦军就是他将来东山再起的资本。而章邯有多厉害、多难对付，在棘原与章邯相持近半年之久的项羽是最有体会，也是最有发言权的。项羽将章邯视为潜在的最大威胁，他又怎么会听任章邯坐大。亡秦之后，项羽必然要回楚国，那关中就是章邯的。到时，章邯麾下二十万大军，再据有秦国旧地，就将是楚国最大的敌人。因此，必须最大程度削弱章邯，因为已经同意章邯的投降，于是，项羽就对二十万秦军动了杀心。

摆上台面的理由从来不是真正的理由，因为真正的理由说不出口。项羽的这个决定毁了章邯，也毁了他本人。

章邯与其说是投降不如说是起义更合适。因为项羽与章邯的约定是共同反秦。项羽还封章邯做雍王，即关中之主。

殷墟会盟是真正的双赢。章邯不用再忐忑整日忧心忡忡担心被清算被陷害。项羽在连续取得巨鹿之战与棘原之战的胜利后，亡秦也指日可待。

巨鹿之战是诸侯们的生死之战。胜则尚有生机，败则坐等覆亡。秦军本来占据优势，胜券在握，但项羽突然杀出带领诸侯强行改写剧本，以少胜多，以弱胜强，逆势反转，使本来居于劣势的诸侯军反败为胜。巨鹿之战的胜利不仅成就了项羽的赫赫威名，更是救了诸侯军的性命。

秦军在巨鹿之战中虽损兵折将，但主力尚存，还有机会。此时秦国真正的国之柱石就是章邯以及他率领的秦军。可偏偏，秦廷主动将其向外推。

真正决定秦国命运的战役其实是巨鹿之战后发生的棘原之战。

棘原之战是秦国的生死之战。此战对秦国的重要性甚至超过巨鹿之战。因为苦撑秦国的柱石倒了。章邯投降项羽等于宣告秦国的覆亡。至于后来的秦王子婴投降刘邦，不过是履行必要的程序。

棘原之战的影响还远不止于此。世人皆知楚汉争霸，却不知争霸的起点在楚国在彭城。楚怀王熊心才是楚汉相争的策划者，项羽与刘邦从出发那一刻起，他们的争霸之路就已经开始。而棘原是其中一个重要的转折。

原本刘邦的西进之路并不平坦，充满曲折，进程又十分缓慢。巨鹿之战后，项羽原本有机会抢在刘邦之前入关，但就是因为章邯在棘原拖住项羽长达半年之久，让原本占据先机的项羽反而落后于刘邦。

项羽只能眼看着刘邦先他入关夺取头功。恼恨的项羽这才在鸿门摆下宴席，逼迫刘邦将到手的胜利果实拱手相让。刘邦就此与项羽反目，而楚汉争霸的战争也由鸿门宴开启序幕。而所有这些都由旷日持久的棘原之战而起。

棘原之战是七百年大秦的落幕挽歌，也是四年楚汉争霸战争的序曲。

巨鹿之战，王离败亡；棘原之战，章邯投降。秦军最为精锐的两大野战军团不复存在，秦国大势已去。

避实击虚　约法三章——入关亡秦

楚怀王派出的两路大军，起初走得都很谨慎，北进的不敢真北进，走到一半就停下观望。西进的也不敢轻易西进，坚持在北路军侧翼作战，看起来是在保护北路军的侧翼，其实是实力不允许快进。大家都很小心，楚军尚未走出项梁定陶败亡的心理阴影。

北路军因为有楚怀王的命令，所以停下来。西路军是在收拢项梁的溃败散兵，也不得不停下来。

项羽出发时的兵力最多六万。刘邦的军队更少，大约只有一万。

而项羽即将面对的是秦军最精锐的部队——王离的长城兵团与章邯的以京师守卫部队为主力的野战军，总兵力有四十万。

刘邦的对手是沿途的秦军地方郡兵与关中留守部队，兵力至少也是刘邦的十倍。

以他们出发时的军事实力，以及他们将要面对的敌人来看，他们领受的几乎都是不可能完成的任务，但项羽跟刘邦在北线与西线以他们卓越的军事才华同时创造出令人难以置信的军事奇迹，将不可能变成可能。

西线的刘邦虽然战绩不如项羽那般闪亮耀眼，但整个过程也十分之精彩，特别是刘邦那魔幻般的风骚走位，更是堪称军事史上的传奇。

带着艰巨使命的两路楚军，几乎是同时出发，走上征途。就在项羽斩杀宋义夺权成功率军北上之际，刘邦也率军出征。

不过，刘邦最初的征战与其说是西征不如说是北进更合适，因为他攻击的方向是西北的成武，成武在砀县的西面但更偏北。

刘邦派出曹参、周勃、樊哙、灌婴率前锋部队先行出击，在砀县西北的成武与秦东郡兵发生战斗，并将其击溃。刘邦率大军随后赶到与前锋军会合，一起向北追击秦军至城阳，在城南遭遇王离部署在这里的偏师，一场混战将其杀败，又乘胜追击，在城阳附近的杠里再次击败秦军。

刘邦率军连续两次击败秦军，取得开门红。城阳、杠里之战，解除了东郡秦军对刘邦大本营砀郡的威胁，又为巨鹿方向的项羽军免去后顾之忧。

刘邦在城阳得胜班师途中遇到了昌邑人彭越。于是，两人决定合兵一处一起去攻打昌邑。这里已经属于魏地，所以也有魏军加入，大家一起围攻昌邑。但在坚城面前，他们的攻击受挫，损失不小。彭越因为是昌邑本地人，战后依然选择留在昌邑。

灰头土脸的刘邦率军南返回到栗县休整。在这里"宽厚长者"刘邦干了件不是很地道的事儿，夺了刚武侯的四千兵，估计顺手也抢了不少粮食。

得到补充，实力有所恢复的刘邦第一时间想到的就是杀回昌邑报仇。这次，他联合了魏军皇欣部、武满部一起进兵，当然仍待在昌邑的彭越部，也被刘邦叫上，再攻昌邑。

虽然这次刘邦到处摇人，且准备充分，势头很猛，但昌邑依旧打不下来。一座小小的昌邑，刘邦折腾数月之久，却仍然只能望城兴叹。看来，他的部队的攻坚水平确实有待提高。两次昌邑之战均告失败，还白白浪费数月的宝贵光阴。

二月，久攻昌邑不下，刘邦只好率部西行，放弃昌邑，远征关中。

三月，刘邦率军西进路过高阳，在这里他遇见一位旷世奇才。正是靠着这个人，刘邦才以极其风骚的走位，以极小的代价、极少的时间，抢在项羽前面率先入关。

这位奇才究竟有何本事？能助刘邦完成入关亡秦的大业。他的本事就是口才。行走天下，为刘邦开疆拓土，就靠他的一张嘴。他就是江湖人称嘴炮开疆王者的郦食其。

而在遇到刘邦之前，这位奇才过得那叫相当的不如意，已经落魄到在里巷做看门人来谋生的地步，这也是当初张耳跟陈馀逃难落魄时从事过的职业。

郦食其此时的落魄，与他后来的发迹，对比鲜明，反差强烈。

之所以会出现前后的巨大反差，只是因为在此之前郦食其未遇到赏识他的贵人，未得到发挥他才能的平台。

而一旦遇到他的贵人，找到能发挥他才能的平台，他就再也不受束缚，可以尽情地施展他的才华跟抱负。

郦食其是幸运的，他等到了他的贵人，就是刘邦。他也找到了他的平台，就是刘邦的团队。

但是与后来那对如鱼得水的君臣不同。刘邦并不认识郦食其，也未主动登门拜访，更未曾礼贤下士三顾茅庐去请他。

郦食其用他的行动告诉后来的人们，三顾茅庐是可遇不可求的，对更多的普通人而言，机会是靠自己争取来的。

郦食其通过一个在刘邦手下做事的老乡的关系，才得到一次被刘邦召见的机会。

礼贤下士的故事很多，而且大多也是真实的。

但身为普通人必须明白，那些礼贤下士的故事，与布衣百姓相距遥远。路在脚下，很多关系还要靠自己去开拓。

刘邦在高阳传舍召见郦食其。当郦食其走进房间时，眼前的景象令他"大开眼界"，只见刘邦以极其舒服的方式坐在一张大床上，两个颇有姿色的妇人跪在地上为其洗足。

遇到这种情况，如果换成稍微清高自负的读书人，这时的反应，通常是转身就走。

因为这实在是太羞辱人了。显然，刘邦是未把郦食其放在眼里，才会有如此举动。当然，刘邦平时的风格就是如此，从这点上说，他也很真实，但不分场合地点的过分真实，确实令人很难接受。也难怪那么多人说刘邦是流氓，他身上的流氓习气也是有点过于浓重。是，他是对有用的人很尊重，对立功的人很大方，但这不是他肆意妄为的理由。

郦食其看到眼前的"春色"，内心应该也是很愤怒的，但他并没有走。因为他知道这次机会来之不易，这次召见很可能是他改变命运的为数不多的机会，事实也的确如此。

对大多数人而言，遇到改变人生命运的机会，数十年间，可能也就那么一两次。

郦食其十分清楚这点，所以他必须牢牢抓住这次宝贵的机会。

但对刘邦的如此轻视，不表达不满也是不行的，即使是有求于人，捍卫最基本的尊严也是必须要做的。不过，鉴于双方极其不对等的关系，以及极其悬殊的地位，郦食其表达愤怒的方式相当委婉。

郦食其进门之后，长揖不拜。这就是含蓄地向刘邦表达他的不满。

因为在古代礼仪中，揖与拜是两种不同的礼仪。揖礼是最寻常最普通的礼，适用于平辈之间的日常交往，与今天的见面握手差不多。

郦食其是来投奔刘邦的。他们是上下级的关系，等级差别很大。按照礼仪，这种场合，郦食其应该行拜礼。

揖礼与拜礼最大的不同在于，揖礼是站着，行礼时只需拱拱手。拜礼则需要跪。凡拜必先跪，所以，从古至今，跪拜都是连称的。显然，拜礼比揖礼更正式，也更庄重。而郦食其只是站在那里对刘邦拱拱手，明显是在敷衍应付。

而郦食其接下来说的话，更能看出他此时的不满情绪。而郦食其也以读书人特有的方式来表达他的不满。郦食其对刘邦说："您是要助秦攻诸侯呢，还是要率诸侯破秦呢？"刘邦听后气得当场大骂："竖儒！天下苦秦久矣，诸侯相率攻秦，怎么说是助秦攻诸侯！"

郦食其这么问，就知道刘邦会有如此反应。郦食其是故意的，因为只有这么说，引得刘邦发怒，他才有机会说下面的话，而这些话才是他真正想说的。前面的那些都是铺垫，都是为后面引路的。

郦食其见刘邦发怒依旧不慌不忙，从容镇定，回道："既然如此，您是聚义兵诛暴秦，那就不应如此失礼地见长者！"刘邦这才听出其话中之意，赶紧将两个给他洗脚的美妇人打发出去，然后整理衣冠，重新请郦食其入座。

虽然只是简单的对答，但敏锐的刘邦已经明白，眼前的这个人非寻常之辈，所以，他的态度才迅速转变，也严肃端正起来，与之前的肆意散漫相比，简直判若两人。

刘邦这个人很现实，当他发现郦食其并不简单、非同寻常时，他立即改变态度。因为这个人很可能对他有用，甚至有大用，所以他才愿意改变。刘邦的这个反应也很真实。刘邦不是不懂礼貌，他只是对他认为有用的人才有礼貌。

郦食其见刘邦态度恭敬，这才开讲，大谈六国纵横之事。秦统一之日尚浅，战国遗风犹存。战国争雄，百花齐放、百家争鸣，那是专属于纵横策士的黄金时代。张仪、苏秦等著名纵横家大放异彩。他们往来奔走于各国之间，纵横捭阖，折冲樽俎。他们甚至能左右当时各国的内政外交，时人评价他们是"一怒而诸侯惧，安居而天下息"。

但随着秦的一统，纵横家们也风光不再，以至于落魄到社会的最底层，要靠做看门人为生。从至尊至贵，到至卑至贱，中间只相差一个秦。

他们对过去有多怀念，对现在就有多憎恨。所以，大乱之年，起兵反秦的各路诸侯军之外，最活跃的就是这些纵横策士。因为他们又看到了东山再起的希望。

他们中的很多人都经历过战国策士最后的辉煌，也亲眼见证战国时代的悲怆落幕，更亲身体会过沦落底层的屈辱与痛苦。所以，他们反秦的意愿在各阶层中最强烈。燕赵之地的蒯通与中原陈留的郦食其就是这类人的典型代表。

他们渴望恢复往日的荣光，为此不惜各方奔走，甚至以身犯险，只为心中那汹涌澎湃的志向与被压抑已久的理想。他们更渴望得遇明主，去施展他们的满腹才华与满腔抱负。

他们是最不甘于平庸的一群人，但只有时代大变，他们才有机会，也才有出头之日。所以，在局势未明，各方势力尚处于萌芽时期，他们就迫不及待地出来，寻找依附势力，再通过他们的推波助澜，促成时代之大变局。

因此，才会出现，年近七十的范增主动上门找项梁，落魄失意的郦食其主动登门找刘邦，不甘平庸的蒯通主动来投韩信。

刘邦本质上是一个游侠，他与郦食其其实也是同道中人。所以，对六国纵横之事，刘邦也是倾慕已久。

两人谈的都是两人感兴趣的，不知不觉，越谈越投机，大有相见恨晚之感。

刘邦为能得到郦食其这么一位纵横之士感到欣喜，当即设宴款待郦食其。酒席宴间，刘邦问出了他最关心的话题，今后的路该怎么走，文言词叫，计将安出！

郦食其也即席发挥他的专业特长，为刘邦讲解局势以及对应的策略。

郦食其说："您的士兵大多是仓促之间组织起来的，纠合之众，散乱之兵，就这些兵也只有万余人。仅凭这点兵力想要入关，与强秦对阵，这就是深入虎穴，将头主动伸进老虎嘴里，属于标准的自杀行为。陈留，天下之要冲，四通八达，城中又有很多存粮。我愿前往游说，使其纳土归降。如其不听，您再引兵攻打不晚。"

于是，郦食其先行，刘邦率军随后跟进。陈留令在郦食其的嘴炮攻势与刘邦的军事威胁的双重压力下，乖乖投降，交出陈留。

刘邦兵不血刃便夺取陈留，从此开启一种新的略地模式——嘴炮开疆。郦食其也因立下大功，被刘邦封为广野君。

陈留城中的大批存粮自然也归刘邦所有。刘邦之前是兵粮两缺十分艰难，但得到陈留，情况就完全变了。因为多少年来流传下来的一句话，当兵吃粮。只要有粮食，就能招到兵。郦食其的弟弟郦商很快就招募到四千陈留兵。刘邦任命郦商为将率陈留兵随同征战。郦食其则作为说客，为刘邦出使诸侯。兄弟两人，一文一武，辅佐刘邦。

得到兵员粮饷补充的刘邦再次踏上征途，这次的目标是开封。

刘邦采取正面突击与侧面迂回相互配合的战术，派部将靳歙从正面进攻，从东往西打。与此同时，派大将樊哙从侧翼迂回到开封北面，从北往南打。刘邦的意图是以正面吸引秦军，而从侧翼进行突袭，以期给秦军出其不意的打击，迅速夺下开封。

首先需要肯定，刘邦的这个想法还是不错的，说明刘邦的战术水平有了很大的进步。但是吧，接下来战局的发展却出乎所有人的意料，向西突击的靳歙部与从北面迂回的樊哙部几乎同时在开封城东、城北遭遇秦军。

原来大家不谋而合，开封的秦军主将赵贲与刘邦想到一块儿了。

虽然突然的遭遇令双方吃惊之余都略显尴尬，但很快他们就都进入了角色，知道自己此行的目的是啥，于是，话不多说，开打，两军随即混战在一起。

开封城东与城北同时发生激烈战斗，战斗的结果说明刘邦军在经过血与火的搏杀后，也迅速成长起来。

两路秦军都被刘邦军击败。刘邦指挥部队乘胜追击，一直追到开封城下，将城池团团包围。

刘邦军趁势大举攻城。

但此时的刘邦军，虽然野战已经能与秦军正面对抗且不落下风，但攻坚的水平依然是一言难尽，开封还是未打下来。

不过，刘邦也吸取了两次昌邑攻坚战的经验教训，攻不下，就绕道走。

但刘邦率部从开封撤离后，却并未西进，而是全军北上。因为在开封北面的白马还有秦军杨熊部。

两军很快就交上火了。但杨熊军无心恋战，稍作接触，便主动脱离，向南撤退。杨熊部的目的很明显是想与开封城的赵贲部会合。刘邦当然不能让他如愿，率军在后紧追。

因为刘邦军在后紧追不舍，加上，南下去开封的路上可能有刘邦军的阻击，杨熊军被迫偏离南下路线，选择从开封西北进入，但还是被刘邦军在开封西北的曲遇追上。双方在曲遇又是一场大战，秦军惨败。交战结果说明，秦军的地方部队在野战中已经不是刘邦军的对手。

战败的杨熊军去开封的路走不通，又再次调转方向，从南向北跑，打算从曲遇逃往阳武。但刘邦并不准备放过杨熊，一路穷追猛打，在阳武再次将其击败。

杨熊军走投无路，只能向西逃往荥阳。秦国对战败的将军的处罚是相当严厉的，再联系之前杨熊军的一系列败绩，他的下场已经不难预料。果然，不久之后，从咸阳来的使者就赶到荥阳，在军前将逃回的败军之将杨熊斩首示众。

开封城的赵贲军在杨熊军进到曲遇时，很可能也派兵接应了。但在之前的战斗中被刘邦军重创的秦军赵贲部也是损兵折将，这时也冲不开刘邦军的阻击，只能眼看着杨熊军狼狈西逃。

刘邦军在击溃秦军杨熊部后，却没有追击，而是选择南下颍川。

原因可能是刘邦军又缺粮了。

四月，刘邦率军南下颍川，因为这里不是主战场，秦军很少。刘邦南进以后进展颇顺，一路攻城略地，抢到不少粮饷。

刘邦军攻入颍川后，一直追随韩王成在颍川以西作战的张良趁机率韩军从睢阳东面，经猴氏，也攻入颍川郡。

之前的韩军因为实力弱小，只能跟秦军进行游击战，从不敢与之正面交锋。但驻守颍川的恰恰是刚刚被刘邦军重创的秦军杨熊部。颍川是杨熊军的防区，但杨熊军主力已经溃散，留在颍川的秦军兵力不多。这下韩军终于逮到机会，趁虚而入，接连攻下十余城。在刘邦军未来之前，这种战绩，他们做梦都不敢想。

两军会师后，刘邦令韩王成留守阳翟，为汉军供应粮饷。刘邦自己则率军离开颍川直扑洛阳北面的黄河渡口平阴。刘邦之所以这么急匆匆离开，是因为他得到情报，有人要跟他抢功。刘邦当然不允许这种情况发生，当即赶到黄河渡口平阴。

想跟刘邦抢功的是赵军司马卬部。刘邦毫不客气地将友军赶走。

但刘邦军因此也陷入危险的境地，因为此时在他的周边都是秦军。开封的秦军赵贲部这时也追过来，不过很快被刘邦击溃。

刘邦军虽然杀败赵贲部，但是，越来越多的秦军围过来，孤军深入的刘邦军在洛阳以东陷入秦军的合围。

一场激战过后，刘邦军总算杀出重围，但也损失惨重。刘邦不得不率军一路退到三川郡的阳城，在这里收拢部队，才渐渐恢复元气。

洛阳之东的战斗，说明秦军在函谷关正面的实力依旧很强，西进洛阳，强攻函谷关的策略行不通。

刘邦只能改变原定路线，向南进军，进攻南阳郡，然后由武关进入关中，杀进秦国腹地。

此路不通，那就绕路。条条大路通关中。避实击虚才是最好的也是最现实的选择。

六月，刘邦率军进攻南阳郡。

秦南阳郡守齮得到军报后，并未固守，而是选择主动出击，率军从南阳郡治宛城向东北方向迎战刘邦。两军在宛城东北的犨县以东遭遇，发生激战，交战的结果，秦军败退，在郡守齮的率领下退守宛城。而刘邦这次未打算攻城，准备绕城而过，估计是攻城屡屡受挫，产生心理阴影的缘故。

但张良告诉刘邦，南阳必须拿下，宛城必须占领，只有如此，才能免去后患，放心西征。

张良劝刘邦说，知道您急于西进入关，但前方秦军兵力尚多，又是据险而守。今不取宛城，到时，我军从前面攻击武关，宛城秦军若从背后袭击，武关秦军再出关反击，则我军将腹背受敌，陷入前后两部秦军的夹攻。

其实，张良还有话未说完，那就是再不可重蹈洛阳之战的覆辙。

洛阳之败，就是因为未攻下开封，便越过开封攻击洛阳，结果尚未到洛阳，便在东郊遭遇洛阳与开封秦军的东西夹击，以至于惨败。

刘邦本欲从函谷关西入关，但要进函谷关，就必须攻下洛阳，否则攻关时，必遭函谷关与洛阳秦军的两面夹击，道理就如同刘邦在洛阳与开封之间的遭遇如出一辙。

欲取函谷，必先取洛阳；欲取洛阳，必先取开封。但现实是，刘邦连开封都打不下来，连洛阳的边都碰不到，更不要说更西面的函谷关。

西进受阻，刘邦才被迫改道南行。但是在南面，刘邦又遭遇相同的问题。

因为南方与北方的情况很相似。

宛城之于武关，正如洛阳之于函谷。

欲进函谷，必先取洛阳。欲攻武关，必先占宛城。

宛城与洛阳同为通衢枢纽，四通八达之地，非寻常偏僻小城可比，绕是绕不过去的，必须夺下，才能保证后路的安全畅通。

张良也不愿提及刘邦的伤疤，但此时此地又不得不提，不提的话，可能又会铸成大错。

在张良的提醒下，刘邦也意识到攻取宛城的重要性。

当时，刘邦军已绕过宛城西行。刘邦听取张良的建议连夜回军，从别路悄悄返回宛城，并趁夜色部署围城。

及至天明，宛城秦军才惊讶地发现去而复还的刘邦军，更令他们惊恐的是，他们被包围了，而且还是重重围困。所有的转变，仅仅在一夜之间，刘邦军的军队素质及军事能力由此可见一斑。

秦南阳郡守齮看到城外这番场景，反应也很干脆，直接拔剑就要自杀，门客陈恢劝道："待我出城与之谈判，若谈不成，您再死不晚。"

陈恢翻越城墙来见刘邦说："臣听闻您在进兵之前曾与楚王有过约定，先入咸阳为关中之王。如今，您虽以大军围困宛城，然而南阳郡县连城数十，其吏民自以为投降必死，所以才乘城坚守。您若强行攻取，死伤必多。引兵而去，又恐宛兵在后袭击。前则失咸阳之约，后有强宛之患。为您考虑，不如与之约降，封其郡守；因使居守原地，而征发其甲兵与之俱西。诸城未下者，听闻必争先开门而迎大军，如此，您一路西去，就可畅通无阻，直抵关中。"

陈恢的一番话说到刘邦的心里去了。这又是一个战国纵横士，一个宛城版的郦食其。

刘邦当即允其所请，同意宛城投降。七月，秦南阳郡守齮开城投降。刘邦也依照约定封其为殷侯，又封陈恢食邑千户。

宛城的示范效应效果明显，刘邦引兵而西，一路顺畅，沿途郡县望风归降。

刘邦靠着优待政策加上郦食其的嘴炮开疆，一路招降纳叛，顺利来到武关。到了这里，依旧没有强攻，刘邦采用张良之计，派郦食其游说守关秦将，以利诱之。威逼与利诱，后者的威力明显大于前者。守关秦将被刘邦的黄金白银砸倒，同意献关。这时，张良又对刘邦说，现在只是秦将愿意投降，他手下的士兵未必肯降，不如趁其放松防备，举兵偷袭。原来张良也有不那么厚道的时候，刘邦对张良几乎是言听计从，当即采纳。刘邦军靠利诱加上不守信用的偷袭，袭取武关。

就在此时，咸阳又接连发生政变，先是赵高发动政变杀秦二世，紧接着，赵高又被秦王子婴所杀。子婴称的是秦王，因为关东已经失去掌控，秦又恢复到从前的关中。子婴主动放弃帝号，仍称秦王。

这时，刘邦已经带兵杀进武关。秦王子婴立即派兵去守峣关。这里是进入关中的最后一道防线。

刘邦准备以两万人进攻峣关。张良说秦兵尚强，未可轻敌。臣闻其将是屠户之子，商贾重利，小人轻义。负心多为屠狗辈，仗义尽是读书人。商贾唯利是图，书生舍生取义。今守将重利，当以利诱之。

刘邦听从张良之议，稍后出发，使人先行，做出为五万人准备的灶坑，并在附近山上多张旗帜以为疑兵，又令郦食其携带金银财货收买秦将。重金利诱之下，秦将果叛，刘邦趁其疏于防备，偷袭得手，大破秦军。刘邦率军一路追亡逐北，先战蓝田以南，又战蓝田以北，连战连胜。

汉元年（前206）十月，刘邦进军至霸上。秦王子婴素车白马在道旁迎降。刘邦接受了秦王子婴的投降。

强横一时的秦朝，就这么亡了。汉朝贾谊对此做出的评价是，仁义不施而攻守之势异也。这个观点未免过于片面，充满说教味道，令人难以信服。

秦亡的主要政治原因，即是他极力推行的超越时代的先进制度——郡县制。

秦始皇知道，这是维系大一统国家长治久安的根本。

但是深受分封制与宗法制影响的儒家很难立即接受，而分封制下的贵族及士人群体受儒家学说的影响，也是儒家学派的主要成员，他们强烈抵制郡县制。

地方与中央的对抗，分权与集权的斗争，在有秦一代从未停止过，秦的政治基础极不稳固，全靠军事上的压服威慑。

秦亡的主要军事原因，即是他在军事布局上的外重内轻，重开边而轻腹心。秦军的主力要么集于关中，要么布于塞北，而在被征服的原六国所在的关东地区驻防的兵力过少。重外轻内的军事部署给了六国复国势力机会。

秦以军事征服而兴，亦以军事失败而亡。

其兴也勃焉，其亡也忽焉。

刘邦率军进入大秦的都城咸阳。对于这里，刘邦并不陌生，他还是亭长的时候，就曾经来过，但今时不同往日，因为身份不同。昔日的泗水亭长刘邦见到咸阳壮丽的宫殿，只能暗生羡慕，但如今他已是这里的主人。

进入咸阳后，众人瞬间便原形毕露，众将纷纷涌入府库争抢金帛财货。只有萧何去了丞相府，在那里，找到了他想要的东西，天下户籍资料与全国的地理图本。由此，刘邦后来对全国的关塞位置、户口数量、强弱之处，都一清二楚。

萧何为何会关注这些别人不注意的事情呢？因为这是他的专业，他就是干这个的。从前是治理一座县城，今后，他要治理的是一个国家。未来的萧何是大汉的开国功臣，也是首任相国。

汉承秦制，始于萧何。

秦始皇不会想到，他辛辛苦苦开基立业，创设的各项典章制度，为的是兴秦，最终成就的却是汉。

萧何在忙他的工作。

刘邦也很忙，在忙他的小爱好。

刘邦走进秦国宫殿的瞬间，就被里面的东西深深吸引住了。金碧辉煌的宫殿、青春美貌的佳人、精美的饮食、华丽的服饰，犹如置身天上人间，刘邦当即就表示不走了，自己要在此长住。

这时，大将樊哙劝谏道："沛公是想夺取天下呢，还是仅仅只想做一个富家翁？这些奢丽之物，正是秦之所以亡的原因啊，沛公要这些东西作甚！还请沛公还军霸上，不要留居秦宫！"刘邦不听。

张良说："秦朝昏庸暴虐，沛公才得以至此。今为天下诛暴秦，始入秦地，即行安乐，此所谓'助桀为虐'。且忠言逆耳利于行，良药苦口利于病，愿沛公听樊哙之言！"刘邦也知道樊哙跟张良说的是对的，虽然对秦宫多有留恋，对佳人依依不舍，还是极不情愿地返回军营，还军霸上。

十一月，刘邦召集秦地父老、豪杰，告谕众人："秦父兄苦秦苛法久矣！我与诸侯有约，先入关者王之，我当称王关中。今与诸父老约法三章：杀人者死，伤人及盗抵罪。其余苛法尽皆免去，吏民各安生业，皆如平日。我此来是为父老除害，非有所侵暴，不必恐慌。我之所以还军霸上，是待诸侯军至共定约束。"

刘邦又派人与秦吏一起到县、乡、邑各处告谕。秦民大喜，争持牛、羊、酒食献飨军士。刘邦又辞让不受，说："仓粟尚多，不欲烦民。"秦民益喜，唯恐刘邦不做秦王。

刘邦入关以后的一系列举措，从约束士兵秋毫不犯，到约法三章与民为便，处处都透出远超常人的智慧。刘邦是懂政治的，初到一地，最重要的就是笼络人心。

刘邦与秦民约法三章，显然此时的他已经以关中之主自居。

自己的地盘，当然自己做主。

曾经的泗水亭长如今已有称王关中的资本，而从泗水亭长到欲称王于关中，仅仅只有四年。

人，生而得遇其时，何其幸也。

刘邦是幸运的。他抓住了历史的机遇。可遇而不可求的才叫机遇。刘邦就是遇到百年未有之大变局，身逢其时才以布衣之身，仅用数年，便位列王侯，进而登基称帝。

机遇往往比才干更重要。世不乏才，然而，真正能有机会发挥所长，施展平生所学的人才并不多。更多的人则是在平凡中蹉跎此生。

刘邦之所以能把握住历史机遇，与他早年的经历有很大的关系，这就是他最为人所忽视的身份——游侠。

刘邦为何与张良一见如故，又为何能慧眼识珠发现并赏识、重用郦食其？因为刘邦早年的游侠经历，开拓了他的视野，增长了他的见识。

眼界拓宽之后，他眼中的世界便与别人不同。

刘邦本身有才干，而早年的经历又使他的眼界提升，见识增长。

他最喜欢听的就是战国纵横事。

他最喜欢谈的也是战国纵横事。

他最崇拜的魏公子信陵君是战国后期最优秀的合纵统帅。

刘邦的本质是游侠，所以，他才能与张良相谈甚欢，因为志同道合。

刘邦欣赏郦食其的纵横之术，也是基于相同的原因。

世人大多只知刘邦是贪酒好色的亭长，却不知他是志存高远的游侠。

因为世人看人看事多流于表面。而熟知历史的人，却能透过现象看到本质。

项庄舞剑　意在沛公——鸿门宴

项羽既定河北率诸侯军西行入关。

这时，诸侯军与投降的秦军之间的矛盾冲突也愈发激烈。先前，诸侯吏卒服徭役屯戍路过秦地时，秦吏卒对诸侯吏卒多有欺辱。亡国奴的滋味儿是不好受的。

及至章邯以秦军降诸侯，诸侯吏卒乘势报复，奴虏役使秦兵，对投降的秦军百般羞辱，秦军吏卒多有怨恨。

秦军私下议论："章将军骗我们降诸侯。今能入关破秦，当然好；如果不成，诸侯虏使我们东去，秦又尽诛我们的父母妻子，那可如何是好？"秦军的怨恨议论很快就传到项羽这里。

项羽召集黥布、蒲将军等楚军将领商议此事。项羽说："秦兵尚众，其心不服，至关不听，事必危。不如杀之，而独与章邯、长史司马欣、都尉董翳入秦。"

于是，楚军在新安城南，趁夜坑杀秦兵二十万。这是项羽此生犯的最大的一个错——杀降不祥。白起在长平坑杀四十万赵军，下场是被赐死于杜邮。项羽在新安坑杀二十万秦军，结局是自刎乌江。

项羽做出坑杀秦军的决定，表面原因是怕秦军不听调遣引发兵乱，但项羽的真实目的其实是防范章邯坐大。

项羽与章邯在殷墟会盟之后，就将章邯留在楚军大营，将二十万秦军交给司马欣、董翳统领。从那时起，章邯就被剥夺统兵之权。身处楚营的章邯就是人质。

毕竟刚刚投降，彼此缺乏信任，项羽此举也属正常。

注意，这时项羽并未对秦军动手。河北距关中，千里之遥，路上要走很久。从河北殷墟直到河南洛阳，项羽一直未行动，他应该也在犹豫。

那项羽又为何会选择在新安下杀手呢？因为这里距函谷关已经很近，再向西，就是秦人的地界。即使是项羽，他也不敢在秦地杀这二十万秦军。更重要的原因是，进到函谷关后，项羽就再也找不到合理的理由扣押章邯，只能放章邯回去。

但项羽不愿章邯重掌部队，更不想将二十万秦军再交还章邯。所以，他才在大军到达函谷关之前，坑杀秦军。章邯是名将，但失去军队的名将，就是被拔去利爪的老虎，再也不会对项羽形成威胁。

项羽将章邯视为最强的敌人，即使这个敌人已经投降，并表现出合作的诚意，但项羽依然不信任章邯。

但项羽不会想到，他真正的对手不是章邯而是刘邦。

如果项羽不杀二十万秦军，而是交给章邯统领，情况就将大为不同。项羽已封章邯为雍王，称王关中。而按照刘邦与楚怀王的约定，先入关中者为王。称王关中的应该是刘邦。刘邦是楚怀王认可的关中之王。章邯是项羽加封的关中之王。争夺关中的就是章邯跟刘邦。

章邯的背后是项羽。刘邦的背后是楚王。远在彭城的楚王只有声援，近在咫尺的项羽统领重兵。显然，项羽的支持更有力度。在与刘邦的争夺中，章邯也更具优势。此时，章邯与项羽利益是一致的，他们才是同一阵线。尽管不久之前，他们还是战场上你死我活的仇敌。但历史就是如此。敌人还是朋友，决定于利益。

项羽如果将刘邦封在汉中，而用章邯率二十万秦军镇守关中，刘邦不管是明修栈道，还是暗度陈仓，想出来都不会容易，甚至可以说是困难重重。

即使刘邦有萧何，有张良，有韩信，但以章邯的防守水平，占据地利，同时还有兵力优势，守上一年半载，不成问题。到时，都不用打，久居异乡归心似箭的刘邦军就会大量逃亡。到时，章邯称王关中，项羽称霸中原，刘邦赢的机会少之又少。

项羽坑杀秦军，坑的不仅是二十万秦军，还有他的重要盟友章邯，以及项羽本人。

害人终害己，可惜，项羽不明白。等他明白，为时已晚，大错已经铸成。

有人劝刘邦说："秦富十倍于天下，四塞之地，沃野千里，天府之国。听说项羽已封章邯为雍王，称王关中。他们若来，恐怕沛公关中有失。当今之计，应急遣兵守住函谷关，不准诸侯军进入；同时征发关中兵扩军备战，以拒项羽。"刘邦听后深以为然，当即从其计，派兵驻守函谷关，加强防守，不准诸侯进关。

项羽率诸侯大军来到函谷关，见关门紧闭，才知刘邦已先他入关。此时刘邦又派兵封锁关城，不准他进关。项羽当即大怒，派黥布等人领兵攻破函谷关。项羽率军一路杀进关中，直奔咸阳而来。

将项羽挡在关外，据有关中，刘邦的想法是挺好的。可是，他此时的实力还做不到。

项羽率军一路狂飙突进，势不可当，一直进至戏地，就是当年周文军来过的地方。不远处，咸阳已经遥遥在望。

刘邦已经抢先占据关中。且看项羽如何从刘邦手中兵不血刃夺回关中。这就要说到，历史上著名的饭局，鸿门宴了。

正当项羽为如何逼迫刘邦交出关中而苦思对策之时，刘邦内部出了叛徒。

刘邦的左司马曹无伤派人向项羽告密："沛公欲称王关中，令子婴为相，珍宝尽有之。"

刘邦想称王关中。这算秘密吗？当然不算。这算啥秘密！这已是尽人皆知的事情。

然而，项羽怒了。

不过，此时项羽内心的真实想法可能是想笑，总算找到收拾刘邦的理由了。

左司马曹无伤其实不是告密，他只是想站队，以此当作见面礼投奔项羽。

因为谁都看得出来，亡秦大业大功告成，但刘邦与项羽的争斗才刚刚开始。现在他们争夺的焦点就是关中的归属。双方势必为此展开激烈的斗争，乃至兵戎相见。

刘邦与项羽为争夺关中，即将擦出激烈的火花，到时火花四射，可能会城门失火，殃及池鱼。

那些意志不坚定的人，此时选择反叛刘邦投奔项羽，就是不想跟着刘邦做池鱼。因为显而易见，此时，项羽的实力要远远超过刘邦，再不反水就来不及了。

项羽也很高兴。他终于找到威逼刘邦兴师问罪的理由了。

刘邦想称王，是按照之前的约定，这算罪吗？话语权掌握在强者手中，他说是，那就是；他说不是，那就不是。总之，是不是，不是看事实，而是看谁的拳头更硬，谁的实力更强。

楚王的约定又如何！如今的项羽哪里还会将楚王放在眼里，此时，项羽尚未称王，但已经以王者自居。乱世纷争，实力为王。

但强势如项羽，要威胁刘邦，也要师出有名。即使这个理由很牵强，但再牵强的理由，也是理由。

项羽就利用曹无伤的"告密"，做出要兴师问罪的姿态。注意，只是姿态。

项羽放出狠话，今日大飨士卒，明日出兵，讨伐刘邦。

当时，项羽率领的诸侯联军共计四十万，对外号称百万，驻军新丰鸿门。刘邦军十万，对外号称二十万，驻军霸上。

就在项羽放出狠话的同时，一个人悄悄溜出楚军大营，快马加鞭，直奔汉营而去。这个人就是项羽的叔父项伯，解开鸿门宴的千古之谜，就要从这个人说起。

项伯一路飞驰赶到霸上汉军大营。他是来找张良的，因为两人早就相识，还有交情。眼见朋友要遭难，项伯想不能坐视不管，于是，深夜来见张良。

见到张良，项伯把明日诸侯军即将对汉军发起攻击的重大信息告诉张良，还准备带着张良一起离开。张良听完项伯的叙述后，并未同意跟项伯走，而是说这事儿我必须跟沛公说，大难将至，私自逃走，那也太不讲义气了。说完，张良便转身回去。

张良来见刘邦，将刚才项伯对他说的话又对刘邦复述一番。

张良突然问了一句："您认为现在的军队足以抵挡项羽吗？"刘邦默然良久，说："挡不住。"然后，刘邦又问张良："为之奈何？"挡不住，那该怎么办？张良看着刘邦说："请项伯转告项羽，就说沛公不敢叛。"

刘邦说："君与项伯有旧？"张良说："多年前，与臣游，项伯曾杀人，臣救过他。所以，今日事急来告。"刘邦又问："项伯与君谁更年长？"张良说："项伯年长于臣。"刘邦说："君为我召项伯，我当兄事之。"张良出，邀项伯与刘邦相见。项伯不好推辞，只好随张良来见刘邦。

刘邦当场奉卮酒为寿，与项伯约为婚姻，说："我自入关以来，秋毫不敢有所近，籍吏民，封府库而待将军。之所以遣将守关，是防备盗贼，却不想为将军误会。日夜望将军至，岂敢反乎！"刘邦殷勤致意，希望项伯将他的意思转达给项羽。

项伯许诺，对刘邦说："明日当早早来军前，澄清误会，当面谢罪。"刘邦当即许诺，明日去楚营拜访，当面请罪。

于是，项伯连夜返回，将刘邦的话报告给项羽。

千万不要把以上对话当作寻常应答，这里面大有深意。不要从字面上去理解，而要深度结合当时的背景去详细解读，才能明白他们这番对话想要表达的真正意思。

项羽与刘邦之间不便于直接沟通。鉴于他们的身份，他们的交流只能交由他人转述。项羽的代言人就是项伯。而刘邦的传话人自然是张良。

项羽不想大动干戈，希望在不诉诸武力的情况下，迫使刘邦交出关中，达到不战而屈人之兵的目的。

当然，不动用武力，不代表不用武力作威慑。项羽很清楚，刘邦不会甘心将辛苦打下的关中拱手相让，所以，必要的军事威胁是要有的。放出话要进攻刘邦，就是军事威胁，而项羽并不想真的打，只是想以此向刘邦施压，迫使刘邦乖乖就范。因此，必须要有人将他的意思传递给刘邦。而项伯就是在项羽与刘邦之间的传话人。

项羽应该是清楚项伯与张良的关系，所以，才派项伯去。因为项伯要传话也不好直接去找刘邦谈，也需要一个人从中介绍，再与刘邦搭上关系，如此才显得自然，而这个人只能是张良，只有他最合适。

项羽确实没有看错人。张良是个聪明人，第一时间就明白了项伯此来的真正意思。要带他逃走是假，要他传话给刘邦才是真。

与聪明人打交道就是这点好，不用多费口舌，一点就通。

张良反应机敏，迅速进入角色。

张良明白项伯此来是项羽的意思，也明白项羽这时派项伯来的真正用意，就是要他们交出关中。如果不交，那就可能真的要开兵见仗。所以，张良在请项伯进帐见刘邦之前，才会问刘邦，以咱们现在的实力打得过项羽吗？刘邦秒懂张良的言外之意，那就是，咱要是打得过，您就不用见项伯，准备与项羽开战即可。要是打不过，咱只能妥协做出让步。

刘邦尽管不情愿，但也不得不承认现实，以现在的实力确实打不过项羽。那就只能妥协。张良在得到刘邦准备让步做出妥协的答复后，这才将项伯请进来。

请项伯，就意味着，刘邦已经准备向项羽低头。至于与项伯拉关系之类，只是做出妥协的一部分，更大的退让，还要刘邦与项羽当面谈，也就是明天刘邦向项羽"请罪"的主要内容。项伯在得到刘邦的准备做出重大退让的保证后，才回去向项羽复命。

项羽与刘邦的交锋在鸿门宴的前一晚就已经开始，而且就在当晚，就已结束。刘邦在事实上已经对项羽做出妥协。第二天的鸿门宴，只不过是双方履行手续而已。鸿门宴前的这晚会面，才是关键。项羽并未亲自出面，只是危言恫吓就已经达到他从刘邦手中抢夺关中的目的了。

第二天，刘邦依照约定率一百多名随从来到鸿门楚军大营面见项羽。

刘邦见到项羽上来便解释说："臣与将军勠力攻秦，将军战河北，臣战河南。能先入关破秦，臣也未曾想到，今又在此与将军相见。现有小人从中挑拨，才令将军与臣有隙。"刘邦对项羽称臣，传递出的意思就是，大哥，我服了。刘邦的低姿态令项羽很满意。项羽说："这都是你的左司马曹无伤说的，要不然，我又何以至此！"

项羽第一句话就出卖了曹无伤。很多人就此指责项羽，说他没有心机。能在巨鹿、棘原打败章邯的人，能摆下鸿门宴，之后又设计出戏下分封的人，会没有心机？项羽可不是没有心机，他是太有心机了。

刘邦已经低头。项羽的目的达成。从剑拔弩张到冰释前嫌，总要有个过渡，这个工作只能由刘邦来做，但也要项羽的配合。

所以，刘邦说之前都是小人挑拨。项羽马上跟进，说，对，咱俩的关系本来挺好，都是你的部下曹无伤从中挑拨离间，才有之前的误会。项羽甩锅曹无伤，给和解找台阶。相比夺回关中，压制刘邦，掌握主动，出卖一个曹无伤，在项羽看来实在不值一提。叛徒在任何时候都被人看不起。特别是项羽这种快意恩仇性格的人就更是如此。

刘邦认输，项羽满意，曹无伤的人头用来献祭。刘项和解，酒宴摆上，开席吃饭。

本来事情到此算是尘埃落定，刘邦不欢喜，但只能接受。项羽欢喜，如愿以偿夺过关中又震慑住刘邦，很是得意。

但刘邦与项羽都未想到，范增会强行加戏。

项羽设宴款待刘邦。酒席上，范增多次向项羽这边使眼色，示意可以动手了。但项羽不理这茬。范增以为项羽在犹豫，席间多次举起佩戴的玉玦，向项羽强烈暗示。项羽仍旧无动于衷，默然不应。

范增忍不了了，走出大帐，找来将军项庄，对他说："君王不忍动手。你现在就以祝酒为名进帐，然后借机以剑舞接近刘邦，就在座上刺杀他。今日不杀刘邦，迟早有一天，我们这些人都要做他的俘虏。"项庄向来尊敬范增，对其言听计从，当即照范增的吩咐，进帐祝酒，礼毕，项庄说："军中无以为乐，请以剑舞助兴。"项羽说："好。"

于是，项庄拔剑起舞。项伯知道，这肯定是范增的主意，也拔剑起舞，以身遮蔽刘邦，暗中进行保护。

项庄被突然杀出的项伯挡住去路，找不到机会下手，但又不好中途退出，只能跟项伯在一起舞起剑来。

陪同刘邦前来赴宴的张良此时也坐不住了，他也走出大帐，出去找人。张良见到在帐外等候的樊哙。还未等张良开口，樊哙先问起来："大帐之中，情况如何？"张良说："大事不妙。今项庄于席上拔剑起舞，其意常在沛公。"鸿门宴上造出的最知名的成语"项庄舞剑，意在沛公"就此诞生。

樊哙对张良说："事情既然如此紧急，我这就进帐去保护沛公！"说罢，樊哙带剑拥盾直接往里闯。守门的卫士自然不会让他进，上前阻拦，但这些卫士如何挡得住樊哙。只见樊哙用盾牌护住侧身然后用力向外猛撞，卫士接连被撞倒。樊哙趁机快步走入大帐。

进到帐中，樊哙怒目圆睁直视项羽，头发因为怒气上冲都竖了起来，将头上戴的发冠顶起，又一个成语诞生了——怒发冲冠。

突然闯入的樊哙令项羽也吃了一惊。项羽下意识地按住佩剑充满警惕地问道："来者何人？"张良赶紧作介绍说："这是沛公的参乘樊哙。"项羽说："果然是个壮士！来人，赐酒！"旁边有人奉上一斗卮酒。樊哙拜谢，起身，一饮而尽。项羽又说："赐之彘肩！"所谓彘肩就是猪腿，但不知是有意刁难还是忙中出错，侍者给樊哙的竟然是一条生猪腿。樊哙也不在乎，当即将盾牌放在地上，又将生猪腿置于其上，拔剑切肉，当着在场众人的面，大吃大嚼，丝毫不怯。

纵然樊哙一身是胆，敢直视项羽，还敢当着项羽的面喝酒吃肉，但宴席上，突然闯入这么一位不速之客，场面还是一度十分尴尬。

但樊哙用实际行动生动地诠释了那句话，只要你不尴尬，尴尬的就是别人。

樊哙不尴尬，但项羽很尴尬，毕竟，他是主人。这场宴会是他办的，搞成现在这个局面，项羽多少有点下不来台。

为了缓解尴尬气氛，项羽对樊哙说："壮士，还能喝吗？"樊哙："臣死都不怕，还怕喝酒吗！"

接下来，就是樊哙的高光时刻。樊哙义正辞严地对项羽说："秦有虎狼之心，杀人如不能举，刑人如恐不胜；天下皆叛之。怀王与诸将约：'先入咸阳者，王之。'今沛公先破秦入咸阳，毫毛不敢有所近，还军霸上以待将军。劳苦而功高如此，未有封爵之赏，而听小人之言，欲诛有功之人，这与已亡之秦又有何异，窃为将军不取！"面对樊哙的责问，项羽未置可否，不作正面回应，只是淡淡地说了一个字："坐！"

樊哙的话可不是一时的气话，句句都有所指，句句都有话外之意。

首先，开场讲明，咱们都是来推翻暴秦的，不是敌人，是友军。

其次，先入关中者为王，这是之前说好的，有约在先。

再次，即使先于你进关，但也丝毫未敢擅动，只是先替你占住位子，等你来作处分。劳苦功高，不奖赏也就罢了，还要举兵相攻，是不是有点过分了。

最后，你要是如此处事不公，听信小人谗言，诛杀功臣，与暴秦又有何区别！

占据道义，据理力争，思路清晰，层次分明。

这么仓促的时间，这么紧张的气氛，樊哙居然能快速组织起如此精练的语言，而且当众侃侃而谈，颇有点战国纵横策士的风采。

樊哙水平这么高的吗？当然不是。这很可能是他事前背好的词。谁给他写的演讲稿呢？那自然是张良、郦食其那帮人。以樊哙的文化水平跟文字功底，照着写可能都会写错。

樊哙给人的印象是个粗鲁的武将，心直口快没有心计。但也因为这个原因，这些话由他说出来正合适。

如果是张良跟郦食其说，场面反而会很尴尬，可能还达不到预期的效果。樊哙因鲁莽粗疏的人设反而是讲话的最合适的人选。只有他说才不会令人起疑，只有他说才更逼真、更自然。

樊哙讲的时候，刘邦就坐在一旁听着，一脸的云淡风轻。

其实，樊哙说的是他的台词。樊哙口中所说正是他心中所想，也是他要跟项羽说的。只是因为身份的原因，这话他不好直接说，所以，才有樊哙替他说出来。

鸿门宴前后，项羽与刘邦真正的交流几乎都是间接完成的，由他人转述，这么做的好处显而易见，双方都能保留体面，也都能留有余地。

项羽当然知道这话不是樊哙这种武将能讲出来的，这就是刘邦想说的话。但项羽的反应看似平淡，其实也很高明。对樊哙的指责，项羽既不否定，也不肯定，而是模糊处理，不理这茬儿，这也为后面的操作留有余地。毕竟，现在主动权掌握在他的手里，宴会的走向也是由他来决定。

结束演讲的樊哙坐到了张良的身边，他俩现在是一个组合，一个负责出谋划策，一个负责落实执行。一个提供智谋输出，一个提供武力担当。

又坐了一会儿，刘邦借口起身去厕所，顺便将樊哙也带了出来。刘邦当然不是真的要上厕所，而是要以此做借口脱身。但刘邦还有些犹豫，就这么不辞而别，实在是有点失礼。樊哙直接说出了他在这场宴会上贡献出的第二个成语："如今人方为刀俎，我方为鱼肉，还告哪门子的辞！"赶紧跑。人为刀俎，我为鱼肉。又一个脍炙人口的成语就这么急匆匆地诞生了。

鸿门距刘邦驻军的霸上有四十里，骑马的话，路不算远。刘邦为避人耳目，放弃来时的车驾，直接骑马走；樊哙、夏侯婴、靳强、纪信四名亲信大将持剑、拥盾在后面步行追随，从骊山取道芷阳，走小路回霸上。

刘邦一行丢弃车辆马匹，不辞而别，匆匆逃走，只留下张良善后。刘邦来时带了白璧、玉斗各一双，准备分别送给项羽跟范增做见面馈赠之礼，这时也都交给张良，让其转交。

刘邦对张良说："从这里走小路抄近道，不过二十里的路程。你估算我到军中后，再进去拜辞。"

张良领命，待刘邦走后，就一直在帐外等待，估计时间差不多了，刘邦应该已经回到军中安全了，张良才不慌不乱走进大帐，当面拜辞说："沛公不胜酒力，不便当面辞谢，特命微臣奉白璧一双，拜献将军足下；玉斗一双，再拜奉亚父足下。"

项羽问张良："沛公现在何处？"张良回道："听闻将军有意责罚，已脱身而去，今当已至霸上军中了。"项羽接过玉璧，放在坐上。范增拿过玉斗，却直接放在地上，拔出佩剑将玉斗击得粉碎。范增不禁长叹一声："唉！竖子不足与谋！夺将军天下者，必沛公也。"

范增很激动，但项羽一点也不激动，反而很平静。这与激动暴走的范增形成强烈的对比与反差。

因为这场鸿门盛宴是由项羽一手策划亲自主导的大戏。但这场大戏，项羽是自导自演，根本未告知范增。这就导致范增全程被蒙在鼓里，啥都不知道，却是整场宴会最活跃的那个人。

可怜的范增自以为一切尽在他的掌控，却不知他全程都在被项羽戏耍。项羽策划的整件事情，他啥都知道，就是不告诉范增。

范增连项羽摆鸿门宴的目的都未搞清楚，却在那里全程胡乱指挥，还真以为他是操控全场的人。范增以为项羽摆下鸿门宴是要杀刘邦，却不知项羽只是想逼刘邦交出关中。因为此时，在项羽眼中刘邦的命远不如关中重要。

项羽至少在此时还不想杀刘邦。但范增是真的想，听说项羽要摆鸿门宴，他比项羽还激动。

范增为劝说项羽杀刘邦，可以说是竭尽全力。范增说："刘邦在山东时，贪财好色。今入关，不取财宝、不近女色，这还是那个刘邦吗！他如此矫情自饰，很明显不寻常。这说明此人的志向不小。吾令人望其气，皆成龙虎之状，此天子气。赶紧动手，不要错失良机。"

于是，原本应该是一场平平淡淡的酒席的鸿门之宴，硬是被范增搅成流传千古令人谈之色变的知名饭局。

被项羽排斥的局外人范增，却成为全场最忙碌的那个。

看看范增在宴席上的表现，又是给项羽使眼色，又是教唆项庄上去舞剑。项庄舞剑，意在沛公。这个成语的版权应该归范增所有，因为这是他策划的。全场数他最忙，数他最累。然而，项羽却不领他的情，反而很嫌弃他。因为作为项羽身边资历最深的谋士，项羽竟然全程对范增隐瞒，未曾对他透露过一个字。

对此并不知情的范增却还在宴会上认真地指挥尽心地部署。范增不知道项羽的计划，项羽却对范增的所作所为了如指掌，但项羽并未阻止，反而放手让范增去做。因为这也是项羽鸿门盛宴计划的一部分。

虽然此时，项羽并不打算杀刘邦，但范增的刺杀计划却可以震慑到刘邦。想必刘邦会对鸿门宴上项庄的剑舞记忆深刻，这也是项羽希望达到的预期。只有威胁足够大，刘邦才会乖乖交出关中，项羽不战而屈人之兵的目的才能顺利实现。

当满脸怒气的范增说出"竖子不足与谋"这句话时，想必项羽会在心里冷笑。他从一开始就未打算与范增谋。在项羽心中，范增才是那个不足与谋的人。可怜的范增可能至死都不知道，他在项羽那里的分量轻如鸿毛。

项羽对范增的冷淡态度，也预示了范增不久之后的凄凉结局。

很多人会说，项羽错失一次杀刘邦的机会。但那是先入为主的习惯思维，因为这些人知道后面将要发生的故事，也就是说，他们知道结果，才会这么认为。

但对当时的项羽而言，杀刘邦并不那么重要，重要的是从刘邦那里接收关中。这时杀了刘邦，只会引发更大的混乱。

鸿门宴之所以有名，就在于很多人认为这是刘邦此生最大的一次冒险，要不是项羽犹豫不决，刘邦可能就死在鸿门宴上了。这么认为的人，既不熟悉项羽，也不懂得刘邦。

项羽确实有很多缺点，他的凶暴嗜血、屠城杀戮，都是他的缺点。但项羽也有他的优点，虽然不多，不过，这个真的有。

项羽最大的优点就是做事果决，想好的事就会坚定地去做，从不犹豫。拖泥带水、优柔寡断那不是项羽的风格。

项羽在鸿门宴上从未想过要杀刘邦。如果项羽想杀，刘邦肯定逃不了。

而刘邦之所以遇险，都是因为范增的缘故。项庄舞剑就是范增安排的。

刘邦在来之前的那天晚上，在项伯的斡旋下，已经初步与项羽达成协议，那就是交出关中的地盘，换取项羽的安全保证。

刘邦在涉及安全的问题上从来不敢大意，性命攸关，岂敢大意。因此，他向来不肯弄险，正是因为他确定此行没有风险，至少不会危及生命，他才敢来赴宴。

刘邦的信心是有理由的。项羽想要的面子给了。项羽想要的利益关中也同意交出去了。他想不出此时项羽要杀他的理由。

但刘邦千算万算，却算漏了一个人，这个人就是范增。鸿门宴上的意外状况都是范增策划的。

刘邦以为进入项羽的地盘，只要项羽不想杀他，那他就是安全的。事实证明，刘邦错了。而且，错得很离谱。

此时，项羽确实不想杀他。但范增想，特别想，这种意愿还十分强烈。而在项羽的地盘上，并不是项羽一个人说了算，范增在很大程度上也能独立做主。刘邦就是未想到这一层，才身陷险地。这就是政出多门的危害。而刘邦就是最大的受害者。当然，在这点上，他并不孤单，因为有人跟他做伴，这个人就是项羽。

为何项羽那么讨厌范增？就是因为范增的不知进退跟专权干政。而鉴于范增的威望跟资历，项羽又不敢把范增如何，但私下的怨恨肯定是有的，领导最讨厌那些资历深、爱专权还严重缺乏边界感的下属。范增就是这类人的典型代表。范增最后的结局也很具有代表性。他被项羽、刘邦所共同憎恶，也在二人的通力配合下，被逐出政坛黯然离场。

项伯的出手相救，很可能出自项羽的授意。不然，项伯也不敢在大庭广众之下，明目张胆地偏袒保护刘邦。

前有项伯拔剑对舞挡住项庄，后有樊哙孤身闯营指责项羽，项庄舞剑的危机才被化解。

但刘邦已经清醒地意识到，此地危险，不可久留。

虽然范增的项庄舞剑被挫败，但谁也不知道范增还有没有后招。要知道，范增可是楚国著名的谋士，最擅长的就是出奇谋。如果有，又不知是何招数，也不知这次还能不能挡得住，那就很危险了。未知的危险，才是最大的危险，因为不确定。

这次能挡住多少靠点运气，下次还会不会有这么好的运气，那就真的很难说了。所以，在范增可能使出下一招数之前，迅速逃离鸿门，就是最明智的选择。

有人说刘邦在鸿门宴上，是靠尿遁逃生，这话虽然损点，但也是事实。

迫使刘邦不顾礼仪，用尿遁的方式狼狈出逃的人，不是项羽，是范增。所以说，最恨范增的人是刘邦。

鸿门宴之所以有名，不仅在于刘邦遇险，还在于遇险之后出逃时的狼狈。

经历此次事件，刘邦也充分了解到范增对他的深深恨意。范增也就在此时上了刘邦的黑名单且排名十分靠前。

刘邦对范增恨之入骨，必欲除之而后快。但帮他除去范增的人此时尚未出现。所以，刘邦只能耐心等待。

鸿门宴后，项羽率军进入咸阳，顺利从刘邦手中接管政权。

项羽接下来做的事让秦人大失所望，更令他们刻骨铭心。

项羽下令处死已经投降的秦王子婴，又纵起大火，将秦国富丽堂皇的宫殿烧成一片灰烬。世人熟知的阿房宫便是被项羽放火焚毁，据说大火整整持续数月之久。岂止是阿房宫，整座咸阳城都在熊熊烈焰中被烧成白地。

楚军在咸阳纵火屠城，大肆抢掠。这是楚人对秦的报复，是复仇，但又不仅仅是报复，不仅仅是复仇，事情并非看上去那么简单。在凶暴嗜杀的表象之下，项羽其实还另有目的，那就是竭尽所能地削弱潜在对手的实力。

项羽来之前，刘邦是关中之主。项羽来后，强行换人，换成章邯。

但不管是刘邦还是章邯，都是项羽的潜在威胁，也是未来的对手。关中交给刘邦，还是交给章邯，对项羽来说，在本质上，没有任何区别。不管关中是刘邦的，还是章邯的，反正不是他项羽的。

刘邦是昔日的战友，今天的对手。章邯是昔日的仇敌，今天的盟友。

不管是对手，还是盟友，为了楚国，都必须进行压制，最大限度地削弱其实力。对手的实力变弱会更容易对付，盟友的实力变弱会更依附于他。

这才是项羽在关中纵火焚城、大肆抢掠的真正目的。

但项羽的方式简单粗暴，与秋毫无犯约法三章的刘邦形成鲜明而又强烈的对比，等于亲手将秦民推向刘邦。在项羽的"助攻"下，刘邦将关中变成他的基本盘，在未来与项羽的漫长对抗中，刘邦正是靠着关中的兵员粮饷的持续输血，才最终战胜项羽。

西楚霸王　十八诸侯——戏下分封

　　有位姓韩的书生劝项羽留在关中称霸，韩生说："关中阻山带河，四塞之地，土地肥饶，可以此为都，建立霸业。"韩生所说是人所共知的事实，并非有多么高深的见识。

　　项羽又岂不知百二秦关的富庶与险峻，但他的基本盘在楚地，他的部下从将领到士兵几乎都是楚人。这些就决定了他不可能留在秦地称霸。西楚是项羽的根基所在，任何时候，楚在项羽心中的地位都是不可撼动的。在项羽眼中，楚优于秦，优于韩、赵、魏，更优于燕、齐。

　　楚是项羽的国，更是他的家，项氏世代为楚将。项羽不会为秦而放弃楚。更何况，此时他心心念念的楚，尚不在他的掌控之中，得胜之后，他要尽快赶回楚地，在全面掌控楚国之前，项羽对其他任何地方都不会感兴趣。

　　巨鹿之战大破秦军，入关亡秦之业也已大功告成，在军事实力迅速增强的同时，项羽的政治声望也达到巅峰，他现在需要利用这些优势回去夺取楚国政权。不要忘了，此时，在彭城，还有一位楚国名义上的国家元首楚怀王熊心。项羽急于回去夺权主政，自然不会久留秦地。

但这些话，项羽又不方便对外人明说，只好找个表面的理由敷衍搪塞。项羽对韩生说："富贵不归故乡，犹如锦衣夜行，有谁知道！"韩生只得告退。但他也是嘴欠，逢人便讲："人言楚人沐猴而冠耳，果然！"楚国在南方，文化上与中原各国不同，曾长期被视为蛮夷。楚人对此十分敏感，特别是项羽这种自尊心极强，生性敏感而又多疑的人，就更是如此。

韩生的话很快就传到项羽的耳朵里，项羽闻言大怒，当即派人将韩生抓回来，用大锅活活煮死。虽然韩生死得很惨，却并不值得同情。做人要厚道，尖酸刻薄，信口胡说伤害他人的人不会有好下场。

项羽在掌控关中之后，派人回彭城向楚怀王复命，请示关中的归属。项羽在已经逼迫刘邦交出关中之后，再去请示楚怀王，很明显，是想让楚怀王承认既成事实，否定之前的先入关中者为王的约定，进而从法理上与事实上，对刘邦的封王之约进行全面否定。

但项羽想不到的是，此时的楚怀王虽然早已失去权力，却依然保有作为王者的最后一丝尊严。

面对项羽名义上的请示、实际上的要挟，楚怀王的回复简练干脆，只有两个字："如约。"楚怀王熊心明知这么做会触怒项羽，但他还是选择维护自己的尊严，即使为此将付出生命的代价也在所不惜。

楚怀王很清楚，事到如今，即使他委曲求全、百般讨好，答应项羽的请求，他的结局也几乎是注定的。实力为王的时代，失去实力的王，失去的将不仅是王位，还将失去生命。

但楚怀王做出决定，即使保不住王的位置，也要用生命维护王的尊严。

既然结局已经注定，不管怎么选都是死，那就要死得有尊严。

他不想更不愿否定之前的约定。他要信守承诺。这也是他身为楚王对项羽做出的最后的抗争。

项羽收到回复，果然大怒。愤怒的项羽对军中众将说："怀王，吾家所立，非有功伐，何以得专主约！天下初发难时，暂立诸侯后以为伐秦。然而，身被坚执锐，征战三年，灭秦定天下者，都是在座诸君与籍的功劳。"项羽是诸侯军事实上的统帅，他怎么说，大家当然就怎么听，更何况此时诸侯众将与项羽的利益是一致的。于是，在场众将齐声称善一致拥护。项羽得到诸侯军将领们的支持后，立即采取行动。

汉元年（前206）正月，项羽尊楚怀王熊心为义帝，还说："古之帝者，地方千里，必居上游。"于是，在项羽的安排下，将义帝放逐江南。为何愤怒的项羽还要将楚王升级为义帝呢？为何不降反升？首先，抬升熊心的地位，不是为熊心，而是为楚国，为项羽。六国复国皆称王，然而，在反秦战争中，起决定性作用的是楚国，楚是诸侯各国当之无愧的领袖，因此，楚的地位居于各国之上，这点必须明确。

项羽以熊心为义帝，真正的目的是以此确立楚的地位高于诸侯各国，就是要诸侯各国承认这个事实，为之后的分封定下基调。同时，熊心成为义帝，楚王的位置才能让出来。项羽觊觎楚王之位已经很久了。有人退出，才能有人上位。

即使项羽的内心极度憎恨熊心，表面上该做的还是要做，该给的体面还是要给，项羽也是懂政治的。

汉元年（前206）二月，项羽在戏地大封诸侯，这就是历史上著名的戏下分封。

为何要进行分封？为何要重走西周封建的老路？因为分封是当时的大势所趋，人心所向。

西周分封八百年，分封制早已深入人心，也最为世人特别是上层贵族广泛认同。推翻暴秦就是要恢复战国时代的旧秩序，这是当时社会的广泛共识，诸侯各国能团结一致凝聚在一起，为的是推翻秦朝，但更重要的是推翻秦朝的制度——郡县制，重新回到分封制上来。

分封制从西周算起至少已经有八百年，而秦全面推行郡县制还不到二十年。从春秋到战国，数百年来，人们早已习惯旧秩序，并且形成一大批既得利益者，他们不想也不愿改变现状。秦是通过军事征服强行推进的制度改革，而这种改革在关东六国缺乏民意基础。只要有机会，他们便力图恢复重新回到他们向往怀念的战国旧秩序。

以楚怀王熊心为代表的六国贵族还想重新回到七雄并立的战国时代，但经过秦的一统，很多事情再也回不到过去了。他们想要的很多，但他们的实力不够。他们想重温旧梦，却被证明这种妄想只能是痴人说梦。

他们不再具有从前的实力，却仍幻想得到从前的地位。怀王之约，就是他们这种痴心妄想最典型的表现。

但以项羽为代表的新兴军功勋贵对此并不认同。否定怀王之约是项羽的个人意志，更是诸侯军将领们的集体意愿，项羽只不过是他们的代表。分封，还是要分封的，不过不是从前的那个，必须是以现有的军功实力为基准进行的新的分封。

不是只有你们六国君主可以称王，而是只要有战功、有实力就可称王。这是项羽的想法，也是诸侯军将领的共同想法。还是陈胜说得好，王侯将相，宁有种乎！陈胜说出了军功勋贵的心声。

怀王之约是六国旧贵族幻想重新回到过去，还想进行阶层固化，维护他们的旧有利益。时代不同了，吃相还是那么难看。

先入关中者为王，看上去是鼓励，实际上却是压制。因为位置只有一个，而想争的却有几十个。

怀王之约是要重建七国称雄的旧格局，他们准许替换的只有秦国，其他不变，维持原状。但那只不过是他们的一厢情愿，今时不同往日，他们不再具备实力，也就不再具有发言权，连他们的命运也要交给后来的强者。他们想通过怀王之约限制诸侯军将领的上升通道，但他们限制不住。

楚怀王与项羽的矛盾，不是偶发而是必然，不是个例而是普遍现象。并且，他们的矛盾属于结构性矛盾，连妥协的条件都不具备，只能通过激烈的冲突对抗来解决。楚怀王的下场已经可以预见。

项羽斩杀宋义之时就已经在政治上与楚怀王决裂，不过仍维系着表面的君臣关系。之后的巨鹿大胜，则是项羽的全面胜利，这种胜利，不仅是军事上的胜利，也是政治上的胜利。因为项羽不仅战胜了秦军，还赢得诸侯军将领的广泛支持、一致拥护，不仅是统率联军的上将军，也成为诸侯军将领中军功集团的代表。

在稍后的棘原之战后，项羽就开始为诸侯军将领即军功勋贵争取属于他们的利益，标志性事件就是章邯封王。此时，诸侯军尚未入关，项羽就自行做主封章邯为雍王，即关中之王，用事实否定怀王之约，打脸楚王。项羽就是要以此告诉所有人，主要是追随他的诸侯军的各路将领，不用理会那个所谓的怀王之约，不必入关也可封王，跟着我入关亡秦，人人皆可封王。

入关之后，亡秦大业已经实现，大功告成，该是论功行赏履行约定的时候了。

作为巨鹿之战的指挥者事实上的首功之臣，项羽当仁不让，首先自封为西楚霸王，王梁、楚之地九郡，都彭城。

秦初并天下，在全国设三十六郡，后又屡有增设，至四十余郡。项羽的西楚即占去四分之一，而且这九郡不在长江以南的蛮荒之地，也不是靠近化外之民的边塞之郡，九郡皆在长江以北的淮泗地区，多是原属楚国的膏腴之地，繁华富庶。

项羽在将楚国最好的地方分给自己的同时，也未忘记昔日的战友刘邦。项羽告诉刘邦，巴蜀在理论上也属于秦的关中，你就去那里吧。

于是，项羽封刘邦为汉王，王巴、蜀、汉中三郡之地，都南郑。巴蜀后来富甲天下，但在当时开发日浅，还远谈不上繁荣，更因为被崇山峻岭所阻隔，交通闭塞，成为发配囚犯的标准流放地。因为只要进来，再想出去就难了。

巴蜀在当时就像一座自然形成的大监狱，被群山封闭。项羽将刘邦封在巴蜀，与其说是分封，还不如说是发配更合适。

项羽对刘邦真是"体贴入微"。为实现令刘邦终老巴蜀的愿望，项羽将秦国故地真正的关中分给秦军的三位降将章邯、董翳、司马欣。

项羽将秦国一分为三。章邯封雍王，王咸阳以西，都废丘。司马欣劝降章邯有功，封塞王，王咸阳以东至河，都栎阳；董翳劝章邯降楚，封翟王，王上郡，都高奴。秦地分给三位秦将，关中也因此被称为三秦大地。

在自然"石穴"之外，项羽又给刘邦配上三名得力的看守。诸侯之中，能享受这种"优厚待遇"的，也只有刘邦了。在对刘邦的处置上，项羽可谓是用心良苦。

在对待韩、赵、魏、燕、齐、楚六国旧君的态度上，项羽相当之狠，相应的，六国国君也是一个比一个惨。

项羽封韩王成于颍川郡，都阳翟。颍川是韩国故地。韩王成是被项梁册立的王。项羽做的只是在法律形式上进行确认。而且，颍川郡早就被韩王成率领韩军收复，也不需要项羽实封。

韩国国君韩王成，是最先一个被项羽收拾的六国旧君，能享受这个"优先待遇"，也是因为刘邦。

虽然韩王成是项梁册立的，但他跟刘邦的关系更密切。刘邦在洛阳兵败也是去韩王成的地盘休整补充。而韩王成之所以与刘邦走得这么近，是因为张良。事实上，一直以来，张良都是双重身份，他既是刘邦的军师，也是韩国的国相。而项羽最讨厌刘邦，也憎恨张良，那他对待韩王成的态度也就可想而知了。

戏下分封之后，韩王成连回国的机会都被剥夺，被项羽强行扣押带回楚国，不久即被项羽处死。一个诸侯王就这么被杀了。项羽甚至连个说法都没有，杀了就是杀了。在弱肉强食的时代，弱就是原罪。

赵国国君赵王歇被项羽改封代王，他的赵国被项羽强行封给他的臣下张耳。代地原本就属于赵国，不过是后来夺取的边地，与赵国本土的关系大概就相当于秦的巴蜀之于关中。赵王歇被封代王，也相当于是一种发配。相比凄惨的韩王成，这个结果已经好很多了。其实，赵王歇并不孤单，因为跟他享受同等待遇的还有魏王豹。

魏国国君魏王豹被项羽改封西魏王。顾名思义，所谓西魏王，就是西部魏国的王，那东部哪里去啦？答：被项羽拿走了。项羽的梁楚九郡，其中的梁就是曾经的魏地。这是赤裸裸的掠夺。但魏王豹也只能选择忍气吞声，毕竟，连刘邦都不敢反抗，乖乖交出关中去了巴蜀，他也只能老老实实服从分配，去了河东。

有服从分配的，就有不服分配的。

燕国国君韩广被项羽改封辽东王，但是他不愿意去。他的下场也很具有"教育意义"。他被昔日的部下也是项羽封的新燕王臧荼攻杀。不听话，结果连王都没的做了。赵王歇、魏王豹，人家都是宗室为王，尚且听命，不敢不从。燕王韩广是与赵王武臣同期称王的，他们都是陈胜起兵时派到河北略地的外来者。时至今日，韩广居然还敢与项羽作对，被杀，也是咎由自取。武臣被部将李良杀死。韩广被部将臧荼杀死，也是陈胜那个时期草头王的必然结局。

齐国国相田荣，因当初不肯出兵援楚，又不出兵救赵，更未随同项羽入关，连入选的资格都被取消。齐国虽有齐王田市，但谁都知道，真正掌权的是国相田荣。项羽明明知道，却故意不封田荣，还将齐王田市改封胶东王。

昔日的楚怀王熊心被项羽尊为义帝，发配江南。不久，熊心就在去流放地的途中被暗杀。

韩王成被杀，燕王韩广被杀，楚王熊心被杀。魏王豹被削地贬逐。赵王歇被夺国外放。齐王田市被夺国贬逐。六国国君，三位被杀，三位被强行驱逐外放。

有失意的，就会有得意的。

新上位的诸位王也很多。

原赵相张耳被封常山王，他的封国就是从前的赵地。张耳受封为王的主要原因，就是作为诸侯从属项羽入关，这是项羽提拔军功勋贵为王的重要标准。

赵将司马卬在棘原之战中，率军南下河内郡，堵住章邯退路，为项羽逼降章邯立下大功，以军功封殷王。

燕将臧荼从楚救赵，又随项羽入关，被项羽立为新燕王。

齐将田都从楚救赵，又从入关，被项羽立为新齐王。

项羽渡河救赵时，齐将田安连下济北数城，引兵降项羽，因而被项羽立为济北王。

楚将黥布，常为军锋，数有战功，从项羽救赵，巨鹿之战率先渡河，又从项羽入关，攻破函谷关，被项羽封为九江王。番君吴芮率百越佐诸侯，又从入关，项羽立吴芮为衡山王。楚国柱国共敖收复南郡有功，项羽立共敖为临江王。

项羽封的秦系诸王，雍王章邯、塞王司马欣、翟王董翳，都是追随他入关的秦军降将。

项羽封的齐系新王，齐王田都、济北王田安都是追随项羽救赵又一同入关的齐军新附之将。

项羽封的赵系新王，常山王张耳随同他入关。殷王司马卬立有大功，追随项羽入关。

项羽封的楚系诸王，九江王黥布追随项羽救赵，又一起入关，两次经历都立有大功，被项羽视为嫡系。吴芮率南楚兵投奔项羽随同入关。共敖以楚国旧臣归附。

诸侯军主要将领追随项羽救赵入关的几乎都被封王。

那些未随同入关的如赵将陈馀，未救赵的齐相田荣，都被冷落。陈馀因为有人讲情，勉强被封三县。田荣则是尺寸之地未封。

戏下分封总计十八路诸侯，算上西楚霸王项羽，就是十九路，其中，属于军功勋贵的就有十四路之多。

从项羽戏下分封的诸王来看，其打压六国旧君，扶持军功勋贵的意图已经十分明显。

六国旧君遭到全方位的排挤压制。军功勋贵则取而代之，成为戏下分封的赢家。

戏下分封虽然也是分封，但与西周分封完全不同。

戏下分封是以西楚霸王项羽为主导，以军功勋贵阶层为骨干，压制六国旧贵族的新的分封体系，是不同以往的新秩序，建立这个新秩序的就是以项羽为首的军功勋贵阶层。

项羽的分封不是复古，而是顺应大势。即使强如项羽，也不敢逆势而行。此时此地，换成刘邦也只能分封。

其实，仔细观察便不难发现，此次分封，项羽真正在新地封的新王，只有关中的三秦与巴蜀汉中的刘邦。这里涉及分封的根本原则，那就是只有真正打下来的地才能封。其他大部分诸侯王原本就已经自占其地。项羽的分封，只是对既成事实的承认。

项羽的梁楚九郡，大部分也是项氏自己打下来的而不是别人封的。只有自己打下的地盘，才是自己的，至于分封，只是名义上的形式，背后的实力才是受封的根本依据所在。

项羽只是众多诸侯推举出来的"盟主"，他本身就是诸侯，分封就是将夺来的抢来的地盘以分封的名义进行合法确认。

项羽对诸侯的分封，给予诸侯对所占之地以合法的名义，作为交换，他们要承认项羽高于他们的政治地位。标志就是，他们都只是王，但项羽是霸王。

戏下分封其实是项羽在实力有限的情况下，将利益最大化进行的相当成功的政治操作。

项羽所占的梁楚九郡，已经是根据他的实力所能扩张的极限，也是诸侯所能接受的极限。

项羽的实力决定了，他只能做一路诸侯，做不成皇帝。即使他想做，诸侯各国也不答应。项羽只能顺应众意进行分封。

项羽在戏下分封时的布局上机关算尽，极为用心。他将刘邦封在蜀地，就是不想让刘邦出来，这才特意将章邯封在关中，就是为了封堵刘邦防止其北上。而章邯是秦国名将，能力出众，为防备章邯在秦地扩张，项羽又将关中一分为三，利用董翳与司马欣对章邯进行牵制。用章邯防刘邦，再用董翳与司马欣防章邯，以此达到均势，维系平衡。

项羽有意扶持随他入关的诸侯军将领，因为他们身份相同，诉求相同，利益相近。在此基础上，诸侯联军的将领迅速形成以项羽为中心的牢固的统一战线。

楚怀王熊心最担心的就是在外领兵的将军趁势而起，所以才立下怀王之约，名为激励，实为压制。但项羽识破了楚怀王的阴谋，在巨鹿之战获胜后，在军事与政治上占据优势后，立即展开针锋相对的斗争。

但项羽明白想要推翻怀王之约，仅靠他是远远不够的，为此必须团结一切可以团结的力量，一致对付六国旧君。如何团结诸侯众将呢？满足其最大的利益诉求。诸侯众将最大的利益诉求是什么呢？当然是称王做一路诸侯。投其所好，才能做到振臂一呼，一呼百应。

巨鹿之战获胜不久，项羽就封章邯为王，从事实上否定怀王之约，也是告诉诸侯的将军们，跟着我，未来可期，你们也可以的。

当项羽率诸侯之军入关实现亡秦大业后，当暴秦这个曾经最大的敌人消失后，项羽及诸侯军的将军们的最大敌人立刻就变成了六国旧君。对怀王之约最好的反击方式就是将军们集体封王。敌人越不想让你做的，你就越要去做。

戏下分封最大的输家是六国旧君，而最大的赢家就是项羽为首的诸侯军的将军们。

戏下分封是六国旧君的失败，却是诸侯军将军们的胜利。

项羽并未放过六国旧君，而是乘胜追杀，驱逐楚怀王熊心，杀韩王成，趁势夺取梁楚九郡，又将韩国的颍川郡纳入其势力范围。楚系诸侯也被项羽视为其部将。这么算来，项羽实际控制的郡县已经超过三分之一。项羽后来派陈平去殷国掌控河内郡。项羽又出兵齐国，都是其意欲扩张的表现。他还想要更多。项羽才不在乎所谓的戏下分封体系。他在乎的只有利益。

戏下分封之后，项羽要做的就是利用各国的内乱进行干涉，从而实现对诸侯的各个击破，将不服从的诸侯兼并，剩下顺从的则成为西楚的附属国，再慢慢找机会收拾，将其吞并。飞鸟尽，良弓藏。项羽的套路，其实就是后来刘邦用的。他们用的几乎都是相同的策略。

西楚霸王项羽的楚国，东控齐地，北迫燕、赵，进逼韩、魏，西连三秦，可谓占尽地利；而背后的衡山、九江、临江三地都是楚系诸侯，是可靠的大后方。

也许有人会有疑问，既然是项羽主持分封，那为何不趁机给自己多封点地呢？有这种想法的人属实多虑了。项羽已经这么做了。

十八路诸侯，有九路诸侯只分到一个郡：

塞王司马欣，封东内史，一郡之地；

翟王董翳，封上郡，一郡之地；

河南王申阳，封三川郡，一郡之地；

韩王韩成，封颍川郡，一郡之地；

殷王司马卬，封河内郡，一郡之地；

衡山王吴芮，封衡山郡，一郡之地；

临江王共敖，封南郡，一郡之地；

胶东王田市，封即墨郡，一郡之地；

济北王田安，封济北郡，一郡之地。

九位一郡诸侯的封地加在一起才勉强与项羽相等。

剩下的多路诸侯，封两到四郡：

九江王黥布，封九江郡、庐江郡，两郡之地；

齐王田都，封临淄郡、琅邪郡，两郡之地；

西魏王魏豹，封河东郡、上党郡，两郡之地；

汉王刘邦，王巴郡、蜀郡、汉中郡，三郡之地；

雍王章邯，封陇西郡、北地郡、西内史，三郡之地；

辽东王韩广，封辽东郡、辽西郡、右北平郡，三郡之地；

燕王臧荼，封广阳郡、渔阳郡、上谷郡，三郡之地；

代王赵歇，封云中郡、雁门郡、代郡、太原郡，四郡之地；

常山王张耳，封恒山郡、邯郸郡、河间郡、清河郡，四郡之地。

这些据有三郡以上的诸侯，看起来好像比之前的一郡诸侯实力上强很多，但仔细看，却未必，因为他们分到的多是边郡。辽东王韩广与燕王臧荼分到的都是典型的边郡，看起来分到的郡不少，但三个边郡的户口加起来可能都不如中原一个郡的多。

刘邦也封到三个郡，但那是在蜀地，不是中原。当时去偏远闭塞的蜀地，等同于发配。所以，刘邦即使分到三个郡，也不会领项羽的情，还要去找项羽拼命。

西楚霸王项羽的地盘最多：王薛郡、泗水郡、东海郡、淮阳郡、南阳郡、会稽郡、鄣郡、东郡、砀郡，九郡之地。

项羽得到九个郡，是所有诸侯中最多的，而且不是边郡，都是中原的膏腴之地，不仅富庶，位置还好。

此时，天下总计四十四郡，项羽就独占九郡。

项羽已经尽可能多吃多占。再多，他自己都不好意思了。

可能有人会发出疑问？项羽的楚国明明在华夏的东面，为何称西楚，以方位而言，不是应该叫东楚更合适吗？这么认为的人，是站在当今的视角去看古人。

首先西楚还是东楚，它的指向范围不是整个华夏，而仅仅只是楚国。

当时楚地包括三部，它们分别是西楚、东楚跟南楚。

《史记·货殖列传》对此记载明确：

自淮北、沛、陈、汝南、南郡，此西楚也。

彭城以东，东海、吴、广陵，此东楚也。

衡山、九江、江南、豫章、长沙，是南楚也。

西楚是楚国故地，也是楚国最重要的中心区域，不仅是政治中心，也是经济重心。楚国自立国以来的历代旧都，从鄢郢到纪郢（南郡江陵）再到陈郢（陈县）乃至寿郢（寿春）都在西楚，鄢郢、纪郢是楚国东迁之前的旧都。陈郢、寿郢是楚国被迫东迁后在淮泗建的新都。

东楚是吴越旧地，楚国在战国后期才征服。项羽起兵的江东就是东楚，这是项羽自带的地盘，自然归属项羽。

至于西楚，寿春、下邳、彭城，等等，也都是项梁、项羽打下来的。分封的重点不在分而在封，不是分地而是封地。重点不是分给诸侯土地，而是对诸侯已经实际占据的土地的法律认可，封即法律意义上的认定，分封主要是对诸侯实际所占地盘给予事实上的承认。

南楚在长江以南，江东以西，大致相当于今天的湖北南部，湖南、江西大部。这里大多是未被开发的蛮荒之地。项羽封给三位楚将的地盘几乎都在南楚。至于更好的西楚跟东楚，当然是项羽留给自己的，不容他人染指。

秦、楚两强都被拆分，齐、赵两个二等强国自然也逃不掉被拆解的命运。

项羽在这两个国家各埋下一颗大雷。项羽在齐国埋的雷是田荣，在赵国埋的雷是陈馀。

田荣是齐国最强的实力派。项羽却故意不封他，这既是对田荣当年不救项梁的惩罚，也是有意挑拨齐国的内部矛盾。因为项羽封在齐地的三个王能力水平都不如田荣。这点项羽心知肚明。有田荣在，齐国早晚必乱。

陈馀是赵国最强的实力派。项羽明知陈馀与张耳水火不容，封给张耳四个郡，却只封给陈馀三个县，这摆明就是故意恶心陈馀。张耳不过是个平庸的草包，不是陈馀的对手。陈馀也不会服气让一个饭桶来统治赵国。陈馀肯定会反攻。张耳也肯定打不过陈馀。项羽这么安排，就是有意让赵国乱起来。

通过分封完成布局后，接下来要做的就只是等待，等这些诸侯自己乱起来，然后再浑水摸鱼，趁机取利。这大概就是项羽的如意算盘，他就没指望这个分封体系会稳定。为何要稳？乱，才有机会。

萧何月下追韩信——登坛拜将

刘邦明明是军功勋贵，还是先入关中的功臣，戏下分封却被项羽区别对待，那待遇连被打压的六国旧君都不如。

六国旧君被打压，好歹还在中原，差点的也在边郡，刘邦却被封在南方的巴蜀。秦汉时期，长江以南，尽为蛮荒。刘邦未曾想到，鸿门宴的妥协退让，换来的是戏下分封远放巴蜀更大的屈辱。早知如此，当初还不如在关中跟项羽拼命。

但现在后悔也晚了，刘邦在关中招募的十万大军，被项羽直接裁撤七万，如今只剩三万。

恼恨的刘邦却敢怒不敢言。但在众多部下面前，被项羽这么明目张胆地欺负，不表示一下，实在说不过去。

愤怒的刘邦当即做出姿态，表示要尽起本部三万人去找项羽算账，要跟对方拼命。

当初麾下十万大军，尚且不敢反抗，才会有鸿门宴的逆来顺受、委曲求全；如今只有三万人，却要跟项羽开战，刘邦只要还头脑清醒，就不会干这种蠢事。是的，刘邦在演戏，他的头脑一直很清醒。正因为清醒，这场戏才必须演。属下也很配合，灌婴、樊哙、周勃等众多部将纷纷上前劝说。刘邦却演上瘾，表示这仗非打不可，执意要跟项羽开战。

萧何见戏演得也差不多了，该收场了。他对刘邦说："称王汉中虽不如意，总比死强吧！"刘邦说："此话怎讲，何至于死？"萧何说："今兵不如楚多，将不如楚广，百战百败，不死何为！臣愿大王称王汉中，收用巴、蜀，还定三秦，天下可图。"刘邦这才说："好！"

汉元年（前206）四月，戏下罢兵。诸侯各归本国。刘邦也率部南行就国，再也不提与项羽开战的事儿了。萧何也被汉王刘邦任命为汉丞相，为刘邦处理国政。

虽然对关中恋恋不舍，但刘邦还是一步三回头地向南进发。此时，刘邦的心情，就如一首歌中唱到的，"其实不想走，其实我想留"。

洒泪告别关中父老的刘邦，南行不久又要与张良分别。张良要陪同韩王东还。临别之际，张良劝刘邦，进入汉中后，要将沿途的栈道尽皆烧毁，以此向项羽表明就此入蜀不再东归的意图。这么做，也可防备诸侯军从背后偷袭。刘邦对张良的话向来重视，一一照做。

刘邦率部一路南行，但走着走着，他发现队伍中的人越来越少，很多士兵甚至将领都选择不辞而别。直到此时，刘邦才知项羽的用心竟如此歹毒。只要把刘邦放逐巴蜀，都不用打，刘邦的队伍自己就会垮。因为刘邦的部下大部分都是关东人。而当时的巴蜀闭塞不通，与外界的联系就只有为数不多的那几条崎岖难行的蜀道。士兵不想终老蜀地，那就只有趁此时逃跑。因为真进入蜀地，想逃都不容易了。

对那些逃走的士兵，刘邦并未阻拦，而是放他们去。正如当年，他放走那些逃避去骊山的囚徒。因为刘邦知道，拦也没有用，心不在这里，人早晚都会走。即使这次拦住，下次还是会跑。

直到他听到一个人的名字也在逃亡的名单上时，他才真的慌了。这个人就是他刚刚任命的丞相萧何。

但其实，萧何并未逃，他是去追逃走的人。他追的那个人就是韩信。

多年以后，刘邦回忆此事，肯定会万分感激此时的萧何。因为萧何追回的不仅是韩信，还有他的万里江山。

刘邦平定天下后，曾与群臣讨论谁的功劳更大，经过君臣的反复讨论，大家一致认定，有三个人的功劳贡献突出，远在众人之上，他们就是萧何、韩信、张良。他们三人的功绩是得到刘邦亲自认可的，三人也因此被世人称为汉初三杰。

萧何、韩信、张良，汉初三杰，各有所长。

萧何治国理政的能力在群臣之中居于首位，是治国担当。

韩信领兵打仗从未有过败绩，是少见的常胜将军，是武力担当。

张良运筹帷幄之中，决胜千里之外，谋略出众，是智谋担当。

但刘邦此时在汉中只有萧何一人，这时还不在身边。张良尚未归队，萧何又不知所终，心里的焦虑苦楚，对未来前途的焦虑彷徨，在时刻折磨着刘邦。

现在的刘邦缺帮他治国理政的人，缺帮他出谋划策的人，但最缺的是帮他领兵打仗的人。

刘邦身边其实不缺将军，灌婴、周勃、樊哙都很能打，但他们只是普通的将领。刘邦需要的是能独当一面、统领三军的帅才。

治国担当、智谋担当，不久都会归队，但眼前刘邦最需要的是武力担当，而且十分急迫。再待上一年半载都不用打，手下的士兵就会跑光，必须趁着队伍未散，人心尚在，带着他们打回去。

刘邦为何会沦落至此，被放逐巴蜀？就是因为军中缺少一位能征善战的将帅之才。

鸿门宴上，妥协退让、委曲求全，受尽屈辱；戏下分封，被夺去关中，外放蜀地，受尽欺负。所有的这些，都只因为三个字——打不过。原因就是这么简单。

因为刘邦的军事实力、作战能力都比不过项羽，所以就只能被迫接受项羽的所有苛刻条件，任由项羽欺辱，被逼交出关中，被逼南去巴蜀。

要摆脱现在的困境，只有一条路，打回去。仍然还是要打。近的要跟被项羽封在关中的章邯打，远的还是要跟称霸中原的项羽打。总之，要想出去，要夺回失去的地盘，只能打。刘邦现在最需要的就是能打的人。

刘邦其实也很能打，但偏偏他遇上项羽，瞬间就被比下去了。

但是，刘邦的丞相萧何发现了一个人才，一个很能打的人，一个足以对抗项羽的人，一个真正的帅才——韩信。

萧何看人的眼光永远是那么犀利、那么精准。身为刘邦的左膀右臂、心腹之人，萧何最清楚刘邦此时缺的是哪方面的人才，为此他一直都在留心查访，终于被他发现，人才就在眼前，人才就在身边。他的下属韩信，就是他在苦苦找寻的人才，也是刘邦最急需的人才。

刘邦后来为何将未有汗马之劳、战阵之功的萧何定为首功，就是因为他最清楚，多年来，萧何殚精竭虑为他付出的真的很多很多。即使萧何不自矜其功，刘邦也心里有数。刘邦不是糊涂人，他可能不说，但都记在心里，未曾忘却。

萧何在发现韩信这个不可多得的人才后，未及上报，就得知韩信逃亡的消息。萧何甚至来不及报告刘邦，就匆忙上路，趁着夜色出发，去追逃亡的韩信。于是，就有了萧何月下追韩信的故事。

皇天不负有心人。

萧何成功追到韩信，也将自己要将他推荐给汉王的事，讲给韩信。在萧何的耐心劝说、诚意挽留之下，韩信随萧何又回到汉中汉军大营。

就在刘邦为失去萧何而失魂落魄不知所措时，手下报告，丞相回来了，此时在帐外请求召见。听到萧何去而复返，刘邦心里的喜悦简直难以用语言来形容。

但当刘邦看见萧何时，内心狂喜的他，嘴上仍旧忍不住大骂不止，体现出鲜明的刘邦风格。面对刘邦的责骂，萧何倒是不以为意，因为相处多年，他对此早就习以为常。此情此景，刘邦肯定要骂街的，不骂就不是刘邦了。

刘邦边骂边问："你不是跑了吗？怎么又回来了？"

萧何赶紧解释说："臣不敢逃，臣是去追逃跑的人。"

刘邦便问："你去追谁？"萧何答道："追韩信。"

刘邦听了，又是大骂："诸将逃亡的有几十人，也未见你去追，这会儿跑去追韩信！你认为我会信吗？还不说实话！"

萧何说："臣确是去追韩信。诸将易得，至如韩信，国士无双。大王若要久居汉中，那确实不需韩信，但若要东向争天下，那就只有韩信可当大事，就看大王您是如何考虑了。"

其实，刘邦不用回答，萧何也知道刘邦是如何想的，当然是要打回关中去。

果然，只听刘邦恨恨地说："当然要东归，我怎能长久待在此地。"

萧何当即回道："既然大王决意东归，那就要重用韩信。只有重用他，对他委以重任，他才能留下；不然，他还会走。"

刘邦见萧何如此看重韩信，便说："我看在丞相的面上，用他为将，如何？"萧何说："即使让韩信做将军，韩信也不会久留。"刘邦见状，又说："为大将，如何？"萧何大喜："如此甚好！"

刘邦见萧何终于露出满意的笑容，当即就要召韩信进来当场拜为大将。萧何赶忙制止说："大王您平时素来简慢。今拜大将，如呼小儿，这正是韩信要离开的原因。大王必欲拜韩信为将，当择良辰吉日，斋戒沐浴，筑坛设场，登坛拜将方可。"刘邦许诺。萧何这才下去筹办拜将事宜。

消息传出，众将人人自喜，都以为自己就是那个大将的人选。直到登坛拜将的当天，韩信从刘邦手中接过大将印绶，大家这才恍然大悟，原来汉王要拜的大将居然是韩信，这个结果几乎出乎所有人的预料，只有两个人始终平静如常，是的，这两个人就是刘邦跟萧何，事情是他们商定的，自然不会惊诧，但对这个任命，史书上的原文只用了四个字：一军皆惊。

其实，从众将人人自喜的状况，就能看出刘邦军中众将大多能力平平，缺乏出众的帅才，所以，才会人人抱有期待。而韩信之前在军中并不引人注意，因此，这项突如其来的任命，才会震惊众人。

直到此时，刘邦对韩信的情况其实也并不十分了解，只知道这个人在自己手下干过，至于能力如何，他也不清楚。不清楚，为何还要拜为大将？是不是有点儿戏，还真不是。刘邦拜韩信为将，只是因为他相信萧何。

从刘邦与萧何的对话中不难看出，刘邦肯拜韩信为将，主要是看萧何的面子。他是真的怕萧何再次出走。尽管之前只是虚惊一场，但刘邦可不敢大意，此时对萧何的任何请求，只要他能做到的，他一定会满足。

而萧何向刘邦极力推荐韩信，也是押上了自己全部的政治前途。从萧何与刘邦的对答中，也能深深体会到"极力"二字的分量。萧何甚至是以近乎要挟的语气在向刘邦推举韩信。此时此地，萧何在明知刘邦十分依赖他的情势下，向刘邦提要求，可以说是近乎要挟。但萧何这么做完完全全是为了刘邦。

萧何知道刘邦不肯久留蜀地，东归中原势在必行，然而回到中原，面对的最大敌人是谁？当然是项羽。可是以刘邦现在的实力打得过项羽吗？打不过。要是打得过，也不用去赴鸿门宴了，更不会被放逐到巴蜀来。所以，问题来了，在实力未得到提升前，出不出去，结果都是相同的。

刘邦现在最缺的就是能打的人。而萧何就帮他找到了，这个人就是韩信。虽然萧何是分管行政后勤的，选将带兵不是他的工作，但身为刘邦的丞相，萧何是事事操心。他认定韩信就是那个能打的人，就是能提升整个刘邦集团军事实力的人。只要有韩信在，就能跟项羽硬碰硬地正面对抗，再不用受项羽的欺负。而历史也证明，萧何的选择是正确的。

韩信被拜为大将后，也得到汉王刘邦的正式召见。刘邦现在也需要知道，他拜的这位大将到底符不符合他的要求，到底有没有统率三军的能力，同时，他也想侧面验证一下萧何看人的眼光。

韩信也知道此次召见意义重大。他十分清楚自己大将军的位置是怎么来的，在未立寸功的情况下，超越众多老将，被破格越级提拔，完全是因为萧何的举荐。

刘邦尚不清楚他的能力，而他必须通过这次谈话让刘邦看到他的能力。韩信必须要向刘邦证明自己的实力。韩信必须要让刘邦确信拜他为将的选择是对的。这么做，不仅仅是为他自己，也是为了推举他的萧何。

汉王刘邦对新拜的大将军韩信说："丞相在寡人面前多次说起将军，称赞将军的才华，对将军的能力更是不吝赞美之词，如今，寡人拜将军为大将，不知将军有何计策可教寡人？"韩信先是礼貌性地谦虚推让，客气过后，进入正题。

韩信问刘邦："今东向与大王争夺天下的恐怕是项王吧？"刘邦说："是的。"

韩信这是明知故问。但韩信必须问，因为他与刘邦之间，项羽是绕不开的话题，他能得到重用，其实也是因为项羽。既然要谈，那就开门见山，直奔主题。

韩信问道："大王以为好勇悍战，与项王相比，谁更强？"刘邦默然良久，才极不情愿地说道："我不如他。"

韩信这又是明知故问，自古及今，勇武悍战，能与项羽比肩者，屈指可数。冲锋陷阵，征战沙场，刘邦又怎会是项羽的对手。韩信这不是有意让刘邦难堪吗？才刚刚被越级提拔，难道韩信就是这么"报答"刘邦的吗？当然不是，谈话是需要技巧的，尤其是在能决定你命运的人面前，韩信当然不会蠢到让掌控自己命运的人出丑难堪，他这么问，其实是谈话中常用的套路，欲扬先抑，然后再行反转，层层递进，渐入佳境。上来就吹捧，那就俗了。韩信可是个很有格调品位的人。

果然，韩信在听到刘邦实事求是的诚实回答后，居然向刘邦道贺说："韩信也认为两军阵前，悍勇逞强，大王不如项王。然而臣曾经追随过项王，臣请以自身的经历言说项王之为人。

"项王暗哑叱咤，所向披靡，然而却不能任贤属将，此特匹夫之勇。项王见人，恭敬慈爱，言语呕呕，人有疾病，涕泣分其食饮；但将士有功当封爵者，至印绶刓敝，仍不舍予人，此所谓妇人之仁。

"项王虽雄霸四方而臣使诸侯，不居关中而都彭城；背义帝之约，而以亲爱王诸侯，不平；逐其故主而王其将相，又迁逐义帝置江南；百姓不亲，诸侯不附，臣属其下，不过逼于军势。名虽为霸，实失天下之心，看似强大，其实虚弱。

"今大王诚能反其道而行之，任天下以武勇，何所不诛！以天下城邑封有功之臣，何所不服！以义兵从思东归之士，何所不散！

"且三秦王为秦将，将秦子弟数岁，伤亡不可胜计；又欺其众降诸侯，至新安，项王诈坑秦降卒二十余万，独章邯、司马欣、董翳得脱。秦父兄怨此三人，痛入骨髓。今楚强以兵威强封此三人为王，秦民不附。

"大王之入武关，秋毫不犯；除秦苛法，与秦民约法三章；秦民皆欲大王称王关中。以诸侯之约，大王当王关中，民咸知之；大王失职入汉中，秦民无不恨者。今大王举兵而东，三秦可传檄而定。"

看似简单的谈话，其中隐含的内容却极为丰富，韩信、项羽、刘邦，三人未来的命运在谈话中都有预示。

韩信之所以在开场白中不惜让刘邦难堪也要明确其争城野战不如项羽的事实，其用意很明确，以此抬高自己的身价。韩信对刘邦最大的价值就是军事价值，说得简单点，刘邦自己搞不定项羽，需要有人帮忙，而韩信就是能帮他的那个人。有价值，才有地位；有用处，才有好处。

学会文武艺，货卖帝王家。

现象之下的本质就是如此，趁着有身价的时候，要卖个好价钱。

韩信就很懂得这个道理，在明确事实的同时，不忘提醒对方自己存在的价值。

接着，韩信就告诉刘邦，不用惧怕项羽，此人不足为惧，因为项羽看似勇猛，却只有匹夫之勇。为何这么说呢？韩信随即说出了答案，因为项羽不懂得分享利益。战争，从来不是单打独斗好勇斗狠，而是要依靠团队的力量，而要使团队尽心竭力，就要懂得分出利益，让大家得到好处，大家才会愿意为你拼命。还是利益，还是在说好处。

项羽舍不得给别人好处，只会打打杀杀，所以，他不得人心。别看他此时嚣张，一旦稍有挫败，就会众叛亲离，因为舍不得分享利益给下属的人是得不到真心拥护的。项羽最后的失败，果如韩信所言，因为不肯分封让出部分利益，陈平、黥布也先后脱离项羽，投奔刘邦。而在刘邦战胜项羽的过程中，韩信、陈平、黥布三人的作用，至关重要。

然而，重点来了。

韩信希望刘邦怎么做呢？反其道而行之。如何反其道，又如何行之呢？韩信说得很直白，任天下以武勇，就是要重用他这种人才；以天下城邑封有功之臣，自然有功之臣里面就有他韩信了。

韩信希望刘邦能大封功臣，现在还只是说说，后来韩信羽翼丰满就真的这么做了。即使刘邦不想封，他也要造成既成事实，逼刘邦封他。刘邦在他的逼迫下虽然封其为王，但也因为这个原因，两人产生裂痕。韩信的死，也与他谋求分封有关。他想做一路诸侯。但是，刘邦却不想让韩信做，诸侯王可以有，但要留给他的子孙。

刘邦能赢得最后的胜利，确如韩信所言，不是他最能打，论打仗，他既不如项羽，也比不过韩信。但刘邦确实懂得分享利益，就如韩信期望的。刘邦愿意分封功臣，才有韩信、黥布、彭越三人甘心为其驱使，为其所用。但韩信、黥布、彭越三人如此精明，到最后还是被更精明的刘邦算计了。

刘邦何尝愿意分封，何尝愿意让出利益，这点上，他与项羽其实在本质上并没有区别，只不过，他更懂得策略，更熟悉人性，也知道如何利用人心。他的分封只不过是权宜之计，分封只是退一步，为的是进两步，夺取天下。待到功成之日，他再将分出去的利益收回来。

韩信此时所说的话，刘邦都记下了。

日后，刘邦也是照此做的。

不过，韩信的那点小心思，又如何瞒得过刘邦。不错，眼前正是用人之际，刘邦确实需要韩信，但从韩信的言谈话语之间，刘邦看到了韩信的才华，也看到了韩信的野心。因此，刘邦在重用韩信的同时也防备着韩信。

对眼前的局势，韩信也说出了他的观点，指出了敌人的弱点，也讲明了刘邦的优势。

项羽不过是匹夫之勇外强中干，看似强大，其实，是缺少盟友的孤家寡人，容易对付。

关中的三秦更是不得人心。

至于您，在关中约法三章深得秦民之心，将士思归，皆愿奋力一战，这些都是您的优势。只要您举军东出，秦民必箪食壶浆，以迎王师。到时，三秦可传檄而定。您就不必困于蜀地，而将与项羽争霸中原。

对于刘邦而言，眼下最重要的是冲出去，杀回关中，夺回项羽从他手中抢走的一切，然后出关去找项羽算账。至于大封功臣，那还很遥远。

刘邦是英雄也是豪杰，只有英雄才能驾驭英雄，也只有豪杰才会欣赏豪杰。一番交谈下来，刘邦已经十分肯定萧何的眼光。他的这位丞相确实未看错人。刘邦确定只有韩信才能帮他脱离困境重回关中乃至争霸中原。于是，刘邦便着手立即进行部署，整军备战，令萧何收巴蜀租税，供应军粮。汉军只待刘邦的命令，便准备全军出击，北上关中，讨伐三秦。

至此，汉初三杰，终于聚齐。

韩信也终于有机会大展才华，开启属于他的传奇。

韩信的人生极具神秘色彩，而他这一路走来也充满艰辛。在他踏上征途之前，还是有必要将他的过往经历细细道来。

史料记载，韩信是楚国淮阴人。秦统一六国后，在楚地设郡置县，淮阴是泗水郡下设的县。但淮阴很可能只是他的出生地，而并非他的祖籍。从韩信的生平经历以及他日常的言行举止，不难推测，他受过良好的教育，很可能是落魄贵族。

楚国本土没有韩氏贵族。韩信只可能来自一个国家——韩国。

与韩信同时代的韩王信的出身，可以作为重要参考。

《新唐书》记载：韩氏十五世孙襄王韩仓。十六世虮虱，十七世信，汉封韩王。十八世弓高侯颓当。

虮虱，韩襄王之子。与伯婴（即公叔伯婴）争太子之位，失败后，前往楚国做人质。

韩襄王十二年（前300），伯婴死，虮虱又与公子咎争太子位，再次失败。两次争储失利，在韩国难以立足的虮虱，不得不再次回到楚国，从此便在楚国隐居，直到韩王信这代一直生活在楚国。

战国时代，诸侯各国互派质子是很普遍的现象，这些被派出来做人质的公子王孙，大多在本国过得不如意，属于政治上失意的那类人。如果混得好，也不至于被派出来做人质了。

秦并六国，天下大乱，很多在别国做质子的贵族就此散落民间，也是极有可能的。

本来就是落魄贵族，又身处异国他乡就更为落魄。

家贫落魄的韩信连小吏都当不上，因为即使是小吏，也是需要有相当的家资，才能获得资格，而且这些职位要优先推举那些本地大族的姻亲子弟。

韩信不会谋生技能又不会做小生意，过得越来越差，到后来，只能到处找熟人，去人家的家里蹭吃蹭喝，以至于大家都很讨厌他。

南昌亭长是他的朋友，好意收留他。可是，韩信在亭长家一住就是数月，搞得亭长老婆十分火大，都是小户人家，也经不住他这么白吃白喝。南昌亭长又不好意思赶他走。最后还是亭长老婆想到办法，晨炊蓐食，天色未亮就早早起来做饭，做好就在床上吃，也不告诉韩信。

等到饭点，韩信过来吃饭。因为人家早就吃过了，又不给他准备饭食。韩信情商再低，这时也明白了。人家这是有意不给他吃。韩信气呼呼地离开亭长家，结束了长达数月之久的蹭饭生涯。

贵族子弟居然沦落到去别人家蹭饭吃。然而，这在那个年代并不稀奇，战国名士张耳、陈馀也落魄到要去做看门人为生。连楚怀王的孙子熊心都已沦为牧羊人，韩信蹭饭就不足为奇了。

饿着肚子的韩信跑到城外的小河边钓鱼，可是他的生活技能实在是一言难尽，鱼钓不上来，就只能饿肚子。同在河边漂洗的几位大妈接连数日见韩信在此垂钓，也未见他钓上鱼来，再见他面有菜色，就知道他腹中饥饿。

有位漂母见他可怜，就主动将自己带来的饭食分给他吃。之后，一连数十日都是如此。韩信很感动，也很感激，对漂母说："将来发达，一定重重报答您。"谁知，闻听此言的漂母不喜反怒："大丈夫不能自食，吾哀王孙而进食，岂望报乎！"漂母说，我是可怜你们这些公子王孙，才分给你们饭食，难道是指望你的报答吗！漂母的话，也从侧面说明，韩信此前的家世可能非同一般。

淮阴市井中一个泼皮屠户，见韩信形单影只家贫落魄，也有意欺负他。这个泼皮恶屠户对韩信说："你虽然看着高大强壮，好带刀剑，但其实是个怯懦的胆小鬼。"泼皮屠户当众羞辱韩信说："你要是有胆量，就用你的剑刺我；要是没胆，就从我的胯下钻过去。"韩信凝视泼皮，看了这个人很久，然后俯下身从泼皮屠户的胯下钻过去。整个集市的人都嘲笑韩信胆怯。

只有韩信自己知道，小不忍则乱大谋。家道中落的他，失去宗族的庇护，也缺少家庭的保护。杀一个泼皮容易，难的是如何脱身，作为失去庇护的落魄贵族，不会有人出来替他解围，也不会有人出面为他讲情，他很难全身而退。

满腹才华胸怀壮志的韩信，不甘心就此沉沦，他有远大的志向跟抱负。如果此时逞一时之快，刺杀了这个泼皮，他也要受牢狱之灾，甚至丢失性命。就为了这个泼皮，毁掉他的人生，不值得。韩信凝视泼皮的时候，想到的应该就是这些，所以，他选择隐忍不发，宁愿受胯下之辱。

及至听闻项梁率军渡淮北上，韩信的反应是仗剑从之。

普通人听到这个消息会徘徊观望，但此时韩信未有一丝一毫的犹豫，因为他知道，他苦苦等待的时机终于来了。

然而，事情远没有他想象的那么顺利。他投到项梁麾下，想要大展拳脚，却不想不久项梁即兵败身亡。

韩信又归属项羽，在项羽帐下做执戟郎。韩信也很想表现自己，多次向项羽建言献策，怎奈项羽不肯用其计。

及至戏下分封，诸侯各归封国之际，韩信见在项羽手下难有出头之日，便投奔刘邦随汉军入蜀。

但不知是何原因，刚进汉军就因为连敖，坐法当斩，同伴十三人皆已被斩，轮到韩信时，韩信抬头仰视，正好与刘邦的亲信夏侯婴四目相对。韩信看着夏侯婴心有不甘地说："汉王难道不想夺取天下吗？为何要斩壮士！"夏侯婴被韩信的言语触动，不禁多看了韩信两眼，见韩信相貌不凡气质出众，不像寻常小兵，将其当场释放。夏侯婴与之谈论，发现韩信颇有见识，是个人才。于是，夏侯婴就将韩信推荐给刘邦。

汉王刘邦看在举荐人夏侯婴的面上，拜韩信为治粟都尉。这个时候韩信并未引起刘邦的注意。因而，刘邦才将韩信打发到萧何那里。因为治粟都尉是负责管理粮草的，而萧何主管后勤，这么一来，韩信就遇到了他此生中最大的贵人萧何。

只要是金子，迟早会发光。而韩信也及时发出光芒，在后勤岗位上也干出了成绩。

韩信在管理粮库的过程中，发明了一种新的工作方法，这个新方法也可以用一个成语来概括——推陈出新。简单地说，就是将旧粮从前门运出去，再将新粮从后门运进来，始终保持动态循环，避免新粮先出旧粮积压的情况出现。

韩信在工作中的出色表现，很快就引起萧何的注意。萧何在与韩信有过多次交谈后，认定韩信是个不可多得的人才，而这个人最大的才干不是管理而是军事。

萧何向韩信作过承诺，答应向汉王推荐韩信，用他为将。但韩信在等待中，逐渐失去耐心，他估计萧何应该已经向刘邦推荐过自己，可至今仍未被重用，当时很多兵将都选择逃亡，韩信觉得既然刘邦不肯用他，与其留在这里苦等，不如回到中原寻找机会。

于是，韩信才不辞而别。而萧何十分看重韩信，在得知韩信逃亡时，顾不得报告刘邦，亲自去追。因为萧何已经认识到韩信对于刘邦、对于被困蜀地的汉军有多重要，于是，才会出现之前的那幕萧何月下追韩信。

韩信的求职之路可谓一波三折，因而他也倍加珍惜来之不易的宝贵机会。而之前沉沦底层的经历，不仅教会他人情世故，也令他更加现实。从不食人间烟火的贵族公子到汲汲于富贵的王侯将相，韩信的转变可谓脱胎换骨。造成这种转变的原因，就是他经历的足够多，也足够惨，才能看透世事人心。

未曾清贫难成人，不经挫折永天真。

曾清贫到食不果腹，为了吃上口饱饭而到处遭人白眼被人嫌弃；从投奔项梁到归属项羽再到成为刘邦的大将军，经历了足够多的挫折；清贫过的韩信更加成熟，经历过磨难的韩信也不再天真。韩信想要的是荣华富贵，那就用战绩去赢得属于自己的荣耀富贵吧。

暗度陈仓　出奇制胜——还定三秦

项羽不会想到，那个曾经在他帐前站岗的执戟郎，日后会成为他最大的对手。他更不会想到，决定楚汉争霸胜负的，正是这位他看不上的执戟郎。

还定三秦之战是韩信成为大将军之后的首战，对韩信而言，此战只许胜不许败。不管萧何之前如何在刘邦面前夸奖他，韩信都明白，要想获得刘邦的真正认可，还是要靠真真实实的战功。

实践是检验真理的唯一标准。

韩信必须要用战绩证明自己的能力。

而对于刘邦，此战也是能否突破封锁重回关中进而争霸中原的关键之战、生死之役。如果失败，罢黜韩信的官职事小，他可能就真的要终老于蜀地了。这场仗，他输不起。这场仗，他必须赢。

而身处汉中的刘邦要进攻关中的三秦，必须要通过秦岭，而从汉中去关中，可供通行的山间谷道只有四条，从西向东，依次为：陈仓道、褒斜道、傥骆道、子午道。在陈仓道的西面还有一条祁山道，不过祁山道不到关中而是通向陇右。

而在秦汉之际，陈仓道尚未得到开发，鲜为人知，人迹罕至，是只有少数当地人才知道的秘密通道，这也是韩信出奇制胜的关键。

相比之下，在所有道路中，褒斜道是开发最早、通行条件最好的通道，春秋时期就已经成为往来关中与蜀地之间的主要交通干线。

一百多年前，司马错从关中率秦军南下伐蜀走的就是褒斜道，当时的褒斜道就已经是"栈道千里，通于蜀汉"。

正因为褒斜道是主要通道，刘邦在南下入蜀时，张良才劝说刘邦放火烧毁褒斜道，目的就是做给项羽及诸侯看，明示其不再北还之心。褒斜道曾一度荒弃，而造成荒弃不用的"罪魁"就是张良以及刘邦。也是因为褒斜道是主要通道，张良才建议刘邦烧毁，不然也达不到"表明决心"的效果。

子午道被正式作为官道使用要推迟到二百年后的西汉后期，而且这条道路崎岖难行，并不适合大军行动。

傥骆道的开发比子午道更晚，三国时代才被使用。

当时，只有三条路在用，一条是通往陇右的祁山道，一条是通往关中但崎岖不平的子午道，还有一条是数百年来作为官道但已被焚毁的褒斜道。

祁山道偏西而且不直通关中，不可用。褒斜道已被焚毁也不可用。子午道虽可用，但偏东更靠近咸阳，距章邯过远。

说到还定三秦之战，就不得不说那个流传甚广却错到离谱的成语——明修栈道，暗度陈仓。它源于元代的戏剧，戏剧就是编造，与当今的很多古装影视剧相似，注重的是戏剧效果，目的是以离奇古怪的剧情吸引观众，至于是否真实，编剧几乎不作太多考虑。明修栈道，暗度陈仓，只是在追求戏剧效果的同时，大胆放肆地羞辱观众的智商。

历史上，不存在明修栈道，只有暗度陈仓。

此次进兵是要达到出其不意的奇袭效果，在进入关中发起攻击之前，要尽可能隐藏真实的目的，避免过早暴露目标。

明修栈道，暗度陈仓。这条计策编创的目的显而易见，就是要营造声东击西的效果。

然而，在实际过程中，这个愚蠢的计策行不通。

当初，刘邦为何要烧毁褒斜道上的栈道？就是明确表示不再北还。现在修复栈道，就等于告诉所有人，他要北还了。等于提前向敌人预警，告诉敌人，你们可要做好准备，我要回来啦。刘邦不会这么蠢。韩信更不会这么做。

当做出明修栈道的举动后，敌人会怎么做？在发出信号的褒斜道上守株待兔，还是在所有可能的出口厉兵秣马严阵以待？相信只要敌人不是编剧，智商正常就会选择后者。不会有哪个敌人会蠢到相信这个所谓的声东击西之计。狡猾精明的章邯才不会上当。

还定三秦的关键在于暗度陈仓，出其不意。

就在刘邦为寻找一条便捷的前往关中的通道而愁眉不展时，一个名叫赵衍的汉中本地人向刘邦报告，还有一条路可以从汉中快速到达关中，这条路就是尚不为外人所知的陈仓道。以韩信的作风以及用兵行阵的精密谨慎，他肯定在大军行动之前亲自走过陈仓道，认为确实可行，才最终决定，出陈仓道，突袭章邯。赵衍也因指路有功受封须昌侯。

如果当时陈仓道广为人知，那么张良在献计时，一定会建议刘邦将陈仓道一并烧毁。但在暗度陈仓之前，张良未提及过陈仓道，也从侧面印证这条道鲜有人知。

汉元年（前206）八月，还定三秦之战在韩信的策划下展开。

韩信兵分三路，以曹参、樊哙出祁山道，其中曹参攻击下辩，樊哙进攻白水，与此同时，韩信率汉军主力出陈仓道，秘密北上。

三路汉军同时进发，协同作战。曹参与樊哙两军出祁山道的目的是为保护陈仓道汉军主力的侧翼安全。曹参迅速攻占下辩之后，从祁山道转入陈仓道与韩信的汉军主力在故道会师。

韩信将攻取故道的任务交给曹参，自己则率军绕过故道直奔陈仓而去。因为突袭作战，首先就是要出其不意，打敌人一个措手不及；其次就是要快，在敌人尚未发觉之前，突然发起攻击，才能保证做到出敌不意。只要战略目标隐藏得好，出其不意，不难做到。但在战术执行上，只有做到快，才能达到预期效果。

战斗的结果是韩信顺利攻下陈仓，几乎与此同时，曹参也攻占故道。他们都出色地完成了战前制定的作战目标，做到了出敌不意，行动迅速，攻击突然，首战告捷，胜利实现"暗度陈仓"的惊世之举。

汉军攻占陈仓，意味着汉军主力穿越秦岭快速完成了从汉中到关中的战略进军。这是还定三秦之战胜利的关键，接下来要做的就是与三秦军主力决战。

在此之前，樊哙击败的秦军也率军从祁山道赶来与主力会合。之前的分兵只是为保护大军的侧翼，在这个目的达成后，曹参部与樊哙部便与韩信实现会师，在与章邯进行决战之前，韩信再未分兵。

灌婴部并不是如有些资料说的单独分兵出子午道迷惑章邯，他围攻栎阳攻击司马欣发生在击溃章邯包围废丘，刘邦、韩信遣兵四处略地之时，并不是与三秦军决战之前。灌婴也是追随刘邦、韩信一起出陈仓道。韩信并未分兵声东击西，因为不需要，而且，陈仓道与子午道相距较远，也做不到步调一致、相互配合。

在与章邯的三秦军进行主力会战之前，多路并进长途分兵做不到协调配合，只会分散兵力。

而韩信此时要做的是集中兵力，之前小范围地展开，分出曹参与樊哙去祁山道，目的只是保护大军侧翼的安全，在目标达成后，两军就迅速撤回与主力会师，就是为了不错过与章邯军的战斗。汉军出陈仓道占领陈仓，只是胜利的第一步。与章邯军的决战是还定三秦之战胜利的第二步。

章邯在得知汉军攻占陈仓的消息后，迅速率军赶往陈仓封堵汉军，同时他下令给位于好畤的弟弟章平让其立即带兵前来增援，相同的要求，章邯也派人传递给司马欣和董翳二人，请他们火速发兵救援。

这说明，汉军突然出现在陈仓完全出乎章邯的预料，也令章邯十分紧张，他在三秦军主力尚未会合之前，就匆忙率领本部人马去陈仓，足见其行动之仓促、部署之慌乱。

韩信与章邯在陈仓相遇，两军随即展开激战，抢占先机又兵力占优的韩信军在野战中将章邯军击溃。在韩信章邯激战的同时，曹参率部去阻击章平，也将章平杀败。章平兵败退守好畤。曹参随后赶到将城池包围，开始围攻好畤的章平军。

章邯军退到废丘迎来司马欣、董翳派去的援兵。得到增援的章邯，对之前的失败并不服气，认为是兵力不足才败给韩信，现在得到补充，于是决定整军再战。

韩信在获胜后率汉军沿渭水北岸东进。章邯则选择率军西上，与韩信相对而进，寻求与韩信决战。这令韩信喜出望外，韩信现在最想做的，就是寻找章邯的三秦军主力，与之野战，在野战中将其围歼，为之后平定三秦确立胜局。

得知章邯西进，韩信自然不会错过这个围歼章邯军的良机，立即令正在围攻好畤的曹参、樊哙停止进攻立即南下，绕到章邯军侧后，与主力汉军形成对章邯军的前后夹攻。双方在鄠县附近的壤东及高栎展开决战，战斗的结果，章邯军惨败。

章邯退守废丘。韩信随后率军将雍王章邯包围，接下来是长达八个月之久的围城战。之前与项羽相持，现在与韩信对峙，章邯都表现出高超的防守水准，如果他从开始就选择固守而不是遭受重创后困守，那么他坚守的时间可能还会更长。

决战之后，大局已定，韩信现在要做的就是迅速扫平三秦。鉴于章邯已经被围，威胁不大，韩信便令曹参重回好畤，二度围攻章平。章邯的惨败令三秦军士气低落。章平对坚守好畤也失去信心。他不再守城而是选择突围。曹参顺利占领好畤，又再度回到韩信身边。

韩信在围攻废丘的过程中见识到了章邯强悍的守城水平。见城池短期之内难以攻下，韩信再次分兵，由他率军继续围困章邯，同时令曹参率领灌婴、樊哙、周勃等人向东进击由赵贲率领的司马欣、董翳派来的援兵，最终在咸阳附近将这股三秦军全歼。

之后汉军开始分兵略地，曹参、樊哙留守咸阳。周勃率军北上追击章平。灌婴率军东进攻下塞王司马欣的大本营栎阳。

郦商被派去攻略北地、上郡。靳歙则从陈仓向西北攻击陇西各县。

曹参、樊哙、灌婴、周勃在完成各自的任务后，便回来与刘邦、韩信会合。只有郦商跟靳歙还在外作战未归。

鉴于章邯实在过于顽强，刘邦与韩信经过商讨决定，三秦基本平定，还定三秦之战已经胜利，不必与困守的章邯过度纠缠，汉军主力应迅速东出函谷，争胜中原，只留部分军队围困章邯即可。最后决定，韩信留下围困章邯，刘邦则率汉军乘胜东进。还定三秦之战至此结束。

千里奔袭　闪击快战——彭城之战

刘邦能以迅雷之势迅速扫平三秦重占关中，一个重要原因就是，他的对手其实只有一秦即雍王章邯，剩下的两秦塞王司马欣、翟王董翳稍作抵抗便率军投降。

汉二年（前205）十月，项羽密令九江王黥布等人将义帝暗杀。项羽想不到这给刘邦讨伐他找到了一个合适的理由。

刘邦在基本扫平三秦占领关中后，下一步自然是东出函谷关与项羽争霸中原。因此，他在十一月出关以后，不是吞并诸侯，而是收服诸侯，率领这些诸侯再去讨伐项羽。

河南王申阳见刘邦大军出关，也未作抵抗，即行归顺。不作抵抗其实是很自然的，因为实力差距过大。申阳的河南国就是秦的三川郡，仅一郡之地。而汉王刘邦受封巴、蜀、汉中即有三郡，还定三秦，又增加陇西、北地、上郡，再加上咸阳所在的内史，共有七郡之多。双方的军事实力差距更大，申阳如果抵抗只有被碾压的结局，投降对他来说是最明智的。

三川郡再向东就是韩国所在的颍川郡，也是只有一郡之地。韩王成被西楚霸王项羽强行扣押带到彭城杀害，这直接导致张良反楚归汉。对张良的回归，刘邦自然是喜出望外，特意封其为诚信侯。

韩王成被杀后，项羽封亲楚的郑昌为新韩王以阻挡刘邦。刘邦也针锋相对立亲汉的韩襄王的孙子韩信为韩国太尉，领兵攻略韩地。郑昌不久即兵败投降。

十一月，刘邦立韩太尉信为韩王。韩王信也成为刘邦册立的第一位异姓诸侯王。韩王信就此成为刘邦的忠实盟友，常常率领韩军随同汉军征伐。

项羽当初戏下分封，之所以大封十八路诸侯，分得这么细，其中一个重要的原因就是便于他未来进行收割，因为很多诸侯王，就只是一郡之王，而项羽有九郡之地，那收割起来简直不要太爽，完全就是实力碾压。

项羽想得挺好，但他还来不及执行，就又被刘邦抢先。之前入关就是刘邦先他一步，如今收割诸侯，又是刘邦领先一步。便宜都被刘邦占了。

河南国已经变成刘邦的三川郡。韩国等同于刘邦自家的后花园。接连占据三川郡与颍川郡的刘邦，其势力范围已经与项羽的西楚接壤。颍川郡的东面就是刘邦的老根据地砀郡，再向东就是楚国国都彭城所在的泗水郡。

从八月出兵陈仓到十一月兵进颍川，东望于楚，刘邦只用了三四个月的时间，这个速度快到有些不可思议。

然而，刘邦并未立即东进，而是返回关中，他要回去忙着迁都。刘邦受封汉王都城在南郑，如今平定三秦，自然要将都城迁回关中，但咸阳已被项羽焚毁，刘邦只能暂时将都城设在栎阳。此后的三年，这里一直都是刘邦在关中的大本营，直到三年后迁都洛阳。当然，刘邦在洛阳也只待了三个月，就又将都城迁往关中的长安。

当刘邦忙于收复关中平定三秦时，项羽也很忙，他在忙于平乱。

项羽戏下分封在齐、赵两国埋的两颗雷几乎同时炸了。乱源首先出现在齐国。

四月，戏下罢兵就封。五月，田荣就开始了他的行动。当田荣得知齐王田市被改封胶东王，而田都被封为新齐王后，当场暴走。

田荣发兵攻击田都，齐王田都不是其对手，逃亡楚国。田荣留齐王田市，不准他去胶东。谁知，田市畏惧项羽，还是悄悄跑去胶东。这下田荣彻底怒了。

六月，田荣追杀田市于即墨，这次干脆不立别人，他直接做起齐王。项羽，你不是不封老子吗？老子自己称王。

当然，田荣也知道，他这么做肯定会激怒项羽。单靠他的齐国对抗项羽未免势单力薄。于是乎，齐王田荣也搞起统一战线，团结一切可以团结的力量，一起对付项羽。因为戏下分封，他不是唯一失意的人，他还有两个难兄难弟，分别是北边赵国的陈馀与南面魏国的彭越。陈馀只被羞辱性地封了三县，彭越更是被选择性忽略，这哥俩现在也是憋着一肚子火呢！

当时，彭越在钜野，手下有一万多人。田荣派使者转告彭越，兄弟，别难过。项羽不封你，不要紧，兄弟封你。田荣送给彭越将军印绶，让彭越去攻击济北王田安。彭越也是一个敞亮人，撸起袖子，说干就干。七月，田荣就收到前线捷报，彭越击杀济北王田安。田荣遂并有三齐之地。田荣又派彭越南下攻楚。项羽命萧公角带兵迎击彭越，反被彭越杀得大败而归。

陈馀得到消息，主动派人找到田荣，表示希望从齐国借兵去攻击常山王张耳，迎赵王复位，事成之后，赵国就是齐国最坚定的盟友。田荣当即表示，兄弟你放手去干，哥哥支持你。齐国立即派兵增援陈馀。赵国的陈馀也尽起三县之兵，与齐军一起夹击张耳。大草包张耳当然不是陈馀跟齐军的对手，被打得抱头鼠窜。这一窜，就窜到了关中，张耳投奔了刘邦。而陈馀也迎赵王歇复位。赵王歇为感谢陈馀复国之功，封陈馀为代王。但陈馀考虑到赵国刚刚光复，尚不稳固，因而留下辅佐赵王，另派夏说以国相去守代国。

田荣资助的两位兄弟，在得到齐国的援助后，都有不俗表现，彭越连战连胜，在魏国开启历时数年的令项羽头大的敌后游击战，陈馀则直接干翻张耳。两位兄弟都用战绩证明了他们的实力。

相比赵国的陈馀与魏国的彭越，反而是援助国田荣的表现不尽如人意，有点拉胯。当然，田荣拉胯也是有原因的，因为他的对手是项羽本人。

汉二年（前205）正月，项羽亲自率军征讨齐国田荣。因为项羽很清楚，别看赵国陈馀与魏国彭越这么能折腾，但策源地在齐国，在田荣这里。齐国已经成为反楚小联盟的所在地，盟主就是田荣。擒贼先擒王，项羽率楚军便杀奔齐国而来。

田荣在齐国是称王称霸般的存在。在齐国，田荣找不到对手。但田荣的嚣张也仅限于齐国。

在见到真正的霸王后，田荣才知道，他还差得很远。西楚霸王项羽很快就把田荣打回原形。齐、楚两军展开会战，齐王田荣被击溃，败走平原。田荣在齐国很跋扈很嚣张，但风评很差，人缘更差。很快，田荣就被杀死在平原，杀他的不是项羽，不是楚军，而是平原当地的百姓。可见，齐国百姓也很痛恨这个田荣。

不招人待见的田荣被杀，但齐国百姓的日子并未好起来，田荣被杀只是齐国人噩梦的开始，给他们带来噩梦的是项羽。

击败田荣后，项羽又立田假为齐王。之后，项羽追亡逐北至北海，又坑杀田荣降卒，烧毁城池。在齐国，项羽将他在秦国干过的那些事情，又在齐国复制一遍，纵兵四处烧杀抢掠。

楚军的暴行激起齐国百姓的激烈反抗。齐人纷纷聚众反抗。原本可以速战速决的项羽，却因为他的战争暴行，陷入持久战而不能自拔。

身陷齐地不得脱身的项羽，却给了刘邦突袭楚国的机会。

项羽出兵齐国时，刘邦已经出陈仓道进入关中，率汉军征战三秦，其势力范围更是早已超过函谷关进入颍川深入中原，随时可以威胁楚国。

但项羽并未首先西进攻击刘邦，而是北上进攻齐国。原因并不是张良写的那封汉王欲得关中、如约即止的信。项羽不是三岁孩童，不会中这么侮辱智商的计策。

项羽之所以北上，不是西进，原因有二：

其一，刘邦在进入颍川后，并未继续东进，而是折返关中，返回栎阳去了。项羽认为在刘邦再次出关东进之前，他能平定齐地，之后再来迎战刘邦，就不会有后顾之忧。可他未想到由于他在齐地的倒行逆施，原本可以及时抽身，现在却深陷泥潭。

其二，齐国在西楚北面，在齐国已经成为反楚大本营之后，项羽需要首先解决来自侧翼齐国的威胁后，再去迎战刘邦。否则，楚军必将陷入汉军与齐军的前后夹击，腹背受敌。与汉军相比，齐国更弱，而且更近，先弱后强，先近后远，也符合军事作战的基本策略。

汉二年（前205）三月，刘邦开始行动了。

汉王刘邦首先率军从临晋渡过黄河，进入西魏国。魏王豹主动迎降。魏王豹会有这个态度，一点也不奇怪。因为西楚霸王项羽的梁楚九郡，其中的东郡与砀郡就是魏地，是从魏王豹这里夺走的。魏王豹要是对项羽有好感才怪呢！项羽戏下分封，昔日的六国旧君是重点打压对象。也因此，这些人是刘邦的重点拉拢对象。

汉王刘邦率汉军进入魏地，不是攻城略地，而是以反楚盟主的身份来与魏王豹谈联合作战事宜的。他们的讨伐对象自然是西楚霸王项羽。

与魏国谈好后，刘邦即率军从魏地的上党郡南下河内郡。这里是项羽所封的殷王司马卬的封地。殷王司马卬也是军功勋贵，与项羽出身相同，利益一致。司马卬能受封为王，完全是受项羽的恩惠。他是戏下分封的受益者。因此，面对汉军，殷王司马卬选择抵抗。

但是，还是之前说过的原因，殷王司马卬也是一郡诸侯。而刘邦在据有蜀地三郡又收复三秦四郡后，加上盟友韩国的颍川郡，再联合魏王豹的两郡，就有十郡之多。汉王刘邦作为汉、韩、魏三国盟主对殷王司马卬拥有十倍优势。

因此，殷王司马卬的抵抗，在汉王刘邦看来，微不足道。十倍优势简直就是实力碾压，降维打击，司马卬很快就战败被俘，沦为刘邦的阶下囚。

不过，刘邦不会想到，他的看起来一个十分平常的军事行动，却坑苦了一个人——陈平。

而陈平接下来的遭遇，生动地诠释了一个成语——城门失火，殃及池鱼。

因为殷国是陈平的责任区。殷王司马卬之前也不是那么听话，对项羽的专横跋扈也很有意见。项羽听说后，就派陈平带兵去殷国，做"说服教育"工作。在陈平率领的楚兵的"耐心教育"下，殷王司马卬重新归楚，还经受住了刘邦的政治诱降，只不过未经受住刘邦的军事打击，败下阵来。

陈平因对殷王司马卬"教育有功"，回去后就因军功被拜为都尉，赏赐黄金二十镒。谁知，陈平刚走，刘邦就来了。结果就是，陈平前期的所有努力，全部的工作成果，都因刘邦的到来，瞬间化为泡影。

项羽大怒，要对之前平定殷国的将吏进行追责。陈平听到风声，很是害怕，因为他是主要的责任人，真要追查起来，首当其冲的就是他。而陈平的反应也很符合他做事灵活、善于变通的性格，他才不会老老实实等待处罚。三十六计，走为上计。陈平挂金封印，不辞而别，挺身仗剑，亡命江湖。

在渡河时，船夫见陈平气质不凡，衣着华贵，又是孤身一人，就怀疑他是逃亡在外的显贵，身上肯定有值钱的东西。

　　船夫目露凶光，想要杀人劫财。陈平为人机敏，很快就觉察出船夫的意图，知道对方是想谋财害命。

　　身陷险地的陈平并未声张，而是不动声色地开始做一件不可思议的事情，脱衣服。直脱到赤裸上身，陈平才停下来，然后又主动过去帮船夫撑船。这就是陈平聪明的地方。知道对方想要图财，那就解开衣服，明明白白地展示给你看，我的身上未带金银珠宝，你不必大费心机。

　　而突然解衣，赤裸上身，总要找个说得过去的理由，化解彼此的尴尬，当然主要是船夫的尴尬，而帮船夫撑船就是最合适、最合理的借口。这么做既可以向对方暗示自己未带钱财，也可以避免对方因意图被看穿从而恼羞成怒、原形毕露，给对方留下体面。整个过程中，双方未发一言，却做到了全程的顺畅交流。

　　一场生存危机，就这么被陈平不动声色地巧妙化解，其关键时刻危机公关的能力也展现得淋漓尽致。在船上，是船夫的地盘，陈平完全是任人摆布的被动角色。船夫要杀陈平简直易如反掌，而且此时在船上，船夫只需在事后将人丢进河中，就能消除所有痕迹。

　　而陈平却能变被动为主动，解衣裸体，传递信息。与此同时，在对方谋财愿望未能实现之际，主动过去帮忙撑船，也是对船夫的一种抚慰，虽未得财，但至少得到一个帮手，也不是一无所获，如此一来，就能消除对方的杀意。

　　陈平来到脩武降汉，通过友人魏无知的引荐受到刘邦的召见。当时受召见的连陈平在内共有七人。刘邦只是例行公事般地做过简单的问询便下令赐食，这是要结束谈话的意思。因为赐食之后，前来投奔的人就要罢遣就舍。

　　自出关以来，慕名来投的人相望于途，刘邦多少有点麻木了。他也是人，也会疲惫厌倦。

　　同行的六个人已经告退，只有陈平不肯走。陈平知道，现在告退，以后再想见刘邦可就难了。机会只有今天，必须趁现在，向刘邦展示自己的才华。

于是，陈平故作神秘地说："臣有要事禀报，所言不可过今日。"陈平既然如此说，刘邦也只好留下来，听陈平究竟有何大事要报告。陈平哪里有紧急的事，他只是想有一个单独与刘邦交谈的机会。

不管是陈平，还是韩信，他们脱颖而出的方式都有点与众不同、异于常人，但他们的目的都是相同的，希望引起重视，受到赏识，得到重用。当然，他们最大的底气还是源自于自身出类拔萃的才能。

刘邦听说陈平是从楚营而来，便问陈平在楚军中做何官。陈平说做都尉。刘邦当天就拜陈平为都尉，令其典护三军。因为通过并不算长的交谈，刘邦对陈平的能力已经有了深刻的认识。他现在最需要陈平这种人才。至于为何需要，很快就会知道。

诸将得到消息，一片哗然。众人纷纷说："大王一日之间得到楚国一个逃亡的士兵，尚不知其高下，就与其同车而载，反使其监护军中长者！"刘邦听说后，反而对陈平更加宠信。

众将之所以如此激动，是因为陈平的新工作是督察军纪，而督察的对象就是他们这些"军中长者"。刘邦派来一个管束他们的人，这个人不是他们丰沛人，关系不熟，还受刘邦宠信赏识，那他们以后还怎么"作奸犯科，为非作歹"？维护军纪，对于任何军队都是十分重要的工作。

但在陈平来之前，这项工作不好展开，因为这是一个吃力不讨好还特别容易得罪人的差事。刘邦军中的高级将领又大多是丰沛老乡，特别容易抱团，平时都是你好我好大家好。即使有人犯错，也是相互包庇。但军纪是军队战斗力的保证，是必须维护的。既然老乡管老乡行不通，那就只能请外人来管他们。陈平就是刘邦请到的外人。

至于说为何陈平适合这个监护众将的职位，那还要从陈平的传记中寻找答案。史书记载，陈平在家乡时，里中举行社祭，陈平负责将祭祀用过的肉分给大家。

那时平民百姓一年到头也难得吃上几次肉，所以形容平民生活的时候常常用到的一个词叫布衣蔬食。老百姓只穿得起粗布衣服，以蔬菜为食，肉在平时是吃不起的。因此，分肉就是一个极为重要又极度考验人的工作，分多分少很容易出现纠纷，几乎很难做到人人满意。

但是，陈平分肉就能做到公正公平，令大家都满意。家乡父老也都称赞陈平，肉分得好。陈平听后，不由得发出感叹，说要是由我管理国家，我也能如分肉这般做到公正公平，将国家治理得井井有条。这个写进陈平传记里的小故事，不是平白无故写在那里的。写这个小故事是有用意的，就是暗示陈平执法公平，为陈平监护众将埋下伏笔。

汉王刘邦率诸侯联军南渡平阴津，至洛阳新城。当地的三老董公拦住刘邦的车驾说："臣闻'顺德者昌，逆德者亡'，'兵出无名，事故不成'。古人有言：'明其为贼，敌乃可服。'项羽暴虐，放杀其主，天下之贼。仁不以勇，义不以力，大王宜率三军之众为义帝素服发丧，告谕诸侯共同起兵讨伐项羽，则四海之内莫不仰德，此三王之举也。"

于是，汉王刘邦为义帝发丧，袒而大哭，哀临三日，发使告诸侯："天下共立义帝，北面事之。今项羽放杀义帝于江南，大逆不道！寡人悉发关中兵，收三河士，南浮江、汉以下，击楚之杀义帝者！"

刘邦以为义帝报仇为旗帜，号召诸侯共同出兵讨伐项羽，首先在政治上抢占制高点。项羽弑君众所周知，以此讨伐，名正言顺。

况且，昔日楚怀王熊心对刘邦也多有关照。刘邦这么做也有真情实感，并不全是政治策略。

从现实角度考虑，项羽据有梁楚九郡，实力过于强大。即使是占据巴、蜀、关中的刘邦在单独面对项羽时也不占优势，更何况那些只有一两个郡的诸侯，而项羽在戏下分封时，十之七八都是这类诸侯。他们的实力过于弱小，早晚会为人所并。抱团取暖，联合起来对抗项羽是他们最后的出路。刘邦与各路诸侯之间，相互都需要对方。

他们都希望利用对方的力量来与项羽对抗。形势显而易见，他们不联合讨伐项羽，早晚项羽也会出兵吞并他们。与其坐以待毙，不如主动出击，既然有刘邦做首领，他们自然也愿意跟进。

先发制人，后发制于人。

与其等项羽杀过来，不如主动打过去，况且还有这么多的诸侯友军，总比到时孤军抗击强楚要好得多，胜率也会大得多。

虽然名义上是为义帝报仇，实际上，却是刘邦与项羽之间的争霸战争。

此时，天下诸侯虽多，但有实力争霸的，只有刘邦跟项羽两人。

从实力上看，形势十分明显。这时，刘邦占据巴、蜀、关中七郡之地，再加上刚刚平定殷国新设的河内郡以及亲信盟友韩国的颍川郡，刘邦也占据九郡之地，与项羽的梁楚九郡，实力相当。天下总计四十四郡。刘邦跟项羽占据的以及能施加影响的就超过二十个郡，占到半数。那些只有一两个郡的诸侯，只能在刘邦与项羽之间选边站。

汉王刘邦的使者来到赵国，直接来见陈馀，却不理会赵王歇，因为谁都知道，赵国此时真正掌权的人是陈馀。刘邦希望陈馀加入反楚联盟，共同讨伐项羽。这符合陈馀的利益，因为戏下分封时，陈馀就在事实上与项羽决裂。陈馀与张耳反目成仇之后，项羽封张耳为王，却只封给他三个县，这导致陈馀对项羽怨念极深。陈馀在田荣的援助下驱逐张耳，等于与项羽翻脸。

如今资助他复国的田荣被项羽所杀，照目前的形势看，项羽是不会放过他与彭越的。他跟彭越与项羽也早晚必有一战。

现在刘邦主动邀请他，对陈馀而言是求之不得的好事，大家一起上，总比他一个人直面项羽要好。陈馀很想加入刘邦阵营，但他也有要求，那就是刘邦必须杀掉他的敌人张耳。陈馀明确地对使者说出了他出兵的条件，汉杀张耳，赵兵乃出。曾经的刎颈之交，如今却成为必欲置对方于死地的仇敌。

刘邦当然不会杀他的朋友张耳，但他也想争取赵国。那该怎么办呢？会有两全其美的办法吗？刘邦还真想到一个办法，他令人去找了一个与张耳长相相似的人，杀了。然后，刘邦派人将假张耳的人头送给陈馀。陈馀验看之后，立即发兵。

史料上说，刘邦送去的假张耳的人头成功骗过了陈馀，很多人也这么认为。然而，事实果真如此吗？陈馀这么好骗吗？这当然不是事实，陈馀也没那么好骗。陈馀与张耳朝夕相处数十载，张耳化成灰，他都认得。陈馀又怎么可能被一个假张耳的人头蒙骗过去。真相只有一个，陈馀是故意的。

刘邦收留陈馀的政敌张耳是众所周知的事情。这种情况下，陈馀怎好答应与刘邦合作？但出于自身利益考虑，他又十分想加入刘邦的联军。刘邦跟他的谋士猜透了陈馀的心思，这才想出以假张耳的人头李代桃僵之计。

这么做，不是为了骗陈馀，恰恰相反，是给陈馀找一个台阶下。陈馀何其聪明，立马心领神会，明白了刘邦的用意，虽然他对此也有不满，但相对于杀张耳，他更希望立即加入刘邦的反楚联盟，先解决项羽解除生存危机才是首要考虑的，至于他跟张耳的仇恨，来日方长，可以慢慢地算。

双方心照不宣，彼此配合默契。

陈馀并未被假张耳的人头欺骗，还有一个最有力的证据，那就是不久之后，刘邦彭城兵败。陈馀马上就宣布刘邦送来的人头是假的，张耳没死，随即与汉决裂。这说明，陈馀从一开始就知道人头是假的，之前只是装作不知，为的是加入刘邦大军，共同反楚，讨伐项羽。彭城之战后，眼见刘邦败走，陈馀不再需要联合刘邦，在此时宣布假张耳人头事件，以此为由，脱离刘邦，就是最好的借口。能成为一路诸侯，陈馀哪有那么好骗！陈馀跟刘邦是一类人，他们玩的都是套路。

在戏下分封中，受到项羽压制的韩、魏、赵，在发现有实力与项羽一较高下的刘邦后，便纷纷选择加入，希望刘邦能替他们出头。站队刘邦符合他们的利益。

至此，韩、魏、赵都倒向刘邦，汉军声势大振。刘邦也已经做好东进的准备，与项羽彭城争霸。

刘邦已经准备好了。项羽呢？他准备好了吗？项羽准备了，但他确实未做好。原因是他未曾想到齐国居然会这么难对付。

项羽如今的困局其实都是咎由自取。因为两个想不到，他想不到刘邦会这么快进入关中扫平三秦，他也想不到会在齐地耽搁这么久。

项羽想不到刘邦会这么快重新占据关中，但那是因为他坑杀二十万秦军降卒又在关中纵火抢掠，导致他在三秦人心尽失，与他反其道而行之，入关以后秋毫不犯、与秦民约法三章的刘邦才能那么快重占关中。

项羽想不到齐人的抵抗会这么顽强，但那是他在齐地坑杀降卒又纵兵抢掠的缘故。田荣被平原百姓所杀，本身就说明田荣在齐国不得人心，但项羽在齐地的倒行逆施帮了田荣的弟弟田横的大忙。齐人为反抗项羽，才选择力挺田横与楚对抗。

田荣被杀。田荣之弟田横，立田荣之子田广为齐王，以为号召，反抗楚军。项羽得到刘邦率诸侯联军东进的消息，却因为与齐的战事陷入胶着难以脱身。他想先结束与齐的战争，稳住侧翼，再去对付刘邦。但刘邦进兵的速度，快到超出他的想象，大大出乎他的预料。

当时的形势是北面诸侯如燕、代诸国与南面诸侯如九江、临江诸国并未站队，而是不约而同地都选择作壁上观。

只有中原的韩、魏、赵卷入其中，它们都选择加入刘邦阵营。东面的齐国虽未站队，但它在此期间一直与楚军作战，在事实上等同于汉军的友军。中原的四大强国韩、魏、赵、齐等于一边倒地投向刘邦，项羽的西楚被彻底孤立。

汉二年（前205）四月，汉王刘邦大会诸侯，组成联军讨伐西楚，诸侯军对外号称五十六万。在关中，刘邦驻军霸上十万人，号称二十万；项羽诸侯联军驻军鸿门四十万人，号称百万。以此推之，这次，刘邦的诸侯军总兵力在二三十万。

刘邦决定大军兵分三路，会攻彭城。

北路军主将曹参、灌婴、樊哙率军出击定陶，从北面包抄彭城。刘邦进军至外黄时，与彭越在此相会。彭越及其所部三万人也在北线配合汉军作战。

南路军由刘邦妻子吕雉的哥哥吕泽率将军薛欧、王吸领兵出武关从南面包抄彭城，同时防备更南面的楚系三王北上增援西楚。

中路军由刘邦亲自率领汉军及诸侯军主力东进，从正面突击西楚，直取彭城。

北路军在曹参、灌婴率领下在定陶大败在此阻击的楚军龙且、项它部后，乘胜追击。汉军追至胡陵，在此分兵。曹参、灌婴率军南下与刘邦会师合击彭城；樊哙则率部继续东进，先后攻占彭城北面的邹、鲁，就地构建阻击阵线，防备项羽南下回师彭城。

南路军在吕泽的率领下突破楚军在阳夏的外围阻击防线，一路向东推进至彭城西南的砀县、萧县。其中，砀县是吕氏的家乡也是其主要的势力范围。吕泽军的职责是防御外围，阻击黥布等南方楚系诸侯对彭城可能的救援。

在南、北两路军的紧密配合积极策应下，刘邦率中路军狂飙突进，势不可当，一路突击，顺利攻进项羽的大本营西楚都城彭城。此时距项羽戏下分封刚好一年。一年前，刘邦被项羽发配到遥远闭塞的巴蜀。一年后，刘邦率军成功反杀占领项羽的彭城。

强势逆袭，逆风翻盘，一年，刘邦只用了一年。

从郁郁不得志受项羽压制，到意气风发踌躇满志，可能连刘邦自己都想不到，转变竟来得如此之快。

大胜之后，自然要隆重庆祝，得意之后忘形一下，也是很有必要的，毕竟之前压抑了那么久，刘邦也需要发泄发泄，放松放松。

刘邦就在彭城项羽的宫殿里与诸侯置酒高会，日夜宴饮。于是，不少人就此认为刘邦之后惨败，就是因为此时纵酒欢会，放松警惕，才被项羽抓住机会偷袭得手。如果刘邦做好准备，两军正面较量，至少不会败得那么惨、那么狼狈。有这种想法不奇怪，因为史料这么写，就是希望你这么想。因为置酒高会，才被偷袭，才遭败绩，这么写才是为失败找借口。不是在正面对抗中失败，是因被偷袭才导致兵败，这么写才不至于那么丢脸，至少有个说得过去的理由。

而从刘邦三路进兵，南、北两线防御，中路突击的战前部署来看，整个彭城战役期间，刘邦一点也未大意。对手可是项羽，他也不敢大意。

刘邦在南、北两个方向上同时布置防线，北面防项羽的反击，南面防黥布的救援。彭城外围的砀县、萧县也有驻军，刘邦层层设防，处处布兵，怎么也看不出他的大意轻敌，反而是充满警惕，严阵以待。刘邦在彭城确实置酒设宴，款待诸侯，宴饮欢会，大肆庆祝，但取得如此大胜，饮酒欢庆，只是寻常操作，毕竟，生活需要仪式感，该有的仪式都要有。但这并不代表刘邦放松警惕。

刘邦料到项羽会反击，但他未料到，项羽的反击会来得这么快、这么猛，出现的方向又这么的出人意料，不是从他预想的东面，而是从他想不到的西面。

刘邦在北线设置的预警系统，在邹、鲁一带布防的樊哙军未起到预警的作用，就在项羽军的闪电突击下次第崩溃，土崩瓦解。

刘邦从誓师出征到攻占彭城，千里突击，用时仅一月有余，堪称古代步兵闪击战的经典范例。然而，很快，项羽就用古代骑兵闪击战的模范战例予以回敬。刘邦进击的速度已经很快。但项羽反击的速度更快，因为刘邦突击的主力是步兵，项羽闪击的主力是骑兵。

兵贵神速。彭城之战双方都主打一个快字。刘邦千里奔袭，仅用一月，快。而项羽击溃刘邦仅用一天，更快。以快制快，是决定彭城之战胜负的关键，项羽的骑兵面对刘邦的步兵，在速度上，优势尽显。因为骑兵对步兵最大的优势就是速度。

项羽在得知彭城失守后，并未慌乱，他麾下的十余万楚军也未发生动摇，这点确实不可思议。

即使在知道后方有失的情势下，项羽依然未放弃攻略齐国的计划，他令部将率主力继续留在齐地围攻田横的齐军。

项羽则亲率三万精锐骑兵回师彭城，反击刘邦。

刘邦之所以能在一月之中快速突进，一个重要的原因在于以彭城为中心的江淮楚地，大都是平原旷野，缺少名山大川，交通更是四通八达，因而易攻难守。攻的容易，想守住也很难。

换成项羽进攻，就更容易，因为他的速度更快。樊哙的部队只能守住重要的城池，在此之外的地区，他防不住。

平原上，项羽的骑兵部队可以纵横驰骋，尽情穿插。步兵在平原与骑兵野战很吃亏，打赢追不上，打输跑不了。在大多数情况下，步兵在平原对骑兵基本是败多胜少，只能依托城池固守。

但项羽的目的不是攻城而是快速迂回穿插，对沿途的这些小城，项羽没兴趣，他在意的是彭城以及城里的刘邦。彭城跟刘邦才是他的目标。

樊哙的平原防线四处漏风，防不住来去如风的楚军铁骑。

项羽率三万骑兵急速南下，先是在鲁地在野战中击败阻击的樊哙军，然后一路击溃沿途樊哙设置的防线，绕过胡陵，一路向南，穿插迂回到彭城西面的萧县。

清晨，项羽的攻击开始。刘邦的噩梦也就此开启。

项羽率三万楚军铁骑自西向东展开雷霆闪击，从萧县到彭城，沿途的汉军及诸侯军，在缺乏准备的情况下、在楚军的迅猛攻击下，次第崩溃，一个接一个被冲垮。刘邦在仓促之间匆忙组织汉军及诸侯军出城反击，向西迎战项羽。结果尚未见到楚军，在如潮败兵的冲击下，刘邦大军就阵脚大乱，在接下来与楚军的对战中也很快败下阵来，联军士气大挫，军心已乱，纷纷溃逃。

兵败如山倒，这时，刘邦已经止不住颓势，想进城防守也不现实，因为士兵们都在逃。刘邦也只能顺势率部撤退。

但撤退很快变成溃退，步兵在平原是跑不过骑兵的。追击也很快变成追杀，失去阵型四散奔逃的步兵，成为骑兵最满意的追杀对象。很快，汉军步兵便在楚军骑兵的肆意追逐下，尸横遍野，溃不成军。

虽然汉军的人数是楚军的十倍，但骑兵的机动性强的优势在平原上得到全面展现，反而在局部形成以多打少。组织不起防守阵型一心只想逃跑的步兵则只能任由骑兵屠杀。

楚军是从西面、北面杀过来，因而汉军的逃跑方向是向东、向南。然而，南逃的路上横着三条大河，依次是泗水、穀水、睢水。溃败的汉军被楚军逼入泗水，溺亡被杀者不计其数。才过泗水，又遇穀水，还是相同的过程，渡过穀水，汉军损失十余万。

汉军接着南逃，在灵璧以东的睢水，又被追上。十余万汉军被挤入睢水，很快，睢水为之不流，因为尸体过多已经将河道堵塞。

项羽以三万楚军对阵刘邦近三十万诸侯军，仅用一天就将其彻底击溃。项羽在彭城之战中的远程奔袭、闪电出击，成为骑兵大范围机动远程突袭的典型战例。

经历泗水、穀水、睢水三次水上追杀，汉军伤亡惨重。刘邦身边剩下的部队已然不多，此时更是被楚军重重包围，岌岌可危。

千钧一发之际，突然，一阵大风从西北而起，飞沙走石，折木发屋，原本是白天，却因扬起的飞沙变得咫尺难辨，漫天烟尘，楚、汉两军彼此都看不清对方。此时不走更待何时，刘邦抓住机会，仅率数十骑突围而出。

冲出重围的刘邦并未远走，他此行还有一个重要目的，那就是接走自己的家人。兵进彭城之时，以为胜券在握，刘邦就未急于去接家眷，来日方长。

谁承想，仅仅一天，数十万大军便土崩瓦解，这个结果，刘邦做梦也想不到，更令他崩溃的是，这一切都发生在他眼前，他目睹自己的部队被项羽的骑兵追杀，被成批地赶进河里，那番惨景令人不忍直视。

但刘邦还来不及悲伤，便率人急匆匆往家赶。他十分清楚项羽的为人，突袭彭城之后，他与项羽已是战场上你死我活的仇敌，他的家眷又在楚地，项羽必然要对他的家人下手。为了不让他的家人重蹈数十万大军的覆辙，刘邦发疯般地朝沛县老家赶，去接人。

与此同时，另一批人也在前往沛县刘邦家的路上。不过，他们的目的与刘邦正好相反，去抓人。这些人正是项羽派去抓捕刘邦家眷的人。两拨人先后赶到沛县，但是他们都未找到人。刘邦的妻子吕雉与一双儿女不知所终。

刘邦的妻子吕雉可不是普通妇人，其见识与魄力甚至连刘邦都自愧不如。楚汉战争，彭城激战，发生这么大的事，吕雉怎么可能还会稳坐家中等人来抓。这个时候，肯定要逃的呀。

刘邦幸运地在逃跑的路上遇见自己的一双儿女，儿子刘盈跟鲁元公主。刘邦将两个孩子抱上车，一起跑。事情到此，还很正常，一幅父慈子孝的温馨画面。

但转眼间，情况就发生变化，楚军的骑兵追上来了。

于是，接下来，画风突变，饱受争议的推孩子事件上演。刘邦见追兵将近，为加快车速，狠心地将刚刚重逢的两个亲生骨肉推下车。刘邦的御用车夫夏侯婴见状，赶忙停下车，又将两个孩子抱上来。但走出不远，相同的情况再次上演，刘邦又把孩子推下去。夏侯婴又停车，下去将两个孩子重新抱上车。如是反复再三，气得刘邦当场暴走，拔剑就要砍夏侯婴。刘邦的剑已经架到夏侯婴的脖子上了，但他终究还是下不去手。一个豁出性命保护他孩子的人，刘邦也不忍杀。

虽然楚兵追得紧，但夏侯婴凭借高超精湛的驾驶技术，还是成功摆脱追兵。吕雉的儿子刘盈跟女儿鲁元公主因此得以保全。

对危急时刻，夏侯婴的救命之恩，吕雉母子始终念念不忘。多年以后，已是汉惠帝的刘盈下令将汉宫北面最靠近皇宫的一处宅邸赐给夏侯婴，并为府邸取名"近我"，相当质朴，又充满信任与温情。

但其实，这个故事还可以有不同的解读。刘邦推子也可能是他与夏侯婴演的一出苦肉计。很多人忽略了一个重要的事情。那就是，返回沛县接家眷的可能不止刘邦。因为刘邦起家的班底是丰沛人，所以由此形成的刘邦阵营的骨干也被称为丰沛功臣。那就是说，不仅刘邦的家属在沛县，他手下的众多重臣的家眷也在沛县。刘邦回来接人，这些功臣当然也会带上自己的家人。

然而，重点来了。兵败仓促之中，连刘邦的家人都走散了，其他人的情况也好不到哪去。楚兵紧随其后，刘邦带着儿子刘盈跟女儿鲁元公主一起逃，人多车速自然会慢下来，而其他人不可能丢下刘邦，只能跟着一起放慢速度，这势必拖累到大家，再加上，很多人都与家人相失，再看着刘邦带着儿女连累众人，大家嘴上不说心里也会埋怨。

刘邦推子下车，只是要堵众人之口。儿子是必须要救的，部下也是必须要安抚的。那就只能演戏了。刘邦与夏侯婴配合默契，一个往下推，一个往上抱，反复多次，见此情形，大家也就不好再多说了。

数百年后，刘备在当阳长坂坡当着赵云以及众多部下，也上演过相似的剧情。刘备将赵云在万军丛中舍命救出的阿斗轻轻举起，做出要摔掷的动作，边做动作还边说，为了你险些折我一员大将，赵云深受感动赶紧接过孩子，对刘备说，主公大恩，云虽肝脑涂地，不能报也。这就是刘备摔孩子的故事。后人据此又生出一句妇孺皆知的歇后语，刘备摔孩子——收买人心。

其实，刘邦推孩子跟刘备摔孩子，都是在演戏，演给部下看的。尽管是在演戏，但这里面也有真情实感。

最终，刘盈与鲁元公主在夏侯婴的保护下，成功脱险。相比之下，他们的母亲吕雉的运气就差多了。吕雉与孩子们是分开跑的，当然更大的可能是在逃难途中失散。刘盈他们遇上的是刘邦，而吕雉遇上的却是楚兵。于是，吕雉就做了楚军的俘虏，同她一起被俘的还有刘邦的父亲以及审食其。

这个审食其是很有必要说一下的。审食其是刘邦的沛县老乡，汉朝建立后，他也同众多丰沛功臣一起封侯，后来甚至还被拜为左丞相。丰沛功臣封侯的很多，拜相的也不少，但审食其是相当特别的一个。别人立功靠攻城略地、靠出谋划策、靠游说诸侯折冲樽俎，只有审食其与众不同，他能封侯拜相，靠的是陪伴。他陪的那个人就是吕雉。

彭城之战，吕雉被俘，之后便一直被关押在楚营，直到楚汉鸿沟议和才被放回，整个楚汉战争期间，吕雉基本上都是在楚营以囚徒身份度过的。在三年漫长的战俘岁月中，只有审食其不离不弃，一直陪伴在吕雉身边，给她温暖，予她慰藉。长久的陪伴下，吕雉与审食其的关系也慢慢发生了微妙的变化。不要多想，他们之间只是纯洁的友谊。

册立太子　稳固后方——外戚吕氏

　　刘邦在彭城兵败后，一路退向西北，来到吕泽驻军的下邑。吕泽是吕雉的哥哥，这是一个被刻意抹去痕迹的大功臣，不只是他，因为后来发生的那场"诸吕之乱"，吕氏宗族在反秦以及整个楚汉战争中的很多功绩都被人精心"修改"过。抹去的很多很多，留下的很少很少，但就是这些为数甚少的痕迹，还是能从中窥探出当年吕氏宗族的强大。

　　刘邦能在反秦起义中，从群雄中迅速脱颖而出，靠的可不只是他自己以及他的沛县老乡，还有来自砀郡的吕氏的帮助。

　　之前说过，刘邦与吕雉的婚姻是典型的政治联姻，双方各取所需，强强联合，结果就是双赢，相互成就。如果不是后来吕雉想搞赢者通吃，如果不是吕雉的吃相过于难看，吕氏在台上的时间还会更多。刘邦娶的是吕雉，得到的是吕氏宗族的倾力相助。虽然是双赢的婚姻，但显然，刘邦得到的更多。

　　当初，刘邦为何要率众人进芒砀，原因不仅仅是因为芒砀是附近为数不多的大山，也因为芒砀所在的砀县是吕氏的势力范围，在这里刘邦才有

176

立足之地。刘邦跟他的数百部下是靠着吕氏的持续补给才存活下来。而在芒砀加入刘邦队伍的人，很多人最初也并不是冲刘邦而是冲着吕氏才来投奔的，比如后被封为曲城侯的蛊逢是当时知名的剑客，就被明确记载是吕泽的部将。他便是在此时率三十七人来投。

蓼侯孔聚、费侯陈贺在垓下之战中协助韩信围攻项羽，立下大功，他们也是在芒砀投奔刘邦，但正式加入是在刘邦称汉王后，以左司马的身份并入汉军。汉承秦制，韩信在汉中申军法，即以秦制作为封赏拜爵的依据。左司马属于楚制，当时只有吕泽的部队仍行楚制，所以，他们在补入刘邦军之前，很可能是吕泽的部下。

刘邦起兵于丰沛时，兵力不过三千，而且很快遭到丰邑土豪雍齿的背叛。这对刚刚起步的刘邦来说是一次巨大的沉重的打击。刘邦带着三千沛县子弟去反攻丰邑，却遭到雍齿带领的丰邑人的顽强抵抗。攻城受挫后的刘邦带着三千沛县兵又去攻打砀县，却只用三天就攻下了。

砀县的实力在丰邑之上，刘邦却能赢得如此轻松。有对比才有真相，才在丰邑打败仗，转身去砀县就能轻易取胜。联系到刘邦队伍中很多人来自砀县，再联系到刘邦妻子吕雉的家就在砀郡，刘邦在砀县的胜利，靠的应该不仅仅是他自己，吕雉背后的娘家人吕氏家族也应出力甚多。

更重要的是，被丰邑背叛，攻城又败的落魄的刘邦，在砀地却得到壮大补充，很快招到六千砀兵。之前，刘邦只有三千沛县子弟，现在突然就得到六千砀兵，兵力瞬间就达到之前的三倍，这其中，砀兵的人数是沛兵的两倍。此时，刘邦的九千人中砀兵就占到三分之二，远远超过丰沛子弟，谁才是骨干，谁才是中坚，谁才是中流砥柱，看兵力构成就一目了然了。

在刘邦军中上层多是丰沛人，但砀兵如此之多，相应的砀人以及吕氏亲信成为高级将校的比例也不会低，而这些人与吕氏的关系自然不会浅，甚至可以说渊源极深。

　　吕氏在刘邦起兵之初以及遭遇挫败之际的鼎力扶持是刘邦能迅速走出低谷重获新生的关键。吕氏在当时以及后来的政治地位靠的都是实力。

　　刘邦讨伐项羽是分道而进，最初出关也是如此，刘邦率汉军主力东出函谷关会合韩、魏、赵诸侯从正面进攻。吕泽率薛欧、王吸领偏师出武关，主要目的是配合刘邦军，同时也负责去接留在沛县的家眷。

　　以薛欧、王吸的资历跟威望是不会成为南出武关的汉军主将的，有能力跟威望与刘邦异道而进的只有吕泽。还有一个事情可以证明，那就是沛县土豪王陵的归附。王陵作为沛县的土豪，对刘邦当初在沛县的事情一清二楚，刘邦当年也是管王陵叫大哥的。尽管现在刘邦不同以往，王陵还是不愿去投奔当初的老弟。但吕泽出关后，王陵就来投奔了。王陵直接投奔的不是刘邦而是吕泽。

　　与王陵有相似表现的还有丰邑土豪雍齿。这个人当初害惨刘邦又投降归顺，也是吕泽麾下。两个丰沛土豪，对归附刘邦极不情愿，直到迫不得已才投降，投的也是吕泽，不是直接投刘邦。他们的反应已经很能说明吕泽在汉军中的重要地位。

　　吕泽在率军进入砀郡后，并未同刘邦一起会攻彭城，而是留守下邑。这很可能是刘邦与吕泽在战前作的战略部署，吕泽军作为预备队在外围负责策应，正是这个决定救了刘邦的命。

　　刘邦的部队在彭城折损殆尽。吕泽的部队则基本未受损失。刘邦正是在吕泽这里得到休整补充才迅速恢复的元气。史书对吕泽的评价是"佐高祖定天下"，在刘邦的众多功臣中能得到这么高的评价的只有萧何、张良跟陈平。也就是说，吕泽至少跟这些人是平起平坐的。

　　吕泽的功绩因为史料的缺乏，已难觅其踪，他的部下仍有迹可寻。

　　楚汉战争结束后，刘邦夺取天下，酬功定封，首批受封的功臣有十八人，也称汉初十八侯：

　　酂侯萧何第一；平阳侯曹参第二；宣平侯张敖第三；绛侯周勃第四；

舞阳侯樊哙第五；曲周侯郦商第六；鲁侯奚涓第七；汝阴侯夏侯婴第八；颍阴侯灌婴第九；阳陵侯傅宽第十；信武侯靳歙第十一；安国侯王陵第十二；棘蒲侯陈武第十三；清河侯王吸第十四；广平侯薛欧第十五；汾阴侯周昌第十六；阳都侯丁复第十七；曲成侯蛊逢第十八。

这其中与吕泽及吕氏关系紧密的，就有排在第十一的信武侯靳歙与排在第十二的安国侯王陵，排在第十七的阳都侯丁复与排在第十八的曲成侯蛊逢，更明确是吕泽的部将。

此外，排在第五的舞阳侯樊哙是吕雉的妹夫，排在第三的宣平侯张敖是吕雉的女婿。

十八位功臣侯中，与吕氏有渊源的就占到三分之一。

沛县起兵时的补给资助，丰邑受挫时的及时补兵，彭城惨败时的下邑救护，这些都是吕氏的功劳。凭啥吕雉能当皇后，凭啥她的儿子刘盈能做皇帝，就凭这些，理由已经足够充分。

五月，刘邦率军从下邑退守荥阳。

六月，在击退追兵稍稍稳住阵脚后，刘邦便匆匆返回关中的国都栎阳。他匆忙从前线返回，只为干一件事，一件大事，册立太子。

当月，汉王刘邦正式册立吕雉之子刘盈为太子。

出关之时踌躇满志要与项羽彭城争霸一争高下的刘邦，在经历彭城之战的惨败后，几乎是瞬间又跌入谷底。一次又一次的人生低谷，吕氏总是会及时出现，帮助刘邦，走出困局。在沛县有吕雉，在下邑有吕泽，刘邦知道他能有今日之威势，吕氏功劳甚大。他要东山再起，依然离不开吕氏的扶助。当务之急是要重振旗鼓，稳住基本盘，再与项羽较量，而刘邦最重要的基本盘就是与他深度绑定的吕氏宗族。

刘邦立儿子刘盈做接班人，就是做给吕氏宗族，做给吕泽他们看的，立刘盈为太子，以慰吕氏之心。

尽管吕雉被俘，但吕家的地位丝毫未受影响，不降反升，因为此时吕氏的代表还不是吕雉而是她的哥哥吕泽。只要吕泽还在，只要吕泽的部队还在，只要吕氏的部将还在，吕家的势力就在。

吕雉并不是刘邦最喜欢的女人，刘盈也不是刘邦最喜爱的儿子。但吕雉能在刘邦称帝后成为皇后，刘盈能再被立为太子后顺利继位，只是吕氏的实力使然，更是刘邦不得不做出的酬报。

刘邦发迹之前，就有情妇曹氏以及私生子刘肥。他成为沛公及至汉王，身边的女人就更是不计其数。刘邦的身边从不缺女人，相应的他也不缺儿子。

刘邦此时最喜欢的女人是戚夫人，最喜爱的儿子是戚夫人所生的刘如意。

但不管是情妇曹氏及其子刘肥，还是受宠的戚夫人及其子刘如意，都丝毫不能撼动吕雉及其子刘盈的地位，因为在吕雉母子背后有强大的吕氏宗族做靠山。

吕雉从来不是一个人在战斗！

吕雉及其子刘盈的地位靠的不是刘邦的宠爱而是吕氏宗族的实力。

在多如牛毛的古装剧中，涉及宫廷斗争时，常常能听到的一个词叫母以子贵。嫔妃因生子而受宠，地位提升，进而母仪天下。其实，母以子贵大多数时候是错的。这句话反过来说更合适，子以母贵。母亲受宠，儿子才有地位。

但受宠的戚夫人母子虽然也对太子之位发起过冲击，也一度在表面上对吕雉母子形成威胁，但那只是表象。刘邦即使后来贵为皇帝，也做不到任意妄为，他也要屈从于现实，这个现实就是强大到令他不得不正视、不得不妥协的吕氏外戚势力。

任何时代，自身实力的强大才是最大的底气。

太子刘盈最大的靠山是他的舅舅吕泽。只要吕泽在，只要吕泽在外带兵，刘盈的地位就是不可撼动的，就是稳固的。

　　这番情景与后来的武帝朝很像，汉武帝刘彻后来也不喜欢年老色衰的皇后卫子夫，更不喜爱性情仁弱的太子刘据。但只要太子刘据的舅舅大将军卫青在，太子的地位就稳固，也没有谁敢欺负太子，打太子的主意。大将军卫青死后，太子刘据才被人惦记上，被人欺负，才会有巫蛊之祸。吕泽在时，戚夫人也不敢在刘邦面前表演一哭二闹三上吊的传统艺能为她儿子争位，这些事情都发生在吕泽死后，所以说，稳固的靠山对太子而言，至关重要。

　　吕氏外戚的强大还不仅仅是自身的实力以及在刘邦创业过程中的多次助力，更在于吕氏与刘邦起家的功臣集团的深度绑定。不仅外来归附功臣如汉初三杰之一的张良支持吕氏，连被刘邦视为心腹的丰沛功臣中的周昌都明确站队吕雉母子。树大根深的吕氏外戚是刘邦争霸大业中的坚强后盾。

　　但吕氏的支持也是有条件的，那就是必须让有吕氏血脉的刘盈上位才行。这就是刘邦在彭城之战后匆忙册立刘盈做太子的原因，此时他特别需要吕氏的鼎力相助，比以往任何时候都需要，因为前线已经吃紧，后方更要稳固，不容有失。册立刘盈做太子，以换取吕氏的全力支持，对大家都有好处，属于双赢。

下邑画策　封建关东——策反黥布

刘邦在册立刘盈为太子时，还令在关中的诸侯的儿子都去栎阳陪太子。这些诸侯的儿子自然是被送到关中做人质的，具体都有谁不清楚，但刘邦显然未看到质子的效果。因为几乎所有之前随他去彭城的诸侯都反水了。

仅仅一个月之间，刘邦就从被诸侯众星捧月的盟主，变成被诸侯抛弃的过气盟主。诸侯眼见刘邦大败，项羽强势，纷纷远离刘邦，做起墙头草，转身就去投项羽。

戏下分封时，西楚霸王项羽是诸侯盟主，主持分封。仅仅过了一年，刘邦就成为新盟主带着一群诸侯打进项羽的彭城。但刘邦也未能得意多久，就被项羽击溃，一败涂地。

军事失利的刘邦很快也品尝到了众叛亲离的滋味。魏王豹突然就有"家人生病"要回去照顾，然后一去不返。赵国陈馀也"突然发现"之前刘邦送来的张耳的人头是假的，并以此为由与刘邦决裂。

彭城一战也让刘邦对自己的能力有了更清醒的认识，惨痛的失败，使他明白，仅靠他自己是很难打败项羽的。但那些六国旧君又指望不上，只能依靠军功勋贵为主体的新诸侯。

刘邦召集群臣会议，表示函谷关以东的地方，他都不要啦，只要有人能与他共讨项羽，事成之后，关东之地就作为封赏。有谁可建此大功？张良说："九江王黥布，楚之枭将，与项王有隙；彭越与齐共反梁地。此二人可应目前之急。而汉王的将军中，只有韩信可属大事，独当一面。既要封赏，不如封赏此三人，则楚可破也！"

刘邦拿出封赏的关东地区主要就是项羽的梁楚九郡。刘邦可真是大方呢！用项羽的地盘作人情，这应该是楚汉争霸中刘邦画的最大的一张饼。

尽管是画的饼，但只要足够大，也能吸引人。

最终被引来吃饼的有三个人，分别是黥布、彭越跟韩信。就是张良献策中提到的三人，他们都吃下了刘邦画的饼，但最终又都被迫吐了出来。画饼只能暂时充饥，却消化不了。因为画饼，终究只是画饼。

张良的献策其实包含着两套方案，一套应急，一套定局。

应急方案的名字叫黥布，还有一个附件叫彭越，这个方案的内容顾名思义，它的作用就是应急，应对当前的危机，先击退项羽的凶猛攻势，稳住阵线。

定局方案的名字叫韩信，定局即确定胜局。刘邦最终能战胜项羽靠的就是这个方案。只有韩信才能帮刘邦从根本上击败项羽，夺取胜利。

此时，彭越作为刘邦的友军仍在梁地率部与项羽进行他最擅长也最拿手的敌后游击战。大将军韩信则仍在关中围困顽强固守作困兽之斗的章邯。他们已经被争取过来，并正在发挥作用。

真正被用来应急的方案只有黥布，而这个黥布现在是项羽的人，至少表现上是，当前刘邦要做的就是把黥布从项羽阵营拉过来。

目前，能迫使项羽减弱攻势撤军回援的最快速、最有效的办法，就是让他的后院起火。而黥布就是那个放火的人，他是最合适的人选。

刘邦如何才能争取到黥布呢？其实，方法也很简单，以利诱之。

一直以来，刘邦用的都是这个套路。韩信为何从项羽那边跑过来？就是不受重用。项羽不用韩信，刘邦重用韩信。刘邦从来不吝惜对人才的赏赐。因为刘邦明白一个最简单最易懂却又最难执行的道理，将欲取之，必先予之。想要获取巨大的收益，首先要进行利益的付出，但这个付出是有风险的，任何投资都具有风险，对人才的投资也是如此。

韩信为何会甘心为刘邦效力？因为刘邦给他的利益，项羽给不了。这个模式也适用于黥布，项羽给黥布的是一个九江郡。刘邦的办法简单粗暴，在九江郡的基础上再多给两个郡，用糖衣炮弹砸晕黥布。后来发生的事情也证明，越简单越粗暴，越有效。黥布就是被刘邦用丰厚的利益回报的大蛋糕给拍晕然后拉过来的。

方案确定好后，如何执行也是难点。张良是谋士负责出谋划策，但落实不是他的长项，具体执行还要另派他人。

刘邦手下不缺谋士，他有张良，还有陈平。刘邦帐下也不缺辩士，他有嘴炮开疆王者郦食其，还有能说会道的陆贾。

但游说本身就有风险，特别是游说的对象还是当年与项羽并肩战斗的黥布，稍有差错，可能就回不来了。

因此，对于此次行动的人选，刘邦犹豫很久，还是不能确定，他可舍不得派郦食其去执行这么危险的任务，郦食其是他手里的王牌，轻易不会打出去，但策反黥布也很重要。于是，思来想去，只有一个办法，还是老套路，鼓励部下毛遂自荐。刘邦相信他的部下众多、人才济济，肯定有人能够胜任。

刘邦在率军从下邑向砀县转进的途中，对跟随在身边的人说："你们这些人哪，怎么就找不出一个可以共论大计的人呢！"谒者随何听出刘邦这话中饱含深意，便进前问道："不知大王所指何事？"刘邦这才说："谁能为我出使九江，令黥布发兵背楚？留项王数月，我之取天下必矣。"随何说："臣虽不才，愿领此任出使九江！"刘邦见随何自告奋勇愿去九江，便欣然同意，派出二十人与随何一同前往。

刘邦之所以在此时派人游说黥布，是因为彭城之战中黥布的表现，让他看到了黥布与项羽的裂痕。而见缝插针是刘邦最愿意干的事儿。

项羽北上伐齐时就曾征兵于九江。但九江王黥布称病不去，只派部将率数千人随行。这明显就是有意敷衍，不服项羽的调遣。黥布的消极应对，自然引起项羽的不满，但项羽也未就此发作，一来矛盾尚浅不必为此小事翻脸；二来项羽还有用到黥布的地方，黥布对项羽尚有利用价值。

但紧接着，刘邦率诸侯军攻破楚都彭城，黥布又称病不出作壁上观按兵不动，坐视彭城丢失。项羽终于忍不了了。两人的关系也就此闹僵。项羽怨恨黥布见死不救，彭城战后，多次派使者责让黥布，并令其前往彭城。黥布当然不敢去，但不去就是抗令，只会让项羽更加恼火。虽然他们都是诸侯王。但诸侯王与诸侯王之间也是有差距、有等级的。黥布只是王，而项羽是霸王。在项羽眼中也从未将黥布等楚系诸侯当作王来看待，而是一直将他们视为部下。

在项羽看来，楚系诸侯就应该对他唯命是从，就应该唯他马首是瞻，就应该随叫随到。而黥布竟敢不听从其调遣，不服从其号令，坐视彭城被攻而不救，这令项羽大为恼怒。而项羽的恼怒也令黥布更加恐怖。项羽越是发怒，黥布就越不敢去彭城。

项羽对黥布的抗令不从，虽然极为恼火，但大敌当前，项羽方北忧齐、赵，西患强汉，关系稍近的就只有后方的楚系诸侯了。

再加上，项羽还是很爱惜黥布的骁勇，还想用他，所以才未加兵于九江。但项羽与黥布的矛盾经历两次危机彻底地表面化。双方的矛盾公开，裂痕已经产生，发生的事情，已经发生，就很难再回到过去。

刘邦对项羽与黥布之间的微妙关系洞若观火。刘邦认为有机可乘，就是要利用当前黥布矛盾又复杂的心理，进行利诱，令其加速脱离西楚阵营，在项羽的背后放起大火，好解救在正面荥阳前线苦苦支撑的自己。

刘邦想得挺好，但能不能如其所愿，那就要看随何的表现了。

随何一行来到九江，黥布却避而不见，只让九江太宰负责招待。一连三日不见黥布踪影，随何却并不慌张，这早在他的意料之中，他也早就有了应对之策。

因而，随何从容镇定地对九江太宰说："大王不肯见何等，必以楚为强，以汉为弱之故。臣此番前来正是为此。若蒙召见，当于大王之前，纵论当今大势，大王若以何言为是，当与大王共计大事；若以何言为非，何等二十人愿伏斧质于淮南市，以明大王背汉向楚之意。"

太宰将随何之言转告黥布，久久不愿现身的黥布这才召见随何。

得知黥布愿意见他，随何就知道自己赢了。

如果黥布心向西楚，那么他们来到九江的当天就被拉出去集体砍头了。他们没有死，就说明有机可乘。黥布心志动摇，可以言辞说之。

随何见到黥布说："汉王使臣敬进书于大王，窃怪大王为何与楚相近！"黥布说："寡人北向而臣事之。"

随何说："大王与项王俱列为诸侯，北向而臣事之，必以楚为强，可以托国。项王伐齐，身负版筑，为士卒先。大王既臣事于楚，此时应宜悉九江之众，身自为将，为楚前锋；今仅发四千人助楚。北面而臣，应该如此行事吗！

"汉王兵入彭城，项王尚未出齐。此时大王宜悉九江之兵渡淮而上，日夜与诸侯兵会战于彭城下；而大王拥众数万，竟无一人渡淮，坐观成败。托国于人，应该如此行事吗！

"大王以空名臣事于楚而欲厚自托，臣窃为大王不取！然而大王不肯背楚，必以汉为弱。楚兵虽强，负有不义之名，背盟约而杀义帝。汉王收诸侯，还守成皋、荥阳，下蜀、汉之粟，深沟壁垒，分卒守徼乘塞。楚人深入敌国八九百里，老弱转粮千里之外。汉坚守而不动，楚进则不得攻，退则不能解，故曰楚兵不足恃。使楚胜汉，则诸侯自危惧而相救。楚虽强，难敌天下之兵。故楚不如汉，其势易见。

"今大王不与万全之汉而自托于危亡之楚，臣窃为大王惑之！臣非以九江之兵足以亡楚；然大王发兵而背楚，项王必留；大王只需留项王数月，汉之取天下可以万全。臣请与大王提剑而归汉，汉王必裂地而封大王；又况九江必大王有也。"随何的一番话说得黥布连连称是，表示听君一席话，受教匪浅。

随何开门见山，上来就问黥布与西楚的关系如何。黥布当然不会说实话，而是用外交辞令应付。随何却毫不客气直接揭穿黥布的遮羞布，说项羽伐齐你不去，汉王进彭城你不救，口口声声说臣事西楚，诸侯围攻楚国，你拥兵数万却坐视不理，有这么做臣下的吗！

然后，随何又说出黥布的那点小心思，不愿追随楚国，又不肯弃楚归汉，只是因为楚军尚强，认为汉军仍弱。针对黥布的担心，随何讲明利害关系，指出楚军的劣势与汉军的优势，说得头头是道。黥布也不禁连连点头称是。然而，黥布也是个老江湖，滑头得很，仅凭三言两语就想让他乖乖就范、束手听命，还是很难的。

面对汉使慷慨激昂的演说，黥布的姿态放得很低，表示您说的有道理，您说的很对。黥布私下也答应随何背楚向汉，但就是不肯对外公布明确表态。也就是说，黥布仍在犹豫摇摆，尚未下定决心。

而黥布之所以摇摆不定，原因就在于他还有退路，他还有回旋的余地。虽然他与项羽不和已是尽人皆知的秘密，但双方尚未撕破脸，仍维持着表面的友好关系。

楚汉相争，此时的形势是楚攻汉守，西楚占据上风，汉军处于守势。这个时候，黥布当然不愿明确表态公然反楚，那等于站出去给楚军当靶子，为刘邦吸引火力。

而刘邦策反黥布的目的，就是希望项羽后院起火，就是希望黥布为他吸引火力引开楚军，为他解围，好让他喘口气，争取时间，休整再战。

黥布犹豫不定，难下决心。

随何决定"帮"黥布下决心。

偏巧，不久楚使也来到九江。

一个随何就已经很难应付，这会儿，又来了一个楚使，就更难应付了。黥布一个头两个大，他现在终于明白脚踏两只船的难处，一点也不轻松。

黥布在楚、汉之间左右横跳，为的是将利益最大化，最好是两边都维持不远不近的关系，两边拿好处。

可刘邦跟项羽岂是吃亏的主。随何是来策反黥布，希望黥布反楚归汉。楚使也是带着使命来的，责令黥布出兵攻汉。两位使者的目的正好相反，这就意味着注定要有一位使者的希望落空。黥布两边都不想得罪，又想两边都保持联系，所以，他所能做的就只有拖延。

黥布两面敷衍两面应付，尽力拖延。可是，两位来使也不是吃素的，都不是容易糊弄的。

这天，黥布又到楚使所在的馆驿做解释工作，好话说了一箩筐，但就是不出兵。楚使可没有那么多耐心跟他纠缠，责令他必须立即行动。

就在双方为出兵之事交涉之际，汉使随何突然推门而入，当着黥布与楚使的面径直坐到上首的座位上，这一番操作，看得两人目瞪口呆。

还未等二人开口，随何就先发话了，只见他从容地对一旁呆愣的楚使说道："九江王业已归汉，何以为楚发兵！"黥布闻听此言大惊失色，当场呆立在那里，不知所措，一句话也说不出来。事情发生得过于突然，在场的两人都有些发蒙。

但楚使的反应还是要快过黥布，他瞬间就明白了随何的身份，也知道了这些天，黥布为何对出兵之事百般拖延，原来这个黥布一直在与汉使联络，这分明就是要反。楚使的反应很快，当即惊坐而起，朝大门奔去。

随何赶紧对黥布说："大事已成，当杀楚使，不要放走他。"事到如今，黥布也只能听从随何的吩咐，当场将楚使斩杀，随即在九江起兵反楚。

高手过招，都是一战定胜负。随何搞定游移不定、左右摇摆的黥布，更是只用了一句话，是的，一句定胜负。这句话就是随何对楚使说的"九江王业已归汉，何以为楚发兵"。

随何策反黥布就凭这句话，因为它封住了黥布的所有退路。即使黥布立即拔剑杀死随何，局面也难以挽回了。因为楚使回到楚国难保不会对项羽说起在九江的经历，汉使在九江的出现本身就是一个重大的政治事件，再加上随何那句要命的话，黥布就算跳进黄河也洗不清了。况且，他本身就不清白，就算他当时尚未归汉，但脚踏两只船是不折不扣的事实。

项羽本就疑心很重，还有政治洁癖，他是不会容忍黥布的这种投机行为的。黥布即使当场杀死随何表明心迹，政治影响也难以消除了。那黥布就只剩下一条路，投奔刘邦。

随何只用一句话就将黥布逼上投汉之路。黥布不仅不敢发怒，还要小心应对，生怕得罪这位汉使，因为他以后还要指望人家。黥布本来还想坐山观虎斗，这下只能亲自下场去做老虎跟项羽斗。而坐在山上看戏的人却是全程策划这幕大剧的刘邦。

很快，楚国的讨伐大军就杀过来了。不过，项羽并未亲自领兵。他还要在前线围攻刘邦，走不开。项羽派来征讨黥布的是其手下大将龙且。

黥布与龙且在九江大战数月，最后还是寡不敌众，败下阵来。黥布败得应该是相当惨的，逃得也是很狼狈的，因为他连家眷都未来得及带上，部队也大部溃散。最后，黥布跟随何仅带着少数亲随走小路逃脱。虽然死里逃生保住性命，但部队基本拼光，地盘基本丢光，黥布被坑惨了。为了帮刘邦拖住项羽，黥布付出的代价实在过于惨重，妻离子散，家破人亡。

黥布不知道，但我们都知道，为了迎接黥布，刘邦还"精心"准备了一场别开生面的欢迎大会。

当黥布走进刘邦大帐，映入眼帘的场景令黥布顿时有一种被人轻视、羞辱的感觉。原来，刘邦坐在床上，两边各有一位美妇人为他洗足。刘邦就是这么欢迎远道而来为了他家败人亡的黥布的。

相似的场景在刘邦召见郦食其的时候，大家就已经见识过。看来刘邦确实很享受美妇人为他洗脚。黥布没有郦食其那般口才，备感羞辱的他，不会用言辞反击，直接转身而出。黥布的反应很直接，当即拔剑就要自杀，哪有这么羞辱人的！可是，事到如今，黥布已经没有回头路可走，除了自杀，他还能怎么办！就在他痛苦万分，后悔当初的选择时，他被带到刘邦给他安排的住处。

当黥布看到眼前刘邦为他安排的一切时，他的心情又瞬间大好，又不想自杀了。因为黥布发现他与汉王刘邦享受的是一个待遇。黥布又大喜过望。瞬间经历大悲大喜的黥布，又开始庆幸当初的选择。

作为诸侯王，黥布也是见过世面的，他在意的不是吃穿用度、起居饮食方面的待遇，而是同等待遇背后的政治深意。享受与刘邦相同的礼遇，意味着他的政治地位也是与刘邦不相上下的。刘邦不是将他当作部下看待，而是将他视为与自己地位相等的诸侯王对待，这才是黥布由悲转喜的真正原因。

黥布在刘邦这里安顿下来后，就马上派人回九江探听消息，然而，得到的却是妻子被杀，所部被楚军尽行收编的消息。但黥布派出的使者还是带回数千亲信旧部。刘邦又给黥布拨去不少人马对其进行补充。黥布就此留在刘邦阵营，与刘邦一起防守成皋。

六出奇计　多纵反间——谋臣陈平

　　成功策反黥布令刘邦大为振奋，尝到甜头的刘邦还想如法炮制，策反更多的人。刘邦对谋士陈平说："天下纷争不休，何时才能安定？"刘邦这句看似漫不经心的平常之语，背后大有深意，是何深意？需要结合当时的大背景以及刘邦为何不对别人而只对陈平讲来揣测。

　　刘邦刚刚策反黥布，尽管效果有限，但还是有所收获。黥布拖住楚军数月，令荥阳前线的压力大大减轻。不过，显然刘邦对此并不满足，他还期待在这方面有更大的进展。因为在荥阳，他依然是被动的那个，依然是被围攻的那个，刘邦想要摆脱困境，战场上打不过，那就只能继续深耕谍战领域，搞策反，挖项羽的墙角。

　　而刘邦阵营中，陈平是最合适的人选，他是这方面的专家，而且他是从项羽那边过来的高级将领。楚军内部的情况，陈平是最清楚的。刘邦正是考虑到这点才将陈平找来谈话，将策反瓦解楚军的重任交给陈平。

　　用人当然是要用其所长，而在用人之前更要先会识人。慧眼识才，才能人尽其才。但是从古至今，能够真正做到识人之才、用人之长的君主，其实并不多。

而刘邦就是为数不多的佼佼者中的一个。初次见面，刘邦就发现了陈平这方面的专长，当即派他去督护众将，这是个需要经常与人打交道，还特别容易得罪人的工作，但陈平做得相当出色。

当然，这个出色是站在刘邦的角度，不是站在被督护的部下众将的角度。陈平做了很多刘邦不方便出面，但又必须要做的事情。陈平说了很多刘邦不方便讲，但又必须讲明的事情。

通过这些事情，刘邦认定陈平能办大事。特别是那些不便言明的隐蔽战线的事儿，只有陈平能做好，也只有陈平做，刘邦才放心。

分化楚军瓦解项羽阵营，对当前的刘邦而言，不只是离间计那么简单，更能削弱楚军的攻击力，为刘邦赢得喘息之机。离间计也是保命计。

陈平是何等聪明之人，在前线危急之际，在策反黥布不久之后，刘邦找他谈话，话题是天下纷争不休，何时能安。这个问话可不简单。

楚汉争霸，岂是他一个谋士能决定的！

但聪明人一点就透，所以陈平才会说："项王骨鲠之臣不过亚父范增、钟离昧、龙且、周殷之属数人而已。大王诚能捐数万金，行反间之计，离间其君臣，以疑其心。以项王之为人，猜忌易妒，听信谗言，不需我们动手，他们就会在内部引起纷争，到时，我军再乘势而进，破楚必矣。"

陈平赞成刘邦的主张，欣然领命。但陈平也有小小的条件，那就是需要刘邦拨给他四万斤黄金。行反间之计，需要经费，拉人也是有成本的。

对陈平提出的小小要求，刘邦不以为意，当即答应。在刘邦看来，只要能达成目的，钱不是问题。相比楚汉两军旷日持久的对垒攻杀，这点小钱，不值一提。因为相比谍战策反，打仗才是最烧钱的，十万之师，日费千金。只要能让项羽内部乱起来，这四万斤的黄金花得就值。

在刘邦看来，与开支巨大的军费相比，反间计的这点花销，属于典型的花小钱办大事，不仅不贵，还很省钱。

刘邦很快就筹集到四万斤黄金全部交给陈平，任其开销，不需报账。刘邦此举就是用人不疑，疑人不用。刘邦将权力下放，此事交由陈平全权负责，四万斤黄金也及时到位，充分授权，充分信任。刘邦要的只是结果。

以陈平的品行，这四万斤黄金有多少会用于拉拢收买楚军将领，又有多少会进入陈平的腰包，那就只有陈平自己最清楚了。

对此，刘邦自然是心知肚明，但要人办事，就要给人好处。

刘邦交出四万斤黄金的同时，交出的是利益，更是信任，将利益与信任一并送出，才是刘邦真正高明的地方。

相比那些分钱时小气，做事时又猜忌的君主，刘邦不知比这些人要强出多少倍。

得到授权又收到黄金的陈平得以放手去干。陈平用黄金铺路，发挥所长，利用之前在楚军中的人脉四处活动，到处拉人。

陈平派人在楚军中四处散播谣言说钟离眜这些将领，自以为功高，又不得裂地封王，多有怨恨，欲为内应，攻杀项羽，与汉平分其地。谣言止于智者，可惜，大多数人不是智者，因而谣言不会停止，知道的人越多，传播的速度反而更快。谣言四起，尽管项羽不会轻信，对钟离眜等人也有所疏远。

因为陈平选择的攻击角度相当精准，就是项羽跟部将钟离眜等人的痛点。楚汉争霸，汉胜楚败，其中重要的一点，就在于刘邦与项羽在利益分配上的不同，刘邦肯分享利益，而项羽不肯。

作为天下共主，刘邦先将项羽的地盘封给韩信、彭越、黥布三位诸侯，然后这三人再各自带兵去攻城略地，具体落实。等到打下地盘，三人再回刘邦这里办手续，刘邦正式册封他们为王。

其实，刘邦付出的并不多，他的分红也是慷他人之慨，那些地盘之前也不是他的，是项羽的，谁打下来就归谁，刘邦对三人的分封也是名义上的成分更多。因为韩信、彭越、黥布的封地基本都是自己打下来的。

但项羽就很小气，他连名义上的分封也不愿意，他想赢者通吃，好地方他都想要，不愿分给别人。对戏下分封的本质不清楚的人，总以为项羽喜欢搞分封，其实，项羽只是顺应形势，而且，仔细研究就会发现，真正经他分封的只有秦国旧地的三秦与巴、蜀，函谷关以东的分封只是对既成事实的承认，算不得分封。项羽更是仗着兵强马壮以分封之名，多吃多占。

刘邦其实也不喜欢分封，分封诸侯也是逼于形势迫不得已，证据就是，击败项羽登基称帝之后的刘邦立即就将矛头指向他封的那些异姓诸侯，连骗带打，将异姓诸侯又换成同姓诸侯。

项羽冲锋陷阵鲜有敌手，但在政治斗争方面，他的水平比刘邦要差很多。

汉三年（前204）四月，刘邦在项羽的围攻之下实在吃不消了。于是，刘邦主动派人与项羽谈判，愿以荥阳为界，以东归楚，以西归汉。

对刘邦的提议，项羽的谋士范增还是一如既往地反对，他对刘邦的敌意始终如一，丝毫未减。范增不仅不同意谈判，还建议项羽趁此时机急攻荥阳。因为很明显，刘邦求和，说明前期的围攻已经奏效，刘邦快挺不住了才要求谈判。刘邦很快就知道了范增的强硬态度。他是真的担心项羽听信范增之谋。因为范增的预判是对的，刘邦确实快要挺不住了。

鸿门宴上，刘邦就已经意识到项羽阵营中最危险的敌人不是项羽而是范增。这个范增对他恨意满满，必欲置他于死地。要胜项羽，必须先除范增，而要除掉范增，最可行的就是行反间计。这当然是陈平大显身手的机会。

陈平六出奇计的第一计，离间项羽范增，就此展开。

就如鸿门宴上，项羽不听范增杀刘邦的建议。这次，项羽依然不采纳范增之谋，而是派出使者与刘邦接触。陈平就利用这个机会行反间，离间项羽与范增。

项羽的使者来到荥阳。负责接待楚使的就是陈平。且看陈平如何离间。陈平先是令人以太牢的规格款待来使。侍者举盘欲进，看到是楚使，故作惊讶，说，还以为来的是亚父的使者呢！原来是楚使。说罢，不等楚使反应便撤去太牢食具，转身离去。不久，侍者重新回来，奉上的却是粗陋的食具。

这是看人下菜，典型的双重标准。使者回去自然要向项羽报告。项羽听说此事后果然对范增起疑。这时候，范增再去劝说，项羽就更不肯听了。项羽开始有意识地疏远范增。

对项羽态度上的变化，范增也感受到了。项羽表现出的对他的疏远，对他的不信任，令范增很恼火，范增大怒当即请辞说："天下事已定，君王好自为之，愿请骸骨归！"范增很伤心啊，尽心竭力地辅佐，换来的就是这么一个结果。既然人家不待见，那就走人吧。范增向项羽请辞，不出意料，获得批准。项羽未作任何挽留，他甚至巴不得范增快点走，生怕这个老头会反悔。心灰意冷的范增还未走到彭城，就因疽发背而死在路上。

范增的凄凉结局其实并不令人感到意外。陈平的这次反间计获得成功，并不是这个反间计有多出色，很大程度上要归因于项羽的配合。

为设计范增，陈平肯定做过很多工作，但被记录下来的就只有前后两次不同的上菜与对不同身份使者的区别对待。

这其实都算不上反间计，如果项羽会中这种级别的反间计，他就不是项羽，更不会成为西楚霸王。

陈平的成功在于他对人性的深刻认识。真正想让范增走人的其实是项羽，其次才是陈平。推波的是项羽，陈平只是助澜。陈平猜到了项羽的心思，然后顺其心意设局。有项羽的配合，这个局才能做成。事实也证明，项羽很配合。明知这是刘邦方面的反间计，项羽也全力配合。

项羽为何明知是计还要与陈平一起演戏呢？因为在驱逐范增这点上，

他们的利益是一致的。不要惊诧。事实就是如此。

站在范增的角度，他为西楚确实是殚精竭虑、日夜操劳。但范增的付出，项羽未必领情。因为范增越界。他做过了，过犹不及。

项羽为何要驱逐范增？鸿门宴上范增的表现就是最好的说明。鸿门宴本来应该是一场再寻常不过的饭局，之所以千百年来被人津津乐道，就是因为范增过于积极的表现，他抢戏了。

鸿门宴前，刘邦与项羽争夺的焦点是关中的归属。项羽的态度很明确，交出关中都好说，不交就开战。张良在赴宴前的那晚对刘邦的问话表述的也是这层意思，您要认为打得过咱就打，要是认为打不过，咱就低头愿意赴宴谢罪。

刘邦答应赴宴，本身就是认输，就是妥协退让。刘邦与项羽的较量在鸿门宴前就已见出分晓。项羽以实力逼迫刘邦交出关中。至于鸿门宴，只不过是走个过场，履行手续而已。刘邦跟项羽都是这么想的。

但后来发生的事情，大家都知道了。鸿门宴上一场大戏，项庄舞剑，意在沛公。刘邦未想到，项羽也未料到。刘邦想不到很正常。但项羽想不到，那就非同寻常了。因为项羽是设宴的主人翁，连他都不知道，说明局势的走向一度超出了他的掌控。那这个时候，是谁在掌控局面呢？当然是范增。派项庄去刺杀刘邦就是范增的主意。

而在行动之前，范增并未请示项羽。如此大事，范增却事前不请示，事后不汇报，擅自行动，自作主张。换成你是项羽，你会怎么想？项羽肯定会想，范增，你的眼里还有没有我这个领导！到底你是主帅还是我是主帅！

鸿门宴上，范增做得最过分的，也是给人留下深刻印象的是，得知刘邦逃走后，范增对项羽的那句痛骂"竖子不足与谋"。

楚汉之际，敢这么骂项羽的，恐怕也只有范增了。

项羽是楚军主帅，范增只是军中的谋士，他就敢跟训孙子似的训项羽！项羽心里会怎么想！项羽会舒服吗？当然不会。但范增的资历够深，资格够老，项羽又能如何？只能默默忍受。因此，面对范增的痛骂，项羽的反应只有默然。

有这么一个不把自己当领导的下属，动不动就摆老资格训斥你，换成你，你也不爽。项羽何等的心高气傲，那他当然更不爽了。

项羽早就想赶范增走了。只不过，他缺少一个合适的理由。陈平就是洞悉了项羽与范增这种复杂微妙的关系，想项羽之所想，及时送上理由。项羽自然乐得顺水推舟。

在这次事件中，刘邦跟陈平是赢家。陈平的成功在于刘邦对他的信任。而陈平作为新近来投的前西楚官员却能在极短的时间获得刘邦的充分信任，原因却令人意想不到——被人告发。

告发陈平的当然也不是一般人，史书上罕见地写出了他们的名字：周勃、灌婴。当然，他俩只是代表，他们代表的是身后的丰沛功臣集团。

周勃、灌婴对刘邦说："陈平虽美如冠玉仪表堂堂，但他的品德未必如他的外表那般光鲜照人。臣听说他在家乡时曾与其嫂私通，有过私情；而且陈平此人先事于魏，不被其所容，又亡归楚；在楚不得容身，才来投汉。这么一个反复之人，大王却不加甄别就对其委以重任，令他监督众将。臣听说陈平利用职权大肆收受众将的贿赂，金多者得善处，金少者得恶处。如此反复品行不端的乱臣，大王怎能重用他呢！愿大王察之！"

刘邦于是找来当初推荐陈平的魏无知，当面责问，谁知人家也振振有词："臣推荐的是有才能的人，陛下问的是有德行的人。今日虽有廉若伯夷、信如尾生的有德之人，但对决定战争胜负没有贡献，陛下现在需要的是这些人吗？楚、汉相距，臣进奇谋之士，只因其对国有利。盗嫂受金，又何足疑！"

刘邦又找来陈平，当面斥责："先生事魏不忠，事楚而去，今又投我，秉承信义的人会这么做吗？"刘邦有来言，陈平也有去语。

陈平说："臣之前确曾事魏王，但魏王不用臣之策，所以才离开；臣事项王，但项王不信任微臣，其所信用，非诸项即姻亲，虽有奇士而不为所用。闻汉王能用人，故此来归。臣裸身来，不受金无以为资。诚臣计画有可采，愿大王用之；使无可用者，金俱在，请封输官，得请骸骨。"

刘邦深感惭愧，当即拜谢，对陈平给予厚赏，拜其为护军中尉，军中众将皆归其督察。大家见刘邦如此信任陈平，而此时陈平又大权在握，便都不敢再向刘邦多言陈平的是非，只能乖乖听命。

告发居然告出了反效果。

陈平不但未受责罚，反而比以前更受宠信。

以上即陈平盗嫂受金的故事，也是大众熟知的典故。很多人对陈平的认知大多也来源于此。

读过之后，总感觉好像哪里不对。感觉不对，那就对了。

因为以上皆为表象。

周勃、灌婴为何要在刘邦面前说陈平的坏话？而刘邦又为何听信陈平近乎强词夺理般的辩解，之后又为何对陈平信任有加，更为器重呢？史料中并未给出答案。

想知道真相就必须追根溯源。陈平初到汉营，在与其进行过一番谈话后，刘邦就认识到了陈平的非凡价值。作为开创大业的人，最重要的能力就是会识人用人。

刘邦看出陈平是个不可多得的管理型人才，这点陈平自己都未必知道。刘邦现在最缺的就是这类人，所以，陈平来了之后，很快就被委以重任，监护众将。

陈平的"监护"类似于现在的督察，专管军人，而且还是高级军官。在军队中，这是一个得罪人的活儿。在刘邦的汉军中也是如此。

因为刘邦的汉军里面，高级军官基本都是他的老乡——丰沛功臣。这是刘邦的优势，但同时也是他的劣势。

战场上，同乡亲友是打不散的纽带。但这也是管理上的难点，搞不好就是项羽那种家族式企业型的国家。

刘邦起兵倚重的就是这些丰沛功臣。丰沛人是他起家的资本也是他的骨干、他的依靠，但同时，这又是一群很难被管理的人。

立功受赏时，刘邦不吝赏赐，大把地分金分银，大家都很高兴。但触犯军法时，都是跟他一起打拼的老乡旧友，他该如何处理呢？这时就需要陈平这种执法公平又富有亲和力的督察官员出面。

有人唱红脸，就要有人唱白脸。

刘邦唱红脸，好事都是他做，名声都是他得，利益都是他给。大家自然拥戴他。

陈平就是那个唱白脸的人。他要说那些刘邦不方便说的话，处理那些刘邦不便出面处理的事。简而言之，他就是刘邦的白手套，替刘邦背锅的人。可以说，陈平就是刘邦的另一副面孔。

刘邦不便亲自处罚那些与他一起从沛县出来的故交好友，这些得罪人的事情，只能交给陈平去办。

长此以往，陈平在那些丰沛功臣那里自然风评很差。周勃、灌婴为何在刘邦面前打陈平的小报告？还不是因为陈平的公正执法触犯了他们的利益！

对此，刘邦自然是心知肚明。陈平是代他受过。至于刘邦找陈平谈话，对其"斥责"，不过是表表姿态，做给周勃、灌婴他们看的。戏演过后，刘邦立即对受委屈的陈平进行补偿，比以前更信任陈平，也更重用陈平。

刘邦之所以如此信任陈平，就是因为这些原因。所以，周勃、灌婴的告状，不但告不倒陈平，反而是陈平进步的助推剂。因此才出现告状告出反效果的反常现象。

至于周勃、灌婴陷害陈平的罪名，盗嫂受金，那就更是古往今来，坑害政治对手的标准套路与常规操作。

盗嫂受金，说得通俗点就是贪财好色。这算缺点吗？你说是就是，你说不是那就不是。

道德风评是打击政敌、陷害对手的最有效、最省事儿，也是成本最低、代价最小的方式。

只要这个人被贴上贪财好色的标签，那就等于说他不是好人，就应该被打击，就应该受惩罚，就应该让出位置靠边站。

但讽刺的是，那些说别人贪财好色的人，自己才是贪财好色之徒。他们自诩为上流社会，干的却是极尽下流之事。

他们向来秉持宽以律己，严以律人的原则。他们贪赃枉法以不可告人的卑鄙方式积累起巨额财富过着骄奢淫逸、灯红酒绿的生活，却道貌岸然装出一副忧国忧民的姿态要求你应该不计报酬地奉献付出。他们到处风流，娇妻美妾不计其数，却要求你要重德不重色。这是真正的双重标准。

他们拼命地教你做好人，然后，他们拼命地去做坏事。他们表面宣传的是一个标准，背地里执行的却是另一个标准。

其实，他们才不在乎你是不是贪财是不是好色，那些不过是他们整人的借口，他们在乎的只是你而已。这种在乎，不是出于关心而是出于憎恨。给你扣上贪财好色的大帽子，只为以更小的成本对你进行更大的压制。

人生如戏，全靠演技。在真实的世界里，不必听其言，只需观其行即可。因为很多人，嘴上说着不要，身体却很诚实。

能为领导背锅的人，才能赢得领导的信任。刘邦需要陈平去整治那些桀骜不驯的丰沛功臣，更需要陈平去制衡这些人。

因为在一个政治集团里，主要成员来自同一地区，对最高统治者更多的是一种威胁。后来，评定功臣，刘邦首批选定的十八位封侯的功臣，十之八九都是他的丰沛老乡。

　　陈平则排在第四十七位。以陈平的功劳，不应排得这么低，但谁让陈平得罪过那么多的丰沛功臣呢！陈平排得靠前，丰沛功臣是会不高兴的。

　　刘邦为照顾丰沛功臣的情绪，只能故意压低陈平的排名。但作为补偿，刘邦在日后丞相人选的安排上，还是给予了陈平应有的待遇。

　　刘邦死前，吕后曾问他今后丞相的人选，萧何之后，谁来接任。刘邦说曹参可以。又问，刘邦的回答是王陵。刘邦并不喜欢王陵，因为这个人一直都不怎么服他，二人关系也一般，但他是丰沛集团的重要成员。刘邦只能顺从众意，但他也不甘心，不想让王陵独任，就安排陈平与王陵共同为相。刘邦对吕后说陈平难以独任相国。至于为何难独任，刘邦未说，其实，很容易明白。从萧何到曹参再到王陵都是清一色的丰沛人，只有陈平是例外。

　　在汉初，丰沛集团把持朝政的大局下，刘邦硬生生把陈平安插进去，那是有多不容易。以陈平的才干能力，完全可以独任，但丰沛集团不会答应。王陵与陈平的搭档是刘邦与丰沛功臣相互妥协的结果。

　　陈平能排在萧何、曹参之后，与王陵并列为相，这本身就是刘邦对陈平忠诚能力的高度认可与肯定。

　　陈平虽不在汉初三杰之列，但他跟刘邦的关系最亲近，也最受信任。韩信常年在外带兵，羽翼丰满就独自称王。萧何常年留守后方。同陈平职能最接近的就是同为谋臣的张良。但张良也曾两度离开刘邦。只有陈平，几乎与刘邦形影不离，常在左右。

　　刘邦对张良是敬，对陈平是亲。敬而远之，亲而近之。刘邦与张良、陈平的关系，很像后来的刘备与诸葛亮、法正的关系。刘备对诸葛亮是敬重，对法正则是亲近。

　　陈平身为刘邦最亲近的谋士，为刘邦多次出谋划策，功劳甚大。史书评价陈平在楚汉相争中曾六出奇计，辅佐刘邦化险为夷、转危为安，平定天下。

　　站在项羽的角度，他也认为他是赢家，唯一的输家就是范增，而且输得很彻底。离间楚营、计逐范增也是陈平六出奇计的第一计。此计为刘邦除去一个心腹之患，接下来的第二计，对刘邦更为关键，因为这是救命之计。陈平六出奇计的第二计便是布设疑兵荥阳突围。

荥阳之围　成皋之战——楚汉相持

　　虽然项羽配合陈平逐走范增，但他丝毫未放松对荥阳的攻击力度。荥阳依旧处于楚军的包围之中风雨飘摇，刘邦依然处于项羽的围攻之下险象环生。

　　之前，范增要求强攻，刘邦要求和谈。项羽不理会范增，坚持派出使者与刘邦接触。等到范增被赶走，项羽就再也不提谈判之事，而是全力进攻。急攻荥阳，就是范增强烈要求项羽做的，而项羽此时正在做。谈判就是范增反对的，项羽赶走范增之后，就再也不谈。事情到此真相大白，项羽不是不清楚怎么做，他十分清楚该怎么做。项羽只是不希望范增在旁边教他怎么做。项羽的目的就是要驱逐范增。

　　当目的达成，项羽也不再演戏，而是开始全力攻击。而在项羽的急攻之下，荥阳岌岌可危，刘邦也撑不住了。

　　汉三年（前204）五月，刘邦决意突围，西去成皋。但想走，谈何容易。此时荥阳城已经被楚军重重围困。

　　危急时刻，刘邦的亲信旧部将军纪信挺身而出，主动提出愿意假扮成刘邦出城诈降，掩护刘邦突围。

纪信是刘邦的心腹爱将。鸿门宴逃走时，纪信就是保护刘邦脱险的四员贴身大将之一，其他三人分别是樊哙、夏侯婴、靳强。纪信的地位由此可见。刘邦当然不愿意让如此亲近之人为自己去死，但荥阳随时可能被楚军攻破，情势紧急，刘邦最后也只得同意纪信的请求。

至于如何突围，那就要问陈平了。陈平没有令刘邦失望，多日苦思，终于想出计策，不过这条计策有点损阴德。陈平的很多计谋不为外人所知，很大程度上也是这个原因，阴险之计，不便言说。知道详情的也只有刘邦跟陈平等少数人。

一天深夜，久闭的荥阳东门被打开，从里面陆续走出两千名身穿汉军衣甲的"士兵"。

围城的楚兵见汉军出城，立刻从四面围上来，发起攻击，但很快攻击就停止了。因为楚军发现这些所谓的士兵都是妇女假扮的，她们只是穿着汉军的衣服，但显然她们不是汉军。这个发现很快在楚军中引起骚动，其他各处的楚兵得知消息也迅速从防区赶来，东门的场面一度失控，极度混乱。就在此时，纪信乘坐汉王车驾，黄屋左纛，从东门缓缓而出，左右高呼："城中食尽，汉王降楚。"楚兵闻言皆呼万岁，纷纷来到东门围观。

就在楚军的注意力都被引向东门之际，荥阳城的西门却被悄悄开启，刘邦率数十骑出城一路向西，飞驰而去。

荥阳突围是典型的声东而出西，在东面制造混乱，从西面突围而出。难点在于如何声东迷惑围城的楚军。仅仅诈降是远远不够的，陈平此计的狡诈都体现在细微处。

为何是在深夜出城，为何派两千妇女夜出东门先于纪信出城？因为夜色是最佳的掩护，视线不清。放在白天，两千妇女很快就会被发现是假冒的，纪信也会被认出不是刘邦，因为楚军中认识刘邦的人还是很多的，不容易骗过去，所以，突围只能选在晚上。利用妇女假扮汉军，只要稍有接触，很容易就会被发现，但陈平就是故意这么做让楚军发现，因为这两千妇女，就是用来扰乱楚军的。

围城日久，城外的楚军也是困苦不堪，军中可能很久都未见过女人了。而楚军有数万之众，妇女只有两千，那么哄抢争夺就不可避免，随之引发的混乱必然也会很大，场面会非常混乱。乱，才有机会。

陈平就是要人为地制造混乱，创造机会让刘邦突围。楚军乱起来，就不会有人去在意随后出场的纪信的真假，楚兵的心思也不在这上面，这就为刘邦出城争取了时间。纪信被发现得越晚，留给刘邦的时间就越多，突围出去的机会就越大。

项羽见到纪信，才知中计，询问刘邦的去向。纪信说汉王已突围而出，走出很远了。言下之意，你追不上了。恼羞成怒的项羽下令将纪信用大火烧死。纪信既然选择替刘邦赴死，自然不会害怕，从容就义。

刘邦走时，留下韩王信与周苛、魏王豹、枞公一起守荥阳。周苛与枞公两人聚在一起一商量，感觉魏王豹这个人靠不住，他已经反过一次，难保不会反第二次，留着这么一个反复无常的小人在身边始终是个隐患，不如杀了他免去后患。于是，两人做主，将魏王豹给砍了。西魏亡国。

魏王豹不是在刘邦彭城兵败后反水投向项羽了吗？怎么又出现在荥阳？这当然是韩信的功劳。韩信是如何擒获魏王豹的，这又是一个精彩的故事，稍后会讲到。

这里还说刘邦。从荥阳出来后刘邦一路西逃，在成皋稍事停留便进入关中，在这里他又得到兵员补充，这自然又是萧何的功劳。

得到关中兵员的大量补充，刘邦军势复振，他的第一反应就是杀回去，找项羽报仇收复失地。但辕生劝说刘邦："汉、楚荥阳相持数岁，汉军常困，百姓疲敝。愿君王南出武关，项王必引兵随之。大王可深沟高垒不与其战，令荥阳、成皋间且得休息，使韩信等从容征伐河北，平定赵、燕、齐诸国，到那时，大王再回荥阳。楚军不得不分兵防备，而汉军得到休整，军力更强，必破楚军！"汉王刘邦听从了辕生的建议，未返回荥阳前线，而是南出宛、叶，与黥布一路收兵扩军。

项羽听说刘邦在宛城，果然不顾荥阳，引兵南下，去攻宛城。刘邦则坚壁固守不与项羽交战。

项羽紧追刘邦不放。刘邦走到哪里，他跟到哪里。项羽很会抓主要矛盾，他知道只要搞定刘邦，楚汉争霸的赢家就是他，这场战争也就结束了。

因此，秉承这个朴素的理念，项羽始终纠缠着刘邦，如影随形。这令刘邦十分痛苦，备受煎熬。但很多人比如辕生也看到这种现象的战略价值，那就是充分利用这点来吸引、调动项羽。虽然被追着打有点惨，但在战略上却居于主动地位，不被敌人调动，而是在不停地调动敌人。

战争要想获胜，就要掌握主动权。主动权就是可以按照己方的战略需要去调动敌人而不被敌人所调动。在哪里打，何时打，怎么打，取决于己方，而敌人只能被动地跟着走。

楚汉争霸也是如此。更重要的是，刘邦不是一个人在战斗，他带领的是一个战斗群。一个好汉三个帮。好汉刘邦的三个帮手韩信、黥布、彭越都在发挥他们的作用，在不同的战场策应刘邦。最精彩的韩信留在后面，黥布已经出过场了。那么现在就来说说彭越。

在楚汉争霸的战争中，彭越的存在感并不强，但能在楚汉争霸之际登上历史的大舞台都是有两把刷子的，彭越也是一个狠人。

彭越的受关注度之所以不高，是因为他遇上的黥布、韩信、项羽个个都是狠人，而且一个比一个狠。彭越这才被比下去。

彭越最早是在巨野泽混江湖。俗话说，靠山吃山靠海吃海。彭越是这套理论坚定的执行者。所以，他做了水贼，干的就是后来梁山好汉干的那些营生，遇有客上船，划到江心处，前不见人，后不见岸，便抽出事前藏起的屠刀，问客人是想吃馄饨还是板刀面。别理解错了，不是真的关心你想吃啥，水贼不是厨子。馄饨就是客人主动上交财货，然后把自己脱得赤条条跳进江里。板刀面就是被水贼当场切开晾着，再丢进江去。

选择做"馄饨"不遭罪，做"板刀面"就比较痛苦，肚皮上要挨刀。对于客人来说，不论馄饨还是板刀面都不喜欢，但只要上了贼船，就是人家水贼的地盘，客人就是水贼案板上的肉，喜不喜欢就由不得客人了。

准确地说，彭越其实是梁山好汉的前辈。梁山好汉的那些营生也是跟彭越学的。彭越混江湖的巨野泽，后几经变迁，大部干涸，只剩数百里的小水泊，就是梁山好汉的栖身之地——水泊梁山。陈平逃难时遇上的船夫只不过是个临时起意的业余选手，他要是碰上彭越这种专业的，早就被扔进河里喂鱼去了。

陈胜起义之后，各地豪杰蜂拥而起，这时彭越身边也聚集起一伙人，他们见各地杀长吏夺乡占县，蠢蠢欲动，纷纷劝说彭越也趁势起兵。

面对纷繁乱局，彭越却相当沉得住气，不肯先出头，直到秦朝大势已去，这才决定聚众反秦。

彭越深知手下这帮人都是水寇出身，闲散惯了。起兵之前，必须申明纪律，树立威信，而彭越立威的方式很简单，就是杀人。

彭越先与部众讲明，明日清晨集会，过期者斩。众人齐声应诺。然而，第二天，还是有十多人迟来，最晚的甚至日中才到。这么多人，不好都杀，那就杀最后来的那个吧。彭越令手下执行，可是，众多手下全都不以为意笑着说，不就是晚到一会儿嘛，何至于此，下次注意也就是了。

彭越却不跟他们饶舌，直接走到最后一个迟到者面前拔剑砍人，手起剑落，尸首分离。彭越提着人头登坛祭旗，整个过程行云流水，顺畅丝滑。在场众人却被眼前发生的一幕惊得目瞪口呆，很久才反应过来，纷纷拜服，表示愿听从彭越号令。

发生的这一切并不是偶然的，这都是彭越故意设的局。以彭越对这些水贼的了解，彭越知道他们不会乖乖听命，要让他们长记性，就必须杀人见血。

约定日出集会之时，彭越就已起杀心，他知道肯定会有人不听他的话，不守规矩，他要做的就是杀掉不听他命令、不守规矩的人，只是立威，不需多杀，一个就够了。至于杀谁，并不重要，谁最晚到，就杀谁。杀一人可震万军，杀之。彭越应该未读过《孙子兵法》，然而，他却在实践中做到了。

彭越在起兵之初便与刘邦相识，但他并未追随刘邦，而是一直留在魏地，进行独立自主的游击战与他的对头项羽周旋，这点与韩信、黥布大不相同。对此，刘邦也不强求，依然与之保持着紧密的联系。

现在，刘邦之前布下的彭越这枚棋子开始发挥作用了。

自项羽西进与刘邦对峙于荥阳，彭越就开始了他的表演，在项羽的后方往来纵横，为汉游兵，与刘邦分据东西，遥相呼应。

彭越在项羽后方的主要工作就是洗劫楚军的运粮队。等楚军大队赶到，彭越早已不知去向。

彭越在项羽后方执行的是标准的游击战术：

敌进我退，敌驻我扰；

敌疲我打，敌退我追！

纵然勇猛如项羽，也拿彭越没辙。这次，趁项羽与刘邦相持，实力有所壮大的彭越已经不满足于小打小闹杀人劫粮，他要玩把大的，去打项羽的大本营彭城。

是月，彭越渡过睢水，与楚将项声、薛公战于下邳，大破楚军，杀薛公。项羽接到败报，害怕后方有失，留终公守成皋，自己率军东返来战彭越。刘邦趁项羽撤走，率军北上杀败终公，收复成皋。

六月，项羽率军回到楚地。彭越得知项羽回来，遵循游击战术的原则，立即撤退，抢来的东西丢下，打下的地盘放弃，保存实力才是最重要的。只要有兵有将，将来这些东西早晚都是自己的。

今天的舍弃，是为了明天得到更多。

项羽刚稳住东边，西边又开始告急。因为手下缺少能独当一面的大将，项羽不得不亲自上阵东西往来奔走。得知汉军重占成皋，项羽再度引兵西进，这次楚军攻下了荥阳城，生俘守将周苛。

项羽对周苛说："跟我干吧，封你做上将军，封三万户。"一向吝啬小气的项羽难得地大方一回，可是周苛却不领情大骂项羽："还是你降汉吧，早点投降免得做汉王的俘虏，你不是汉王的敌手！"项羽大怒，当即烹杀周苛，与周苛同守荥阳的枞公也一并遇害，只有韩王信被当作战俘收押。

荥阳失守，楚军乘胜西进，又将刘邦围在成皋。刘邦吸取之前的教训，趁楚军刚刚围城，包围圈尚未合拢，冲出成皋玉门，向北渡河，来到小脩武传舍，以突然袭击的方式夺走驻军于此的韩信兵权。脩武夺兵，是刘邦与韩信关系的重要转折，后面还要详说。

刘邦夺得韩信军后，军势复振。从成皋突围而出的众将得知刘邦在脩武，也纷纷前来会合。

八月，得到补充，兵强马壮的刘邦引兵南向，驻军于小脩武，欲与楚军再战荥阳成皋。郎中郑忠劝说刘邦高垒深堑慎勿与战。刘邦在经过补兵的最初兴奋之后，也认为与项羽正面决战的时机尚未成熟。

鉴于之前彭越的敌后游击战效果不错，刘邦决定加大投入，派将军刘贾、卢绾领兵两万从白马津渡河南下深入楚地，配合彭越，焚烧楚军积聚的囷粮。楚军来攻时，刘贾也是坚壁不战，而与彭越互为声援。

此时，楚军连续攻占荥阳、成皋，一路西进。汉军只能西撤退守巩县。

楚汉战争的主战场在洛阳以东的成皋、荥阳一带，从洛阳向东是巩县，巩县往东是广武，广武东面是成皋，成皋的东面就是荥阳。荥阳北有敖仓，南有京索。

荥阳、成皋、广武、巩县，从东向西依次排列，每处阵地相距数十里，呈梯次分布，巩县再向西就是洛阳。

在楚军的步步紧逼之下，汉军已经退到巩县，而巩县的后面是洛阳。

汉军不能再退了，再退，洛阳可能也守不住了。

形势已经十分危急，此时，韩信军深入河北，远水难救近火。刘邦只能指望彭越在项羽的后方再放一把大火，以解燃眉之急。这就是他派刘贾领兵进入敌后增援彭越的原因。

彭城战后，刘邦在与项羽的正面对抗中很快就抵挡不住呈一路溃败之势，先是京索失守，退守荥阳，在项羽的围攻下，荥阳也守不住，不得不从荥阳出逃，就是之前的那次极不体面的突围。

刘邦西逃成皋，结果成皋很快也丢了。刘邦在辕生的劝说下，风骚走位，出武关下宛城，以此调动项羽。彭越又在项羽后方及时送上助攻。

在彭越的配合下，项羽不得不返身回救。刘邦抓住机会北上收复成皋，开启第二次荥阳成皋之战。但这次，刘邦败得更快，荥阳、成皋又都丢了。

刘邦在脩武夺兵后，胆气立壮，这就要拉开架势与项羽决战，又是在谋士的劝说下转取守势，与项羽作战，能群殴就不要单挑，因为风险过大，代价过高，杀敌一千，自损可能要两千。

得到韩信军补充的刘邦稳住了正面战场的形势，而彭越也没有令刘邦失望。趁着项羽在荥阳成皋前线，彭越在楚军的后方攻城略地势不可当，彻底放飞自我。

彭越一鼓作气连下外黄、睢阳等十七城。紧迫的形势逼得项羽不得不再次从前线撤离回救。

项羽回到后方很快就将彭越驱逐，十七城失而复得。然而，相比十七座城，他失去的更多。

因为刘邦获得了宝贵的调整期，等他们再次相见，项羽已经没有取胜的机会了。等待他的只有败亡。

刘邦只能拖住项羽，想从正面击败项羽，难度还是相当大的。真正帮助刘邦击败项羽的是韩信。兵仙韩信即将上场。

木罂渡河 声东击西——韩信伐魏

韩信只有在还定三秦暗度陈仓时与刘邦在一起，剩下的大部分时间，他都是自领一军单独行动。

刘邦兵进彭城时，韩信还在关中围困章邯。所以，彭城之战韩信不在前线。等到刘邦狼狈不堪地退回关中，韩信才搞定章邯。

韩信刚刚回归，刘邦就又交给他一项艰巨的任务，攻伐西魏。因为彭城战后，魏王豹反水了。

刘邦的处境立即变得岌岌可危。为何魏王豹叛变，刘邦就危险呢？因为地形。

刘邦能在正面战场拖住项羽，甚至能与项羽打得有来有回，很重要的原因是地形。刘邦占据地利。不用说四塞之地百二秦关的关中，即使是洛阳也是被山带河四塞为固的金城汤池、险要之地。

长安与洛阳曾长期作为中国古代王朝的都城，其中重要的一点就是它们的险固。关中的长安四面都是山川险要，地处中原的洛阳其实也是。洛阳北面是黄河天险，再往北还有太行之险，西面有崤山，东面有嵩山，南面还有伏牛山跟熊耳山，也是被群山环抱的易守难攻的盆地，只不过洛阳盆地不如关中大，体量稍小。

洛阳盆地北有孟津守护黄河渡口，西有函谷关扼守崤函之险，东有汜水关防守嵩山北麓与黄河之间的通道，南有伊阙险要护卫嵩山与熊耳山之间的伊河河谷通道。

但所有的这些山川之险在魏、赵两国先后反水后，其防护作用都大大降低。

因为西魏与汉共有黄河之险隔河相望，从魏国占据的河东郡蒲坂渡口可以威胁关中，占据部分河内郡的赵国也可以利用平阴渡口南下威胁洛阳。

如果只是魏、赵两国，其实还好，威胁也不大，但就怕他们与项羽合流，到时楚军出现在洛阳，出现在关中，出现在汉军的大后方，那情况就相当不妙了。

所以，必须尽快出兵，赶在他们与项羽合流之前，搞定他们。

但问题在于，魏、赵两国也是大国，不是那么容易就能搞定的。此时刘邦的兵力有限，主力要投入到正面与项羽的楚军对抗，能分出去远征魏、赵的军队只会更少。

正面必须投入主力部队，否则就顶不住楚军的如潮攻势；远征也势在必行，一旦让楚军通过魏、赵两国渗透到汉军后方，刘邦的汉军必然凶多吉少。

既要远征平定魏、赵，又只能带少量兵力，如此艰巨的重任，刘邦思来想去，也只有韩信才能胜任。

刚刚重聚，又要分别。不过，这应该是双方都期待的分离，因为符合双方利益最大化的诉求。刘邦迫切需要在北方开辟第二战场，韩信也极其渴望能独立出去施展抱负。对他们二人而言，确实是"距离产生美"。

出兵之前，刘邦还想再争取一下，派出帐下首席辩士嘴炮开疆王者郦食其前往魏国游说魏王豹，希望对方能悬崖勒马及时回头。

派郦食其游说魏豹，派随何策反黥布，都是一个套路，秉承的是刘邦一贯的花小钱办大事的原则，能用嘴就不动手，能谈就不打，谈不成再打也不迟。

但刘邦忽略了魏王豹为啥会反，因为楚强汉弱，只要这个事实不改变，魏王豹就不会回头。所以，纵使能言善辩如郦食其，也说不动魏王豹令其回心转意。

乱世里，实力才是王道。游说只是锦上添花。

郦食其灰头土脸地回来。刘邦就知道这仗非打不可了。既然要打，就要认真去打。

汉王刘邦任命大将军韩信为左丞相，率灌婴、曹参领兵伐魏。

刘邦问郦食其："魏军大将是何人？"对曰："柏直。"刘邦听到这个名字立刻露出满脸的鄙夷与不屑，说："是个口尚乳臭的小子，怎么可能是韩信的对手！骑兵主将是谁？"对曰："冯敬。"刘邦说："知道，他是秦将冯无择之子，虽然贤能，但也不是灌婴的敌手。""步兵主将是谁？"答曰："项它。"刘邦此时的心情已经变得十分轻松，对郦食其说："他也不是曹参的对手。我不需要担心了。"

郦食其从刘邦那里出来，又被韩信喊住。韩信也问了郦食其相同的问题。韩信说："魏国这次是用周叔为大将吗？"郦食其回答："魏军大将是柏直。"韩信听到这个名字的反应与刘邦如出一辙，也是充满鄙视。韩信只说了三个字："竖子耳。"之前，范增在鸿门宴上也是这么骂项羽的，可见，"竖子"在当年可不是个好词，是专门用来骂人的。

韩信率军来到黄河岸边的临晋，对面就是最适合大军横渡的渡口蒲坂。

但魏王豹既然已经决心与刘邦反目，自然也早就做好了与刘邦开战的准备。虽然他的实力远不如刘邦，但他有黄河天险，他有渡口。

此时蒲坂大军云集，魏军的主力会聚于此，严阵以待，防备汉军从此过河。

韩信的进攻在战术层面没有任何的隐蔽性可言，敌我双方都清楚，汉军最好的渡河点就是蒲坂。韩信的进攻也没有任何的突然性可凭，敌人早已预料到汉军的进攻并为此做足了准备。

战场是固定的，进攻的方式也是固定的，而且敌方已抢占先机，即使在兵力上，韩信也不占优势。这种情势之下，作为进攻方，按常规操作，仗会很难打。但对兵仙韩信来说，这些都不是问题，且看韩信如何变被动为主动，以敌人意想不到的方式击败敌人。

韩信先是在蒲坂对面的临晋大造声势，将黄河上下游凡是能搜集到的船只都集中到临晋，陈兵列众，做出随时可能率军横渡黄河的姿态。韩信这么做是向对岸的魏军施加压力，将敌人的注意力吸引过来，为下一步的军事行动作铺垫。

韩信屯兵于临晋，属于再寻常不过的军事操作。因为蒲坂是最适合大兵团过河的渡口，韩信将船只集中于此，在情理之中，也在魏军的意料之内，作为防守方的魏军将主力集中于蒲坂方向，也在密切注视着临晋方向的韩信军。

事情到这里，双方的部署都还是常规操作，但韩信之所以被称为兵仙，正是因为他不走寻常路。

韩信的战术其实并不复杂，简单地说就是，声东击西，出其不意。更准确的说法应该是声南击北。

汉军最理想的渡口是蒲坂，但魏军又会聚于蒲坂，那如何渡河呢？韩信的办法是调动敌人，声南击北。

韩信亲率大军进驻临晋，重兵集中舟船，与此同时，他派出大将曹参率少数精兵在临晋以北的夏阳进行偷渡。

通常，充当诱敌佯攻的都是裨将偏师，但韩信的做法不同寻常，身为三军主帅的韩信率领汉军主力担任诱敌部队，而曹参率领的汉军精锐才是主攻。但韩信用兵的精彩之处在于，主攻与助攻的角色不是一成不变的，而是可以根据战场的形势需要及时进行转换的。

开局的主攻是曹参，但决战乃至收尾的主攻依然是韩信及其率领的汉军主力部队。而韩信率主力汉军过黄河的方式就是坐船，而且就是从魏军防守最严密的蒲坂渡口登陆的。感到不可思议吧，但韩信就是做到了。

因为此时汉军的船只大都集中在临晋，因此夏阳方向的汉军渡河不是坐船过去的，而是用木罂浮渡过的黄河。木罂大概就是木质的瓮、缶之类的容器，利用其浮力做成木筏漂浮过去。

韩信利用魏军的认知局限，谁说过河就一定要坐船。就地取材，因地制宜，利用木罂，浮渡黄河。这显然超出了魏军的想象。

魏军想不到汉军不用船就能横渡黄河，然而，接下来发生的事情，魏军更想不到。韩信给他们准备了很多"惊喜"。

汉军以木罂渡河，做到了出其不意，那么，接下来，就是攻其不备。魏军在蒲坂以北的黄河沿岸也并非一点未作防备，只是他们在这个方向上投入的兵力甚少，整条防线形同虚设到处漏风，突破简直不要太容易。特别是对曹参及其麾下的汉军精锐而言，就更是轻而易举。

从夏阳成功过河的汉军，在大将曹参的率领下，并未南下蒲坂抚敌之背，从侧翼攻击蒲坂的魏军主力，而是进兵东南，在魏国腹地进行快速穿插，这也证明曹参率领的汉军人数不多，他们的任务不是寻求与魏军主力决战而是扰乱魏军的后方。

此时在河东战场，韩信据守正面，曹参在敌后袭扰。这个布阵很像刘邦与项羽对阵的荥阳成皋战场。刘邦在正面挡住项羽，彭越则深入梁楚之地，袭扰楚军后方。曹参担当的就是彭越的角色。而以攻击力论，曹参的能力更强。

汉军从夏阳渡河后，在曹参的率领下攻占东张，击败魏将孙遬，然后又迅速北上，进攻魏国旧都安邑。

汉军很快攻下安邑并生俘魏将王襄，之后，再次南下攻占曲阳，切断了蒲坂魏军主力与大本营平阳的联系，令魏军首尾不能相顾。

之前，听说有汉军渡河，魏王豹还不在意，因为从各方面得到的情报看，韩信的主力汉军直到此时依然在蒲坂对面的临晋，并未发现其有移动的迹象。

而过河的汉军，从其飘忽不定的行踪以及到处穿插的作战风格，还有在战斗中表现出来的强悍的战斗力，都说明这部汉军确为精锐，但人数不多。他们的目的就是扰乱魏军的后方。

因此，起初，魏王豹还能沉住气，但随着汉军的持续深入，特别是当魏国旧都安邑失守的消息传来时，魏王豹慌乱了。当魏王豹尚处于旧都被攻陷的惶恐时，更大的打击接踵而至，曲阳又被汉军占领，这下魏王豹彻底慌了。

对魏王豹而言，安邑失守还只是精神层面的打击，还有补救的机会，但曲阳的失守，意味着他与蒲坂魏军主力的联系被切断，彼此只能各自为战。而之前一直游动作战，行踪飘忽不定的曹参部却一改之前的作风，占领曲阳后便坚守不动，显然在达到分割魏军的目的后，他们接下来的任务就是坚守曲阳，等待大部队过河，围歼蒲坂魏军。

魏王豹只能下令蒲坂的魏军主力立即回援。不要管临晋的韩信啦，赶紧回来救本王。

魏王豹当然知道撤出蒲坂令魏军回救是饮鸩止渴，但眼下，还是保命要紧。

魏军主力被迫撤离蒲坂回救。得到消息的韩信并未表现出明显的喜悦，因为这一切都在他的意料之中，当他派出曹参偷渡夏阳的时候，他就已经知道会是现在这个结果了。

韩信精心布局设下陷阱，魏军可能做出的反应，都在他的计划之中，他预判了敌人的预判，并为之做好各种部署。对韩信而言，这像是他策划导演的一场大剧，战场全程都被他所掌控。

韩信做好局，编好剧本，演员就位，剧情设定，剩下的按剧本走就行了。

魏军从上到下都很配合，也全都照着韩信的剧本走。整个过程，十分的丝滑流畅。

之所以会有如此效果，在于韩信对情报战的重视，他搜集、整理、总结各类情报的能力已经远远超越敌人，真正做到了知己知彼，百战不殆。

敌人看不透他。但他可以看透敌人。整个战场单向透明。战争完全在按照他设定的场景在打，如何开局，从何处进兵，在哪里突破，在何时决战，如何战胜敌人，都是算出来的，这是真正的降维打击。

直到此时，韩信才率汉军主力从临晋出发渡河到对岸的蒲坂。既是本次战役的导演也是男主的韩信正式出场。

韩信率领汉军是从临晋乘船渡河到的蒲坂。木罂过河的只是曹参率领的少数先锋部队。

韩信以声南击北之计将魏军苦心经营的蒲坂防线成功突破，从而轻松渡过黄河。狼狈后撤的魏军，等待他们的将是被汉军前后夹击彻底围歼的命运。

渡河之后，韩信立即尾随撤退的魏军展开追击。之前，曹参的夏阳偷渡、安邑攻坚，都是铺垫，决战在此时才真正开始。而撤退的魏军很快就不得不停下来，因为前面的曲阳有汉军曹参部据守，他们的归路被堵。现在，魏军前有堵截，后有追兵。

韩信的追兵很快赶到，与曹参前堵后追将魏军合围，两军在曲阳进行决战，魏军主力被尽数围歼。不久，魏王豹也被汉军生擒活捉。

韩信并没有杀魏王豹，只是将魏王豹捆成粽子打包送到荥阳前线交给刘邦处置。

　　汉二年（前205）九月，魏地悉平。汉以其地设河东、太原、上党三郡。

　　纵观整场战役，韩信的计策并不复杂，就是声东击西，攻其必救。但在韩信的运筹之下，却将简单的套路上升到艺术的高度。

　　开局是极其平淡的，大军云集，舟船就位，让敌人感受到来自汉军的十足的压迫感。

　　与此同时，由少数精锐部队组成的突击队却从敌人意想不到的夏阳偷渡过去。

　　敌人想不到很正常，因为那里不是渡口，也没有船。但汉军用木罂浮渡的方式成功过河。不过木罂渡河只适用于少数精锐部队，大队人马过河还是要靠船。

　　汉军突击队过河后，直冲腹心，袭击魏国旧都安邑，给敌人以心理上的强烈震撼，让后方的敌人也感受到来自汉军的压迫。

　　趁魏军被吸引到安邑，再来一次南下突击，袭夺曲阳，将魏军拦腰斩成两部，可以同时威胁前线与后方的敌人。

　　此时，主动权就完全掌握在汉军手上，攻击魏军兵力空虚的后方，可以直接威胁魏军的大本营。攻击魏军的前线，魏军主力就将被两面夹攻。

　　而坚守不动，待在曲阳，前线与后方的魏军会同时受到威胁。曹参部留在曲阳坚守不动，应该是事前计划好的，因为这里是韩信包围魏军的口袋底。只有守住曲阳，才能实现对蒲坂魏军的围歼。

　　汉军侧翼突袭成功的标志就是夺取曲阳。这迫使魏王豹不得不令蒲坂的魏军回撤。而胜利之路也就此打开。

　　韩信屯兵临晋是虚，曹参偷渡穿插攻坚是实。这是典型的声东击西。

　　但随着魏军撤守，蒲坂门户洞开。韩信率汉军渡河追击，之前的虚，这时就变成了实。

　　而之前勇猛穿插的曹参部则不再主动攻击，而是选择停下来固守曲阳。之前的实又变成了虚。

　　魏军守在蒲坂。韩信军待在临晋就是虚招。魏军撤离蒲坂，韩信军待在临晋就是实招。虚中有实，实中有虚，虚实结合，因敌制变。看似寻常的套路，却有非同寻常的变化。

　　在战争中，韩信始终牢牢地掌握主动权，调动敌人而不被敌人调动。韩信指挥作战，从不与敌硬拼，从不强攻坚城，从不主动进攻敌人坚固设防的既设阵地，而是声东击西调动敌人，故意示弱引诱敌人，目的都只有一个，就是将敌人从占据地利的阵地中引诱出来，在野战中，在运动中，予以围歼。

　　韩信用兵永远都是以巧取胜，避实击虚，出敌不意，掌握主动。他从来不跟敌人正面硬拼，杀敌一千自损八百的事儿，韩信是不干的。

　　韩信总能在寻常的作战模式中创造出与众不同的极具他个人特色的新战法。在韩信指挥过的所有战役中，都有他独具特色的创新。

　　韩信将枯燥乏味的军事指挥上升到了一种艺术的高度，看他的战场指挥简直就是一种享受。也难怪有人将他称为"兵仙"。

　　韩信的"兵仙"与李白的"诗仙"都是天赋其才。不是靠努力就能学来的，他们都是天生的奇才。

　　跟着韩信打仗，部队的伤亡很少，战功却很大，很多将士因而立功受赏赐爵封侯，脱颖而出，也成为当世名将。典型的例子有两个人，他们就是追随韩信征战的曹参跟灌婴。曹参在伐魏之战中建功。灌婴则在之后攻赵之役的井陉之战中大发异彩。

　　韩信作战的一大特点，就是他几乎从不攻击坚城。韩信的战场都是他亲自选定的，敌人通常会主动入圈，不主动的，也会被他引诱进来。而他选的战场都在野外，而且，只要当地有可资利用的山川河流，他都要用上以助军势，而在与敌对阵的过程中挖坑使诈是必不可少的。这么一套流程下来，敌人被他打垮，他的损失却微乎其微。

韩信不攻城，但城总要有人去攻，帮助韩信完成攻城业绩的人就是曹参。

沛县起兵时的功臣夏侯婴、曹参、周勃、樊哙，在刘邦称汉王时，他们几乎处于同一起跑线上。之后，他们之间的差距就渐渐拉开。最早是夏侯婴因在刘邦身边护卫有功，遥遥领先，但在楚汉大战之际，他却渐渐落后，被后来居上的曹参赶上并反超。到汉六年（前201）定封时，曹参获封万户，几乎是夏侯婴、樊哙的两倍。众将之中，能与曹参比肩的只有周勃。

曹参之所以能后来者居上，只是因为他跟的人是韩信。

伐魏，曹参攻下五十余城，伐赵又下五十余城，两次征战，连下百城。攻城野战之功曹参于诸将之中为最。

曹参后受封为平阳侯，正是因为他在伐魏之役中攻取魏都平阳之功。而曹参的平阳侯是万户侯。汉初的万户侯屈指可数。

夏侯婴、樊哙之所以被曹参远远甩在后面，是因为他们跟的人是刘邦。

而刘邦在楚汉相争的大部分时间都在防守，夏侯婴、樊哙就算想立功也找不到机会。

伐魏之役，曹参出尽风头，建功立业。在接下来的攻赵之战中，终于轮到骁将灌婴出场了。

背水列阵　拔旗易帜——井陉之战

　　韩信既定魏国，便派人向刘邦请兵三万欲北举燕、赵，东击齐。刘邦批准了韩信的请求，为韩信补兵的同时，又派前常山王张耳与韩信一同前往赵国。

　　刘邦的这个任命大有深意，张耳在赵地人脉广，亲信众多。派张耳去，可以利用其在赵国的关系为汉军侦探消息，韩信是最重情报的，而在这点上，张耳能帮到韩信的忙。

　　然而，刘邦派张耳去赵国，不仅仅是帮韩信收集情报，张耳此行还有一项重要的任务，那就是监视韩信。

　　长期以来，人们的注意力都集中于即将发起的井陉之战，却很少有人注意张耳。因为在整个伐赵的战争中，几乎很少出现他的身影，张耳的存在感很低。但实际上，张耳的作用很大，他对韩信的帮助不小，对刘邦的帮助更大。之所以张耳不引人注意，只是因为他从事的是谍战工作，而他谍战的对象，不仅对赵人，也对自己人。

　　在井陉之战前，韩信就将赵国的战前决策探听得清清楚楚，这里面应该有张耳的功劳，因为张耳在赵国耳目众多。而在不久之后的脩武夺兵事件中，张耳也是关键的当事人。刘邦能轻易从韩信手中夺过军队，离不开张耳的暗中协助配合。向来善于搞情报的韩信也想不到他会栽在张耳手上。

刘邦清楚韩信的才能也知道韩信的野心。刘邦既要重用韩信又要防备韩信。有才能的人通常也会有脾气。

楚汉争霸，强者为尊。

刘邦的内心也充满矛盾，他需要利用韩信的军事才干，因为只有韩信能独当一面，而他又十分清楚韩信不愿久居人下想做一路诸侯的心思。刘邦的对策就是利用的同时加以限制，在韩信脱离他的掌控单飞之前，尽可能多地为他创造价值。

从刘邦对韩信的态度，就能看出，他们之间始终保持着一定的距离。因为刘邦对韩信一直都很客气。客气就是距离。亲近的人不需要客气，只有对陌生人才需要。

刘邦的日常作风，懂的都懂，经常会以特别的方式问候部下及其家人。大家之所以不计较，只是因为他给的确实多，相比之下，被骂两句也就不算啥了。

但刘邦对韩信始终都很尊重，从未爆过粗口。刘邦对汉初三杰萧何、张良、韩信都很尊敬，但对韩信是最尊敬的，程度远远超过萧何跟张良。最客气的，往往也是距离最远的。因为刘邦从一开始就将韩信看作合作的伙伴而不是臣属。

不久，韩信挟大胜之威轻取代国。刘邦在收到捷报向韩信祝贺的同时又将其麾下精兵尽数调走，增援荥阳前线。

派出张耳，调走精兵，都是刘邦对韩信心有防备的具体体现。

当然，表面的原因也很合理，张耳在赵国根基深厚有助于韩信攻略赵国，而项羽在正面战场攻势凶猛，荥阳成皋前线吃紧，急需兵力增援。韩信即使知道刘邦的用心也找不到反对的理由。

汉三年（前204）冬，十月，韩信、张耳率新组建的数万汉军东征伐赵。

赵国君臣得知，也立即整军备战。赵王歇任命成安君陈馀为赵军主帅率军抵挡韩信。

成安君陈馀的身份此时其实是比较尴尬的，赵王歇为感谢陈馀助其成功复国的功劳，特意封陈馀为代王。但代国刚刚为汉所并，陈馀有国难回。当然，他从开始就未想走。赵国名义上的赵王是赵歇，但谁都知道，在赵国真正掌权的人是陈馀。名义上的亡国之君实际上的赵国之主陈馀即将与兵仙韩信对阵。

赵国集中全国的军队主力，对外号称二十万，注意这个"号称"二字尤为关键，这是解开井陉之战赵军兵力之谜的钥匙。楚汉之际的传统，夸大军力实属常规操作，以鸿门宴前的楚汉兵力做标准，刘邦军十万，号称二十万。项羽的诸侯军四十万，号称百万。以此类推，赵军的真实兵力应在十万左右。

只要兵力是号称的，都是虚报，至少要夸大一倍，如刘邦；个别敢吹的甚至是两倍以上，如项羽。战场之上，先声而后实，这个时候可不是说实话的时候，夸大其词，虚张声势，也是战争时期的宣传策略。

战前，赵国名将李牧的孙子广武君李左车劝说成安君陈馀："韩信、张耳去国远斗，其锋锐不可当。臣闻'千里馈粮，士有饥色；樵苏后爨，师不宿饱'。今井陉之道，车不得方轨，骑不得成列；绵延数百里，辎重粮食必在其后。愿予臣三万兵，从小路抄掠其辎重；足下深沟高垒勿与其战。彼前不得斗，退不得还，野无所掠，不至十日，而两将之头可致于麾下；否则必为二子所擒矣。"

陈馀却并不采纳："韩信兵少而疲，避而不击，诸侯必谓吾怯而轻赵。"

李左车看到的是乘胜而来、锐不可当的汉军，因而主张凭险据守。

陈馀看到的是久战疲惫只有数万之众的汉军，因而才极力主战。

李左车的策略是防守反击，据险而守，待汉军粮尽，再行反攻，虽然保守，但胜算更大。因为李左车清楚，汉军远道而来，利在急战。

但陈馀不这么认为，赵军兵力占优，又有井陉地利之势，面对仅仅数万汉军就摆出防守阵型，确实很容易让人产生赵军胆怯的印象。

陈馀拥兵十万，又占据井陉，以逸待劳，面对劳师远征久战疲惫的汉军，他认为他能打赢这场战役。众人知道韩信是常胜将军，但那是后人视角。韩信虽然在还定三秦之战与不久前的伐魏之役中崭露头角，但相比陈馀其实仍是后起之秀。陈馀也并非等闲之辈，战国时代就已经名震江湖，巨鹿之战时，在项羽出现之前，陈馀才是诸侯之长。

因此，从过往的名望，从现实的军力对比，陈馀都找不到自卑的理由。韩信在当时的名气还不是如后来那样大。

但陈馀想不到，他就是帮助韩信成就赫赫威名的那个人。因为之后进行的井陉之战，就是兵仙韩信的军事巅峰之作，更是韩信的封神之战。

说起巨鹿之战，就会想到破釜沉舟；说起井陉之战，就会想到背水列阵。这似乎已经成为一种习惯。此战还使《孙子兵法》中的一句话广为人知，那就是"置之死地而后生，陷之亡地而后存"。因为在井陉之战中，韩信用实战几乎教科书般地对其进行了阐释，从而使这句兵法名言妇孺皆知，更使众多的后来者争相效法。

但是，他们中的很多人并未真正领悟这句兵法的深刻含义，未认真思考再结合实际情况加以运用，只是机械地照搬照抄，从而付出了惨重的代价。

抛开实战、抛开具体事实谈战术的行为都是耍流氓。韩信的战术隐藏在一个个细微处，必须结合具体情况，结合实战，才能明白常胜将军韩信用兵的精妙。

陈馀与李左车关于军事部署的密谈，很快就被韩信知道了。得益于发达的情报系统，韩信不仅知道他们的军事部署，甚至连他们对具体战术的争论都调查得一清二楚。与伐魏之战相似，这次攻赵之役，战场又是单向透明，赵军的布阵，韩信全都知道。汉军的攻击计划，赵军却一点也不知道。赵国早就被汉军的谍报系统渗透成了筛子。韩信对赵军的行动计划了如指掌，这当然得益于张耳在赵国的众多眼线提供的及时准确的情报，更得益于韩信对情报战的重视。

对李左车坚壁防守的拖延战术，韩信相当重视，因为赵军如果真的这么做，汉军即使能取胜，付出的代价也会更大。当他从间谍那里得知陈馀未采纳李左车的计谋时才放下心来，决定抓住机会，立即进兵。

陈馀之所以不用李左车之谋，也有他的考虑，汉军远道而来久战疲惫，赵军本土作战以逸待劳；汉军只有数万，赵军则有十万之众；汉军是客军不占先机，赵军占据井陉抢占先机，有地形上的优势。

怎么算，陈馀都认为他不会输，甚至会觉得优势在他，胜券在握，因此对即将发生的战斗颇为自信。陈馀不但不怕汉军，反而还有点轻视汉军，对韩信更是不以为意。殊不知，正是他的自信害了他。得知对手轻视自己，韩信会怎么做呢？韩信还能怎么做！当然是极力迎合，主动配合。韩信对赵军的轻视求之不得，轻敌就会大意，大意就会露出破绽，就更容易被击败。其实，就算陈馀不轻敌，韩信也会主动做出行动令陈馀轻视自己，因为越是强大越是懂得伪装，示弱诱敌也是很多名将的常规操作。

机不可失，韩信迅速进兵，大军进至距井陉口三十里时，才安营扎寨。当晚，韩信派出一支两千轻骑兵组成的快速穿插部队，由骑兵将领灌婴率领直插位于赵军侧后的萆山。这是韩信提前布下的奇兵，在即将与赵军的决战中，这支奇兵将发挥不可替代的作用。

出发前，韩信嘱咐灌婴："明日决战，赵军见我军退走，必空其壁垒倾巢而出追逐我军；到那时，你要迅速前出，驰入赵军壁垒，拔去赵军旗帜，遍插我军的红色军旗。"灌婴应诺领命而去。

因为敌我兵力悬殊，赵军人多势众又是以逸待劳，还占据地形优势，常规打法很难取胜。陈馀的自信是有他的理由的。所以，要战胜赵军，必须出奇兵，出奇制胜。而且，这也是韩信的一贯作风。出奇制胜才是韩信的常规操作，不走寻常路才是兵仙的作战风格。

韩信对这支即将深入敌后进行穿插设伏的骑兵寄予厚望，他相信灌婴及其麾下的两千骑兵能够完成他交代的任务。刘邦在彭城之战中被项羽虐得很惨，但也由此明确了两个认识，第一个就是单靠他自己打不过项羽，于是才有他的下邑分封计划，找来韩信、黥布、彭越帮他一起围攻项羽；第二个就是必须组建强大的骑兵部队来对抗楚军骑兵的威胁。

彭城之战，刘邦亲眼见识了骑兵的灵活机动、快速突击的能力，这给他留下了深刻的印象。回到关中，刘邦就迅速组建起汉军的骑兵部队，而灌婴就是刘邦亲自指定的骑兵将领。

灌婴及其麾下的两千轻骑兵是真正的汉军精锐。要以少胜多就必须出奇兵。而韩信的奇兵不止一批。

第二天，大军出发前，韩信特意下令，今日大破赵军之后，全军会餐犒劳将士。众将在听到这道将令时，都是一脸疑惑，虽然经过还定三秦与伐魏之战，他们对这位主帅的能力深表钦佩，但他们即将对阵的可是十倍于他们且占据地利的敌军，韩信怎么这么有信心认为可以在一天之内就分出胜负击败强敌呢？但疑惑归疑惑，他们不敢说更不敢问，身为下属，这时只需乖乖照做就行。

韩信对众将说赵军已先于我军抢占地利，且赵军人数多于我军数倍，有轻我之心，赵军未见我的大将旗鼓，必不肯出，恐我军遇险而还。我军当将计就计。

全军出井陉口后，一条大河横在面前。

韩信派出一万人先于大军过河，背水列阵。

赵军望见大笑，纷纷嘲笑韩信不懂兵法，打仗哪有背水列阵的，一旦失利，连退路都没有。韩信背水列阵的举动，令赵军上下对汉军更为轻视，而一万汉军就在赵军的轻视与嘲笑中，快速安全地渡过鹿泉水。

　　两军隔河对峙，一方在渡河时最怕的就是对方半渡而击，因为这个时候，过河的一方处于运动之中很脆弱，扛不住对方的猛烈冲击，又因为兵力尚未集结完毕，人数上也不占优势，不成阵列，很容易被对方的急袭冲垮击溃。

　　但因为赵军的目标是韩信，是汉军的主力，所以，胃口很大的赵军并未将这一万汉军放在眼里，在汉军渡河时不予攻击。于是，一万汉军就在十万赵军的注视下从容渡河列阵。可是，他们不知道，最终导致他们失败的原因之一就是眼前这一万背水列阵的汉军。

　　井陉之战，韩信靠的是出奇兵取胜。

　　井陉之战，有两处关键的布阵，可以用两个成语来概括，一个是拔旗易帜，一个是背水列阵。

　　两处布阵，就是两处奇兵。灌婴及其麾下的两千骑兵负责拔旗易帜是韩信出的奇兵；背水列阵的一万汉军是全军的开路先锋，是关键时刻的堡垒，也是韩信出的奇兵。

　　两处奇兵，一明一暗。

　　一万汉军在明处，两千骑兵在暗处。

　　相对来说，明处的奇兵难度更大，在十万赵军的眼皮底下出奇兵，难度是相当大的，但韩信轻而易举地做到了。

　　因为韩信巧妙地利用了敌人的轻敌心理。

　　敌人越是轻视他，韩信就越是做出看似很业余的部署，比如背水列阵。如果对方不轻敌，很难做到背水列阵，因为严阵以待、兵力占优的敌人不会给你背水列阵的机会。而井陉之战，韩信取胜的关键有两处，一处是背水列阵，一处是拔旗易帜，缺一个都不行，缺一个都完不成以少胜多的战斗。

　　韩信为何听到陈馀对他有轻视之意欣喜不已，为何极力迎合陈馀的轻视，原因就在这里。正是因为赵军的轻视，汉军才能从容渡河，抢占前线阵地背水列阵。

可以说，当韩信派出的两路奇兵——灌婴的两千骑兵与背水列阵的一万步兵部署到位时，井陉之战，他就已经赢了七八成了。剩下的只要按照之前制定的计划按部就班地执行就好了。

在井陉之战中，背水列阵的一万先锋汉军被称作水上军。而韩信能在井陉大破赵军，第一重要的就是水上军，第二才是灌婴的那两千骑兵。

既然两支部队都是奇兵，为何说水上军比灌婴的骑兵更重要呢？往下看，很快就知道了。

一万先行渡河列阵的水上军是全军的开路先锋，他们的作用是保护大军可以不受赵军威胁安全渡河。大军渡河，不再是利用赵军的轻敌，而是有切实的安全防护，主动权已经从赵军那里悄然转到汉军这里。

在水上军完成渡河以及列阵之后，韩信才命令全军渡河，而他本人是最后一批渡河的，这么做不是因为他胆怯，而是因为他清楚，他才是赵军的首要目标，只要他不出现，赵军就不会轻易发动攻击。他在这场战斗中是汉军对敌人最好的诱饵，韩信也决定将他的诱敌作用发挥到最大。因此，他才在全军渡河后才出现。

虽然韩信是全军最后出场的，却是排面最大的、最拉风的，也是最招摇的，韩信令人打出他的大将旗鼓，走在最显眼的位置，生怕赵军看不到他。

韩信表现得如此高调，当然是有用意的，那就是吸引赵军来攻击他。这时候，因为有一万先前渡河的水上军的列阵保护，韩信不用再担心受到赵军的半渡而击，可以从容地过河。

而当韩信过河之后，发现目标的赵军果然不再作壁上观，而是立即行动，全军出击，朝着汉军杀来。

韩信指挥汉军迎着赵军来的方向迎上去。当赵军冲出营垒的那一刻，相信韩信又是会心一笑，他的又一个目的，又达成了。

因为赵军出击就意味着他们放弃了原本据有的地形优势。

井陉口是太行山北部的重要关隘，它四方高，中央低，如井之深，如灶之陉，因而称为井陉，这里自古就是兵家必争之地。

只有把赵军引到井陉关前的平坦地带，让他们失去地形优势，才能完美实施他的计策。

为了诱敌下山，韩信故意暴露他的身份和位置。赵军下山后，他又伪装败退，一路后退，直到把敌人引入平地，两军才在平地接战展开厮杀。

不久，韩信见引敌入平地的目的已经达到，便再次败退，一直退到河边。

这时，水上军的另一个作用就显现出来了，掩护大部队整队再战。这也是制胜的关键。

因为部队从后撤，到发现没有退路，再到迸发出战斗力发起反击，需要一个缓冲，需要一个过程，而水上军起到的就是这个作用。如果没有水上军在前面挡住追兵，就不会有置之死地而后生的反攻。

刘邦对这点应该是有深刻体会的。彭城之战数十万诸侯军也是被楚军追至河边，也是没有退路。可是，他们没有返身回去与楚军拼命，而是被楚军追杀逼进河里，尸体堆积如山，睢水为之不流。彭城惨败就在不久之前，而韩信在相同的场景下却能全程掌握主动，这就是能力的差别。所以，韩信说刘邦最多只能带十万兵，而他是多多益善，这不是吹牛而是事实。

水上军在渡河时是全军的防御保护，在主力后撤时是阻挡敌人的坚固盾牌。水上军有多重要显而易见。而水上军的渡河布阵是在十万赵军的注视下完成的，多么不可思议。然而，这在韩信示弱骄敌的策略下，居然实现了。

水上军渡河时未遭到赵军的半渡而击，过河后立足未稳也未遭受赵军的迎面攻击得以从容布阵。

当水上军完成战前部署时，韩信就知道，他已经赢得了这场战役。

韩信布置的水上军应该是久经战阵的老兵，因为只有老兵才能在被优势兵力围攻时依然能保持阵型，临危不乱。刘邦之前调走很多韩信的精兵去荥阳前线，给他补充的多是新兵，韩信才不得已在河边进行先置亡地而后存的兵法实践，用险恶的形势逼着新兵跟着他与敌人拼命。而韩信在交出老兵时肯定会有所保留，不会都交出去。他保留的精华应该就是这背水列阵临战不乱的一万水上军。这一万汉军先锋与灌婴的两千骑兵都是汉军的精锐之师。

老兵在战场上的作用是新兵比不上的。越是危急关头，就越是能显示出老兵的价值。很多人只注意到韩信用背水列阵的方式去凝聚新兵，逼出新兵的潜在战斗力，但如果没有老兵的带动，新兵很可能就是一盘散沙。一万老兵才是韩信取胜的关键所在。

在一万水上军的拼死抵抗下，蜂拥而至的赵军被硬生生挡在外面，不管怎么冲，都冲不进一万汉军老兵组成的军阵，数万汉军新兵这时也从最初的慌乱中镇定下来，看着老兵在前面奋勇拼杀，他们也受到鼓舞跟着冲上去，加入战团。

虽然汉军兵力处于劣势，又是背水列阵，但生死存亡之际，大家也都豁出去了，贴上去跟赵军斗狠。一人舍命，十人难敌，更何况数万之众。赵军虽多，但受限于井陉的地形，兵力得不到充分展开，在汉军的顽强抵抗下，战斗陷入胶着，一时难分胜负。

汉军顶住了赵军的凶猛攻势，而随着时间的推移，赵军的攻击势头也逐渐减弱。赵军久战疲惫，见难以取胜，就准备撤军回营，改日再战。

当赵军撤退回到大营前时，却震惊地发现，营地插满汉军的红旗，他们的军营已经被汉军占领。

赵军不知道，但我们都知道，这是之前埋伏在萆山的灌婴的两千轻骑袭夺了赵军大营。

韩信为诱使赵军倾巢而出，在撤退的路上，不停地丢弃旗鼓、马匹、兵器，扔得到处都是。赵军一边追击一边拾取，既能立功又能发财，这种好事儿，当然人人想要。守在山上大营的赵军眼看别人发财，十分眼红，按捺不住躁动的心，打开营门也跟着冲出来，抢战利品。

　　在远处萆山上埋伏的灌婴见赵军中计，立即行动，率两千骑兵驰入赵营，尽拔赵帜，遍插汉帜。

　　于是，准备回营休整的赵军就看到了遍插汉军旗帜的军营，赵军的军心瞬间崩溃，四散奔逃。赵军将领接连斩杀数人，却根本喝止不住。兵败如山倒，赵军潮水般溃退。而韩信与灌婴趁机发起全面反攻，前后夹击早已溃不成军的赵兵。井陉之战，布局巧妙、背水列阵、拔旗易帜的韩信仅用一天就击溃赵军，大获全胜。

　　之后，汉军乘胜追击，阵斩成安君陈馀，生擒赵王歇，一举平定赵国。

　　战后，众将纷纷来向韩信报功，虽然打了胜仗，但众人心中的疑惑更深了。既然仗已经打赢，也是时候问问大将军，解除心中的疑惑了。众将向韩信请教："兵法：'右倍山陵，前左水泽。'今将军令臣等反背水陈，还说'破赵会食'，臣等不服，然而竟以此胜之，这是何缘故？"韩信说："此在兵法，只是诸位将军未能细察！兵法曰：'陷之死地而后生，置之亡地而后存！'今信所带之兵，多为新附，此所谓'驱市人而战之'，其势非置之死地，使人人自为战，若予之生地，遇强敌必皆散走，又如何用以抵敌乎！"诸将听后尽皆叹服曰："将军智略，非臣等所及。"

　　很快，一个人被带到韩信面前，因为战前，韩信曾悬赏千金欲得此人。重赏之下，必然心想事成。这位价值千金的人就是广武君李左车。

　　韩信亲自为李左车解开绑缚，请其东向就座，以师事之。礼下于人，必有所求。韩信对李左车这么客气是有事请教。

　　韩信说："我想要北攻燕，东代齐，如何才能建此大功？"李左车赶紧辞谢说："臣败亡之虏，何足以计大事！"韩信说："我听说百里奚居虞而虞亡，在秦而秦霸；非愚于虞而智于秦，用与不用，听与不听罢了。诚令成安君听足下之计，韩信已为足下擒矣。成安君不用足下，信才得以至此。今诚心问计，还请不要推辞。"

　　李左车见韩信出于至诚，这才说："今将军涉西河，虏魏王，擒夏说；

东下井陉，一朝而破赵二十万众，诛成安君。名闻海内，威震天下，此将军之所长也。然而久战之后，士卒疲惫其实难用。今将军欲以倦敝之兵，顿之燕坚城之下，欲战不得，攻之不拔，情见势屈；旷日持久，粮食殚竭。燕既不服，齐必拒以自强。燕、齐相持而不下，则刘、项之胜负难分，此将军之所短也。善用兵者，不以短击长而以长击短。"韩信追问道："今日之势确如君言，然则计将安出？"李左车指明了韩信的优势所在，也看出了韩信的劣势。

但韩信最关心的是接下来怎么办。李左车随后给出了建议："今为将军计，不如按甲休兵，镇抚赵民，百里之内，牛酒日至，以飨士大夫；北首燕路，而后遣辩士奉咫尺之书，暴其所长于燕，则燕必不敢不从。燕已从而东临齐，虽有智者，亦不知为齐计。如是，则天下事可图。兵固有先声而后实者，此之谓也。"

韩信大喜，连连称善，从其计，发使赴燕，虚言威慑，燕国果然从风而靡；韩信遣使向刘邦报捷，同时请求以张耳为王镇抚赵地。刘邦欣然同意。韩信从开始就知道刘邦叫他带上张耳的用意，就是攻下赵国之后，将赵国交给张耳。

韩信何尝不想镇抚赵国，只是他明白刘邦不会同意，况且此时他与刘邦仅有一河之隔，相距不远，尚未脱离刘邦的掌控，即使有此心，也要忍耐一时，暂且退让，使刘邦对他放心，才好从长计议。韩信推举张耳不过是顺其心意，做个顺水人情罢了。

韩信辛苦打下的赵国，却要拱手相让，心里自然不甘，但他更明白，小不忍则乱大谋。来日方长，况且，韩信心里已有打算，那就是接下来要攻伐齐国。

深入敌后　出其不意——氾水之战

刘邦在荥阳成皋一线大部分时间都在防守，但他也不放过任何可以反击的机会。因为虽然韩信在北线连战连胜频频告捷，但韩信执行的是战略迂回，是长线作战，对正面战场的影响有限，其对刘邦的支援还不如在敌后进行游击战的彭越。但彭越也只能在项羽的后方间接策应。与项羽正面硬抗还得靠刘邦自己。

楚汉争霸，刘邦是最苦的那个人，在荥阳成皋一线被项羽持续放血，靠着萧何在后方不停地向前线输血，刘邦才没有崩溃。但关中巴蜀的体量再大，也经不住长期的大放血。

汉三年（前204）六月，韩信取得井陉大捷不久，就发生了著名的脩武夺兵事件。

一天，清晨，刘邦以突然袭击的方式渡过黄河来到韩信驻军的脩武，韩信、张耳还未起床，他们的兵符将印就被突然而至的刘邦夺去。刘邦用韩信的兵符令箭对这支部队的指挥系统进行全面调换。事情部署已定，刚刚醒来的韩信、张耳才被告知汉王来了，此刻就在大帐。二人闻言大惊，只能接受既成结果。

其实，真正惊的只有韩信，张耳是不会惊的，作为刘邦安插在韩信身边的卧底，他是此次事件的主谋之一。帮助刘邦夺取韩信的兵权是他的任务。而此时张耳已经出色地完成了他的使命。

韩信最重视间谍，军营重地必然防备森严。如果不是有内应，刘邦怎么可能进得来，而兵符将印几乎等同于将帅的生命，韩信又怎么可能不悉心保管，轻易被人夺去。

如果将印都能如此轻易被人夺走，那夺走他的人头也会轻而易举，因为步骤是相同的。但显然，韩信不会犯如此低级的错误，稀里糊涂就能把将印丢了。只有一种可能，那就是他被身边亲近的人给出卖了。

整个楚汉战争期间，这是韩信仅有的狼狈时刻，被刘邦的突然袭击打了一个措手不及。刘邦之所以出此下策也是事出有因。那就是他与韩信间实力的此消彼长。

刘邦刚刚又经历一次从项羽的重围中突围而出。他是能出来，很多将领也陆续突围，前来与他会合，但问题是军队怎么办，大部队很难突出来，很多都损失了。而韩信刚刚经历一场前所未有的大胜，一举击溃十万赵军，战后，收编降兵，韩信的实力必然飙升。

有对比才有伤害，一方刚刚大败，军力锐减；一方刚刚大胜，实力倍增。而韩信有才干的同时又有野心，早就想着单飞。

这个时候，刘邦自然会有强烈的危机意识，因为此时韩信的军队实力已经超过了他，而这是十分危险的。身为君王，刘邦不会允许部下的实力超过自己。韩信已经很难驾驭，如果让韩信就此坐大，刘邦就再难控制韩信。

刘邦的出手相当及时、相当迅速，也相当隐蔽，他对韩信也做到了出其不意，攻其不备，以迅雷不及掩耳之势夺其兵权，使韩信的一方诸侯之梦不得不向后推迟。

　　张耳之所以愿意在这次脩武夺兵事件中极力配合，当然也是因为有好处。如果说刘邦是最大的受益者，那紧随其后的就是张耳。

　　韩信被夺去大部军队，失去独立的资本，只能对刘邦表示顺从，乖乖听令，而刘邦给他的命令是离开赵地东征齐国，将赵国交给张耳。只有韩信被调走，张耳才能在赵地做名副其实的王，一国不容二主，他和韩信必须走一个，留下的那个才是赵地之主。张耳是没有实力跟韩信叫板的，他想上位只能依靠刘邦。

　　而刘邦也希望利用张耳稳定赵地，同时迫使韩信去进攻齐国，尽最大限度去压榨韩信，来实现他的利益最大化。整个事件中，损失最大的就是韩信，远征魏、代、赵三国，三战三捷，到头来却是竹篮打水一场空，辛辛苦苦给别人做嫁衣。韩信心里自然不满，不久之后的历下之战以及自立为王，就是这种不满的集中表现。

　　刘邦与韩信因为共同的利益走到一起，也因为利益分配的矛盾而分道扬镳。但脩武夺兵事件显然加速了韩信在事实上独立，与刘邦分离的进程。

　　刘邦一面利用韩信的军事才能开疆拓土，一面又利用各种方式削弱压制韩信防备其势力坐大。伐魏之后，调走精兵；攻赵之后，脩武夺兵。这些都是刘邦对韩信不信任的表现。

　　不管刘邦对韩信如何小心防备，缘分已尽，该走的还是会走。

　　韩信在北线战场的所向披靡、辉煌胜利，与刘邦在正面战场的连遭败绩、灰头土脸，形成鲜明的对比，压力给到了刘邦这边，刘邦知道自己必须要有所行动，必须要用战绩来证明自己。主动出击，才能摆脱被动；夺取胜利，才能振奋军心。

　　八月，彭越攻略梁地，狂飙突进，势不可当，连下睢阳、外黄十七城。

　　九月，项羽终于坐不住了。他对大司马曹咎说："小心据守成皋。即使汉王亲自前来挑战，也不要与其交战，只要守住战线，不令汉军东移即可。我十五日之内必定梁地，到时再与将军会合。"项羽引兵东行，击陈留、外黄、睢阳等城，十余日，尽复所失十七城。

项羽被彭越调走，自己的兵力又得到补充，还有比现在更好的机会吗？说干就干，刘邦知道项羽那令人恐怖的战斗力，彭越在东线撑不了多久，他必须抓紧时间，速战速决，在项羽回来之前，结束战斗。

汉四年（前203）十月，刘邦趁项羽被彭越牵制东归之际，主动发起成皋汜水战役。

史书上对汜水之战的记载：楚大司马曹咎守成皋，汉数挑战，楚军不出。汉军百般辱骂，数日之后，被激怒的曹咎兵渡汜水，被汉军半渡而击大破之，曹咎及司马欣自刭于汜水上。汉王引兵渡河，复取成皋，军广武，就食敖仓。

史料对这场战役的记录过于简略，过程被大大简化，而关键的地方几乎都被忽略。

想要还原战场，首先要弄清两军的具体位置。当时，整个正面战场呈东西分布，从西向东依次是洛阳、巩县、成皋、荥阳，广武在成皋东北，而敖仓在荥阳东北。

汜水将成皋与荥阳分隔在东西两岸，其中成皋在西，而荥阳在东。

当时楚军占据成皋、荥阳，汉军退守洛阳、巩县。那么问题来了。如果刘邦从巩县出兵直接进攻在成皋的曹咎，战斗应该发生在汜水西岸。那曹咎也就不需要渡过汜水，因为此时刘邦是从西面来，而汜水在成皋的背后。曹咎应该是率军西上迎战，怎么会反向跑到汜水东岸呢？既然巩县、成皋都在汜水西岸，两军交战就不会涉及汜水，更不会发生半渡而击的事情。显然，史料的记载缺失很多，而这些缺失的内容，才是这场战役的真相。

刘邦因为项羽的攻势过于猛烈，曾一度准备放弃收复成皋、荥阳，就在巩县、洛阳一线与项羽对抗。但谋士郦食其力劝他趁项羽引兵东归，重新夺回成皋、荥阳，最重要的是要夺回敖仓。因为那里是屯粮之地。郦食其告诉刘邦，项羽攻占荥阳却不用重兵去守敖仓，这是项羽的失策，却是刘邦的机会。

郦食其给刘邦的建议是乘机收取荥阳，然后据敖仓之粟，塞成皋之险，如此则楚汉之争，汉必胜。

刘邦采纳了郦食其的建议，但如何在有限的时间攻占成皋、荥阳跟敖仓呢？经过反复谋划，刘邦决定避实击虚，绕过楚军重兵设防的成皋，渡过汜水，进攻荥阳。但荥阳也不是汉军的首要目标。攻击荥阳的目的是攻敌所必救，引诱成皋的楚军东渡汜水前来救援，然后，围点打援，在野战中围歼从成皋方向赶来的楚军援兵即西楚大司马曹咎部。正因为汉军率先东渡汜水进攻荥阳，曹咎为救援荥阳，才会离开成皋渡过汜水，出现在汜水东岸，之前的所有作战过程才说得通。

刘邦率军东进，绕过成皋，直插荥阳，确实能起到避实击虚、出其不意的效果。

但深入敌后，处在成皋、荥阳之间，也很容易被楚军合围，也要冒很大的风险，此举是兵行险着，但时间紧迫，战机宝贵，加上刘邦对项羽以下的楚军将领的能力心中有数。因而，刘邦认定这个险值得冒，只要攻击顺利，正面战场的形势就将从此逆转。

汉军在刘邦的率领下顺利绕过成皋，突然出现在荥阳，在敌人的腹心地区来了一个中心开花。此时守在成皋的是楚将曹咎，守在荥阳的是楚将钟离昧。对楚军而言，面对突然出现的汉军，他们最好的办法是东西对进，对汉军实施合围。

荥阳的钟离昧并未出城，而是选择固守，这可能是因为汉军占据兵力优势，所以，他不敢出城应战。这并不奇怪，刘邦下定决心宁可冒险也要打这一仗，肯定率领的是汉军的主力部队。钟离昧被汉军的军威震慑，不敢出来，也是正常反应。

现在难题摆在了曹咎面前，汉军重兵围攻荥阳，他到底是救还是不救？坐视荥阳被围攻而不去救援，荥阳失守，下一个就轮到成皋。而且，项羽回来追责也不会放过他。去救，势必又是一场恶战，但早打晚打都是打，现在去救还能与荥阳守将里应外合，若是荥阳被攻陷，等刘邦打上门，他就只能孤军奋战了。所以，看似选择题，其实是必答题。

曹咎率楚军从成皋出发，东渡汜水，结果才上岸就一头扎进汉军的埋伏圈，被早已等在那里的汉军围攻。刘邦事前肯定派出了阻击部队在外围阻挡荥阳方向钟离眛部的救援。因而，曹咎做不到与钟离眛东西对进合围汉军。进入汜水东岸的楚军反而陷入重围，被汉军四面攻击。

曹咎抵挡不住汉军的围攻，一路率军向西败退，想突围，结果到最后还是在汜水东岸被汉军追上，遭到围歼。曹咎以及跟着他来救援荥阳的司马欣知道罪责难逃，不死于战阵，也会死于军法。于是，两人选择自刎而死。汉军乘胜西渡汜水，攻下兵力薄弱的成皋。留在汜水东岸的汉军则攻下广武、敖仓，将钟离眛困于荥阳。汜水之战是刘邦在正面战场取得的少有的大胜。

处于进攻方的刘邦集中优势兵力，主动进攻，将分散在成皋、荥阳、广武、敖仓的楚军各个击破，一举夺回战争的主动权。此时，就算项羽回来也不得不被动接受刘邦重占成皋的这个事实。

广武对峙　两军对垒——分一杯羹

项羽接连收复梁地十余城，正欲乘胜追击拍扁这个整天在他后方四处流窜的彭越时，就收到成皋城破曹咎兵败自杀的消息，项羽十分不情愿地放弃对彭越的追击，再次折返，回来救荥阳。正在荥阳围攻钟离眛的汉军，听说项羽杀回来了，立即停止攻击，往附近的山上跑，而且一个比一个跑得快。必须快，因为跑得快能保命，跑得慢只能提前投胎。

多年的对阵厮杀，汉军已经很熟悉项羽的作风，千万不要在平原与项羽交手，楚军的骑兵在彭城之战中给他们留下的印象过于深刻，在平原很难挡住对方的冲锋。刘邦的汉军依然是以步兵为主。骑兵虽然厉害，但对地形的依赖更大，只能在平原上逞强，稍微遇上点土山丘陵，其攻击力就会大打折扣。而汉军的主力是步兵，步兵可在全地形作战。

山地作战，居高视下，汉军不用担心受到冲击，即使是项羽也攻不上来。

刘邦率军退守荥阳北面黄河岸边的广武，凭险据守。项羽也很快追踪而至。两军在广武再度形成对峙的局面。

广武北瞰黄河，南邻荥阳，与敖仓近在咫尺，一条南北走向的山涧将广武山一分为二。刘邦在广武涧西面筑城防守，称西广武，俗称汉王城。项羽在广武涧东面修城驻军，称东广武，也叫霸王城。两城相距数百步，以广武涧为界。

广武涧是名副其实的楚河汉界。

唐代诗人李白后来途经广武，凭吊古战场，抚今追昔，遥想当年楚汉相争的历史，感慨万千，心潮澎湃，即兴赋诗一首："战争有古迹，壁垒颓层穹。猛虎啸洞壑，饥鹰鸣秋空。翔云列晓阵，杀气赫长虹……"

表面看起来战争似乎又回到从前，只是换了地点，刘邦从成皋来到广武，从城里来到山上，被围的还是汉军。

仔细看，却大有不同，因为汉军是多路出击，至少有三条战线，刘邦的西线，韩信的北线，还有彭越的东线。

刘邦在西线与项羽的对抗虽仍处于下风，但已经能进行快速反击，战线也从巩县前推至成皋延伸到广武。刘邦的实力也在增强。项羽再难随心所欲地平推了。

韩信在北线执行的是战略大迂回，在这条路线上，韩信的主要敌人有魏、赵、燕、齐四国。此时四国已经被韩信打垮三个，只剩下一个齐国，但对连战连胜的韩信而言，占领齐国不过是时间问题。以韩信的实力攻占齐国，不会有任何悬念。即使是项羽也不会对此有异议。

一旦迂回成功，项羽的后路就会被韩信包抄，到时就不是彭越游击战而是韩信的战略进攻战。项羽将真正陷入腹背受敌的境地。韩信可不是彭越，到时项羽会很惨。因为韩信可不会给他机会救援。齐国被韩信占领，整个西楚九郡就都会暴露在韩信面前。项羽如果不想彭城有失，就只能放弃正面战场，全面退守。而接下来，他面对的会是刘邦跟韩信的两面夹攻。

项羽最大的困难是手下缺少韩信这种可以独当一面的帅才，所以他只能疲于奔命，到处救援。

项羽也不想两线作战，他急于击败刘邦，然后向东移动，去封堵即将南下的韩信。但刘邦待在山上就是不下来。刘邦固守不出。项羽也没辙，因为他攻不上去。

项羽只能在正面跟刘邦对峙，心急如焚。而刘邦正好相反，他很享受这种生活，只要拖住项羽就是稳赢。

刘邦耗得起，但项羽却吃不消，因为他的后勤补给线。东线的彭越也未闲着，就如同项羽总是追着刘邦，彭越也总是追杀楚军的辎重队。楚军的粮草屡遭劫掠，粮食的供应越来越少，而荥阳附近最大的屯粮之地敖仓又被汉军占领，就更令楚军雪上加霜。

之前，刘邦与项羽对峙于荥阳，靠的就是敖仓的粮食。荥阳距离敖仓不远，但也需修筑甬道才能保证从敖仓将军粮运到荥阳。于是，甬道就成了楚军的攻击重点。

刘邦之所以在荥阳守不下去，选择突围，很大原因也是因为粮草匮乏，粮道屡遭摧毁，才不得已撤守。现在，刘邦率汉军驻守广武，守护着近旁的敖仓，明显是吸取了以往的教训，广武涧又是天然的金城汤池，待在这里不用与项羽厮杀，只需深沟高垒，就能拖垮楚军。

刘邦愿意跟项羽拼消耗，也是因为据有敖仓。军中有粮，心里不慌。他拖得起，但项羽拖不起。

当初，项羽攻占荥阳、成皋，却不以重兵守敖仓，是其最大的失策。

确如郦食其所言："楚人拔荥阳，不坚守敖仓，乃引而东，令谪卒分守成皋，此乃天所以资汉也。"

取守势的刘邦反而占据上风，看似咄咄逼人积极求战的项羽实际却极为被动。

项羽最后被逼得没有办法，就使出了不是办法的办法，将被一直关在楚营的刘邦的父亲押出，就在两军阵前，垒起锅灶，并放出话来，刘邦若再不出战，就用大锅烹煮刘邦之父。

但项羽做梦也想不到刘邦面对威胁做出的反应。刘邦说当初我们共同反秦，约为兄弟，所以，我父就如同你父，你要烹的话，不要忘了，到时，分我一杯羹。

项羽以人质相威胁，想逼迫刘邦就范。可是，刘邦根本不吃这一套，还要分一杯羹。这下轮到项羽尴尬了。

虽然烹煮活人这事，项羽之前也干过，眼下却做不得，不是他不敢，而是舍不得。这个舍不得当然不是顾惜刘邦之父，而是刘邦的父亲和妻子此时都是项羽手中重要的政治筹码，需要在关键的时候才能打出去，就这么给煮了，岂不是浪费吗！所以，项羽不会真的烹杀刘邦的父亲，只是想吓唬吓唬刘邦，对其进行威胁。但刘邦是何等人，玩政治权谋，十个项羽也斗不过一个刘邦。

项羽的那点小心思，自然瞒不过刘邦。正因为刘邦知其用心，才以退为进，于是就有了分一杯羹的典故。

威胁失败，项羽只能灰头土脸地撤去铁锅，填平灶台，一场政治闹剧就此以项羽的丢人现眼尴尬收场。

项羽这次不成功的表演也告诉人们，不要用你的短处去攻击人家的长处。不管是在战场上，还是在生活中，要扬长避短，不要以短击长，那只会自取其辱。项羽就是活生生的例子，纵横沙场，冲锋陷阵，刘邦不是其敌手，但要论用心机使权谋，项羽也不是刘邦的对手。千万不要用你的业余爱好去挑战人家的专业本领。

项羽一计不成又生一计。这次不再用人质威胁，项羽要跟刘邦决斗。项羽对刘邦说："战乱不休，生灵涂炭，皆因你我二人，不如就在此地决斗，分出雌雄，不要再令百姓受战争之苦！"对项羽的提议，刘邦只是笑笑："我斗智，不斗力！"项羽要求单挑。刘邦却不接招。

项羽令壮士出阵挑战，汉军中有善骑射的楼烦射手。只要楚军中有人出来挑战，就会被他射杀。楚军一连有三名挑战者被射杀，项羽得知后勃然大怒，亲自被甲持戟来到阵前挑战。楼烦射手还想如法炮制，拉弓欲射，却正好与项羽四目相对。项羽瞋目而视，怒吼叫阵，吓得楼烦射手目不敢视，手不敢发，灰溜溜地逃回营垒，再不敢露面。刘邦派人探问，才知出阵挑战的就是西楚霸王项羽本人。

项羽居然亲自来了。这令刘邦大为惊讶。既然人都来了，那就谈谈吧。于是，项羽与刘邦在鸿门宴后，再度重逢，两人临广武山涧相互喊话。项羽还是想跟刘邦单挑。但刘邦根本不理这茬儿。

刘邦很会利用机会，将这次广武喊话硬生生变成对项羽的声讨大会。刘邦一点也不给项羽留情面，当着两军将士就开始爆项羽的黑料揭其老底。

刘邦历数项羽的种种罪行，列举其十大罪状："项羽负约，王我于蜀、汉，罪一；矫杀卿子冠军，罪二；救赵不还报，而擅劫诸侯兵入关，罪三；烧秦宫室，掘始皇帝冢，收私其财，罪四；杀秦降王子婴，罪五；诈坑秦子弟新安二十万，罪六；王诸将善地而徙逐故主，罪七；出逐义帝彭城，自都之，夺韩王地，并王梁、楚，多自与，罪八；使人阴杀义帝江南，罪九；为政不平，王约不信，天下所不容，大逆无道，罪十。"项羽大怒，令士兵以伏弩射刘邦。弩箭射中刘邦胸口，刘邦急中生智大呼："箭射到我的手指啦。"刘邦这么做的目的，当然是不想令人知道他的真实伤情，避免部下恐慌。

刘邦受的箭伤其实很重，很快就病卧在床。这时张良却强行请刘邦起身出行劳军，慰勉士兵，以稳定军心。

刘邦以出行劳军的机会，趁项羽不备，疾驰奔入成皋。不久，刘邦又西行入关，返回都城栎阳治伤。刘邦下令将汜水之战时自杀的塞王司马欣的人头砍下在栎阳示众。因为之前项羽分封诸侯，封三秦于关中，塞王司马欣的封国的都城就是栎阳。刘邦要用司马欣的人头告诉所有人，司马欣已死，关中从此属汉。

伤好之后，刘邦再次回到广武，重返前线。

而此时楚汉战争的形势已然发生重大变化。不过，变化不是发生在西线，也不在东线，而在北线。

韩信又打胜仗了。

狐假虎威　是非颠倒——抢夺军功

汉三年（前204）九月，刘邦的首席辩士郦食其主动请缨去游说齐国归汉。因为楚汉战争进行到此时，局势已经愈发明朗，正面战场，双方势均力敌，决胜的关键在于北线。这点郦食其看出来了，刘邦看出来了，韩信自然也看出来了。但接下来事情的发展，却很耐人寻味。

郦食其对刘邦说："方今燕、赵已定，唯齐未下，诸田宗强，负海、岱，阻河、济，南近于楚，人多变诈；虽遣数万师，未可以岁月破也。臣请得奉明诏说齐王，使为汉而称东藩。"

郦食其来到齐国见到齐王，对其说："王知天下所归乎？"齐王说："不知。天下何归？"郦食其说："归汉。"齐王问道："先生以何言之天下归汉？"郦食其答："汉王先入咸阳，项王负约，王之汉中。项王迁杀义帝，汉王闻之，起蜀、汉之兵击三秦，出关而责义帝之处。收天下之兵，立诸侯之后；降城即以侯其将，得赂即以分其士；与天下同其利，豪英贤才皆乐为之用。项王有倍约之名，杀义帝之实；于人之功无所记，于人之罪无所忘；战胜而不得其赏，拔城而不得其封，非项氏莫得用事；天下畔之，贤才怨之，而莫为之用。故天下之事归于汉王，可坐而策也！夫汉王发蜀、汉，定三秦；涉西河，破北魏；出井陉，诛成安君；此非人之力也，天之福也！今已据敖仓之粟，塞成皋之险，守白马之津，杜太行之阪，距蜚狐之口；天下后服者先亡矣。王疾先下汉王，齐国可得而保也；不然，危亡可立而待也！"

之前，齐国听闻韩信即将举兵东下，特命大将田解屯重兵于历下欲抗拒汉军。在汉军强大的军事威慑下，在郦食其的言辞游说下，齐国决意归汉，撤出历下守备。齐王更是与郦食其日夜纵酒为乐。

韩信引兵东进，尚未深入，便听说郦食其已说服齐国归汉，当即就准备停止前进。但是辩士蒯通对韩信说："将军受诏击齐，而汉又遣使下齐，如今有诏止将军之行乎？郦生，一介之使，以三寸之舌，下齐七十余城，将军以数万众，岁余乃下赵五十余城。为将数岁，反不如一竖儒之功乎！"韩信深以为然，遂下令全军渡河。

汉四年（前203）冬，十月，韩信突袭齐国，大破齐历下军，兵进临淄。齐王以为是郦食其出卖了他，当即将郦食其烹杀，引兵东走高密，同时遣使向楚国请救。

站在郦食其的角度，他的想法其实很简单，战争即将结束，留给他立功的机会已经不多，齐国很可能是他仅剩的机会。张良立功凭借的是智谋。陈平立功靠的是上不得台面的计谋以及为刘邦背锅。萧何立功靠的是在后方任劳任怨的后勤工作。韩信立功靠的是纯粹的军功。而郦食其立功靠的是外交游说，更准确地说，靠的是他那张嘴。

但外交要靠实力背书，游说说得直白点，就是狐假虎威。只有虎威，狐才能借其势以成其事，但在楚汉战争中，刘邦在大多数时间，因为直面项羽的缘故，不是很威。因此，郦食其可以建功的机会也不多。

郦食其加入刘邦阵营靠的是游说陈留，也就是狐假虎威。因为陈留孤城，面对刘邦军属于弱势，郦食其才能游说成功。陈留模式也适用于之后的秦关守将。

但之后的很长时间里，郦食其便乏善可陈。不是他未做事，而是做得很失败。郦食其曾献策刘邦建议复立六国之后，这个方案被张良毫不留情地否定了。虽然刘邦未责备郦食其，但郦食其心里肯定也不好受。

彭城战后，魏王豹反叛。刘邦也曾派郦食其去游说，希望说动魏王豹回心转意。然而，郦食其的游说失败了。因为刘邦这只虎的威风减弱，郦食其这只狐就没戏唱，铩羽而归。

当然，按照史书的书写传统，这些挫败在郦食其本人的传记里是看不到的。能看到的就是他的陈留劝降以及劝说刘邦夺取敖仓的高光时刻，而在传记中浓墨重彩被大书特书占据大部篇幅的就是郦食其的出使齐国之行，惜墨如金的《史记》对此有极为详尽的记录，连郦食其与齐王的对话都被收录进去。如此详尽的记载在《史记》中并不多见。由此可见，这次出使对郦食其的功绩的评价及其在汉初功臣中地位的确定相当重要。不写齐国之行，郦食其传记的篇幅就要被削减大半，其功劳也会大大减少。

表面看来，郦食其的齐国之行是极其成功的，这是他为刘邦立下的功劳里面最大的一次，也是他作为说客最成功的一次。因为齐是大国，与之前的陈留小城、秦地边关不可同日而语，但也正是因为这次游说，使郦食其丢掉性命。

虽然表面上郦食其是死于齐王之手，还是被齐人烹杀。但谁都知道，郦食其真正的死因是韩信对齐国的突袭。

韩信为何不顾郦食其的安危而对齐国发动突袭？因为郦食其触碰了韩信的底线。郦食其的齐国之行本质上是抢夺本属于韩信的军功。

郦食其出使齐国并成功游说齐王归汉，其本人的口才当然重要，但更重要的是其背后韩信及其所率汉军实力强大。当时，韩信已经进驻边界，对齐国的进攻即将全面展开。齐王其实不是被郦食其说服，而是被韩信的军事实力镇服。

郦食其这次齐国之行，本质上仍是狐假虎威，与他之前的诸多游说如出一辙，不过，这次的虎不是刘邦而是换成了韩信。但韩信不愿被郦食其狐假虎威，更不愿被郦食其抢去到手的军功。于是，才有郦食其被烹杀的悲剧。

表面看来是韩信害死的郦食其，其实不然，真正害死郦食其的人是刘邦。当然，刘邦并不想害郦食其，他只是派郦食其去抢功，抢韩信的军功。

因为一直以来，刘邦都对韩信心存戒备，小心防范，甚至不惜用各种办法对其进行压制、打压，其目的就是防止韩信的势力坐大，威胁到他。

刘邦与韩信的矛盾由来已久。刘邦既想让韩信为他打仗开疆拓土，又不肯真的分出现实利益。刘邦给韩信的都是大将军、左丞相这些虚名。后来封齐王、封楚王都是被迫的。韩信不威胁不逼迫，刘邦是不会给的。

韩信伐魏取胜。刘邦调走韩信的精兵，只允许韩信带着新兵去打仗。

韩信攻赵获胜。刘邦任命张耳做赵王，又以突然袭击的方式再次夺走韩信的精兵，然后命令韩信不许在赵国多作停留，立即去攻齐国。

韩信伐齐之际，刘邦明明知道，以韩信的能力，攻齐之战将又是一次摧枯拉朽般的胜利。刘邦却在韩信屯兵边界即将发起进攻之时，派郦食其去齐国跟韩信抢功。

刘邦在明知靠韩信就能平定齐国的形势下，却依然派出郦食其前往游说，这跟项羽邀请刘邦赴鸿门宴，在本质上都是相同的，即在军事占据优势的时候，以强大的军事实力逼迫对方就范，达到不战而屈人之兵的目的。在《孙子兵法》中，这被认为是最高水平的用兵策略，因为付出的代价最小，而得到的收益最大。

当年项羽对刘邦有军事优势，所以才有实力摆下鸿门宴。如今，刘邦面对齐国，也具有压倒性的军事优势，他也终于有机会用不战而屈人之兵的策略来达到他收服齐国的目的。而韩信不过是刘邦用来迫使齐国服从的工具。

刘邦在实现其最高军事水平策略获得成就感的同时，还可以剥夺韩信建立军功的机会，更能趁机让其亲信郦食其立功，为之后对心腹进行封赏提供依据。

刘邦在韩信即将征服齐国之时，派郦食其出使齐国，看似多此一举，却是一箭三雕，一举三得。

明明是郦食其要抢夺韩信的军功，但因史料叙述的角度及方式的不同，给人的感觉倒像是韩信抢了郦食其的功劳。相似的记述还有很多，这完全是黑白颠倒、是非不分。

明明要加害于人，却伪装成受害者，真是卑鄙龌龊至极。从未见过如此厚颜无耻之人。但韩信可不会惯着他们。

刘邦自以为很精明，小算盘打得啪啪响，但他忘记了，韩信也不是等闲之辈。

对刘邦的险恶用心，韩信其实心知肚明，他不说不代表他不知道，他不说不代表他不明白。

一直以来，面对刘邦的极限剥削、反复压榨，韩信都是选择忍耐。不是他甘愿被剥削，不是他甘心被压榨，而是局势使然，在羽翼未丰之际，在实力尚不足以自立门户之时，他不得不向现实做出暂时的妥协。今天退一步，为的是明天进两步。韩信只是在等待机会，等待可以脱离刘邦，在事实上独立，做一方诸侯的机会。

当韩信来到齐国时，他知道，他苦苦等待的机会终于来了。

因为他距刘邦已经足够远，距离不仅产生美，也会产生机会。这次，面对刘邦的再次盘剥，韩信不再退让，而是以他的方式做出了最强有力的反击。那就是不理会郦食其的游说，不再顾及刘邦的感受。他们想利用韩信，却被韩信将计就计，反而将他们利用了。

蒯通劝韩信不要顾及郦食其，应迅速进兵，这真是说到了韩信的心里了。韩信其实不过是故作姿态，假装犹豫，蒯通所说，正是他心中所想。只是限于身份，这些话韩信不便说。蒯通看透了韩信的心思，于是才及时替韩信说出来罢了。

韩信在击败历下齐国守军后，顺利攻入临淄，韩信也从此时起，在事实上独立了。

刘邦在这场攻齐之战中是表面的赢家、实际的输家。不仅心腹死于非命，韩信更是脱离他的掌控，拥兵自重，距自立为王，也仅有一步之遥了。

但这些都是刘邦咎由自取，怪不得别人。种瓜得瓜，种豆得豆。刘邦不想让韩信立军功，就是怕韩信建立军功之后，势力坐大。只不过，事到如今，已经由不得刘邦了。齐国已是韩信的地盘。他不会再辛苦为别人做嫁衣。这次，他要享受靠自己的奋斗得到的胜利果实。

但伐齐之战其实不仅仅是韩信的想法，也是其麾下众将的集体意志，因为立功才能封侯。

韩信麾下将领因伐齐之战立功封侯的，有明确记载的就有：棘蒲侯陈武，肥如侯蔡寅，深泽侯赵将夜。

攻占齐国都城临淄，对韩信及其所部是重大胜利，但攻齐之战远未结束。

齐王田广在烹杀郦食其后，与其将帅各奔东西，四散而走。他们从临淄出发，其中，齐王田广去东南的高密，齐相田横去西南的博阳，齐将田光去南面的城阳，而齐将军田既则去东面的胶东。

但齐国君臣的分散不是崩溃式的奔逃，他们的分散是故意的。

齐国君臣的意图不难猜测，他们想通过分开行动，让韩信顾此失彼，为他们争取时间的同时也令韩信陷入持久战的泥潭。当年，他们就是这么对付项羽的。现在，他们用相同的套路来对抗韩信。齐军幻想以此拖住韩信，等待楚国援兵的到来，说不定，到时还能通过反击夺回临淄。但事实证明这只是他们的幻想。韩信不是项羽，不会给他们死灰复燃的机会。

韩信率军东追齐王田广至高密。但在这里，韩信不仅遇到了齐王田广的齐军，还有楚将项它、龙且率领的楚军。

一场大战势不可免，这就是即将打响的潍水之战。

示敌以弱　半渡而击——潍水之战

虽然之前，齐、楚两国还是战场上的敌人，现在它们却不得不抱团，不得不联合，以共同对抗韩信。

得知韩信攻齐，项羽抛却旧日仇怨，第一时间派出了援兵。因为项羽深知此时的齐国对楚国而言有多么重要。齐国已经是西楚北面的最后一道防线，也是楚国能争取到的最后一个盟友。其他诸侯已经几乎被汉军扫平。救齐国，就是救楚国。援齐即救楚。

项羽派去的将军是项它跟龙且。其中，项它是主将，龙且是项它的副将，但几乎所有的史料书籍在写到汉与齐楚联军的潍水之战时，都将这场战役看作是韩信与龙且的交锋，项它就是个小透明，几乎刷不到存在感。因为谁都知道，项它只是名义上的主将，具体负责指挥的人是龙且，他才是楚军真正的主将。

说到这里，就要说到项羽集团的用人特点，典型的家族式管理，这个管理模式最大的特点就是任人唯亲。在所有主要的关键的位置上都是他的亲戚，不管其人有没有这个才能，具不具备这个素质，都要做主官。

在西楚，项羽的用人模式就是如此。之前，项羽出兵征讨黥布派的就是项声跟龙且的组合，这次，派的是项它跟龙且组队，本质都是相同的，宗室将领为主，有能力负责实际指挥的将领做副将。

宗室将领只是名义上的主将，到时只管领功受赏。具体指挥的都是副将，而这个副将却不好干，打赢功劳是主将的，打输责任就是他的。打赢被压榨，打输要背锅。但项羽的西楚从始至终都是这个管理模式，所以韩信要出走，所以陈平要出奔，所以黥布要反水。水是有源的，树是有根的，失败总是有原因的。

任人唯亲赏罚不明的项羽，输给举贤任能厚加封赏的刘邦，也就一点也不奇怪了。

项羽知道此战关系重大，所以他将楚军能调动的部队都交给了龙且，希望他能挡住韩信。项羽调集了十万楚军精锐，对外号称二十万，交由龙且率领去救援齐国。这十万人是楚国最后的战略机动部队。项羽将正面战场之外的所有精兵强将都托付给龙且了。

但龙且令项羽失望了。

龙且率十万楚军赶到高密，与齐王田广的部队会合，组成齐楚联军。有幕僚向龙且献策：“汉兵远斗穷战，其锋不可当。齐、楚自居其地，兵易败散。不如深沟高垒坚壁固守，令齐王遣使四出招其所亡之城；众人知齐王尚在，楚兵来救，必起兵反汉。汉兵二千里远来客居齐地，齐城皆反，汉军不得衣食，当不战自溃。”龙且却不以为意：“韩信之生平为人，我素有所闻，此人胆小怯懦，曾寄食于漂母，受辱于袴下，如此平庸之辈，不足为虑。此番救齐，若不战而胜，我何以建勋业立功名！今战而胜之，齐之半可得也。”

很明显，龙且瞧不上韩信，从心里轻视韩信。而对此，韩信求之不得。因为韩信最拿手的就是示弱，目的是为了诱敌。如今，龙且对他极度轻视，这省去韩信不少麻烦，因为他连伪装都省了，直接诱敌即可，效率上要快很多。

汉四年（前 203）冬，十一月，韩信在攻占临淄后，兵进东南，追击齐王田广，与齐楚联军夹潍水而阵。汉军在西，齐楚联军在东。

韩信这辈子就是与水有缘。在关中以水灌城迫使章邯兵败自杀；伐魏之战又以木罂渡河破魏军的重兵防守；攻赵之战背水列阵。这次与齐楚联军的决战，韩信再次出人意料，对于水攻又有新创意。

如何击败齐楚联军？韩信的办法是半渡而击，看起来很平常，只要隔河对峙，大家几乎都会想到，并不新奇，然而，兵仙的高超水平就在于他总能将看起来寻常普通的战术加以改进创新，充分运用自然的山川水势，达到一个别人难以企及的高度。

在具体操作上，半渡而击看似简单，其实也需要作很多的准备，敌人也不是那么容易就会上当中计的。

隔河对战，最怕的就是被对手来个半渡而击，为了消除敌人的顾虑跟担心，韩信亲自上阵，率领汉军主动发起攻击，率先渡河进攻齐楚联军。你们不是怕被半渡而击吗？那我先过河，给你们看。为何韩信不担心被半渡而击呢？因为季节，注意潍水之战发生在十一月，是在冬天，而且这里又是北方。大多数时候，冬季北方的河流即使不被冻住，水量也是很少的，而且潍水本身也不是大河。所以，韩信才不担心会被半渡而击，蹚着浅浅的河水就过来了。

这步操作相当重要、十分关键，韩信亲自率军渡河，主动发起进攻，就是在用实际行动给齐楚联军作心理暗示，渡河很容易也很安全。为下一步半渡而击齐楚联军作铺垫。

龙且见韩信主动来攻，自然不甘示弱，指挥齐楚联军起兵迎战，两军在潍水东岸展开厮杀。经过一阵血腥的拼杀，汉军渐渐招架不住，开始向后败退。从整场战役的视角看，这种败退就是诱敌，但诱敌也是很考验水平的，因为败得过快，很容易被识破，下面的戏就不好唱了。而且，如果部队的战斗力差，很可能在败退的过程中假戏真做，真的收不住，一溃千里，那就糟了。所以，诱敌，不仅考验将领的水平，也考验部队的水平，水平不到位，是演不好诱敌的大戏的。

韩信是历史上少有的常胜将军，水平自不必说，那是兵仙，自成一档。韩信训练出来的士兵，那都是精兵。这点刘邦是深有体会也是最有发言权的。韩信伐魏胜利，刘邦抽走他的精兵。韩信攻赵获胜，刘邦再次调走他的精兵。靠着韩信训练出的精兵的持续补血，刘邦才能在正面顶住项羽的猛攻。强将手下无弱兵，说的就是韩信这种情况。

韩信率领汉军一路败退，从潍水东岸撤回西岸。对汉军的败退，龙且丝毫没有起疑，因为这印证了他对韩信以及汉军的固有印象。以他对韩信的轻视，自然不会怀疑韩信是在诈败。龙且想都未想，便率军兴高采烈地渡河追击。

而就在齐楚联军渡河之际，刚才还是涓涓细流的潍水，突然水位暴涨，大水从上游倾泻而下，瞬间就将正在过河的齐楚联军冲成两截，大水来得太快，联军大部尚来不及过河，就被突然而至的大水挡在东岸。到达西岸的仅有龙且率领的少量先锋部队。

为何韩信率领的汉军两次渡河都很平安，偏偏齐楚联军却遭遇大水冲击呢？当然是人为原因。

身为统兵大将须上知天文下知地理，而韩信就是这方面的典范。初到一地，必先看地势、察地形，这是名将的共同特点。

战前，韩信肯定仔细考察过战场，根据水势地形，才设计出壅塞河道冲击敌军的计划。

前一天晚上，韩信令人连夜用一万多个盛满泥沙的袋子，壅堵潍水上流，蓄积河水，使潍水浅而易渡。然后，第二天，韩信再率军主动过河挑战，又故意败退再次渡河回到西岸。于是，在齐楚联军的印象里，潍水看起来就不再危险。当龙且追击韩信引军半渡之时，韩信才下令决开上游的瓮囊，用大水冲垮联军。

待龙且发现中计，为时已晚，这时想退也退不回去了。以冬季潍水的水量，这种大水不会持续很长时间，所以，韩信必须在大水退去之前，击杀龙且。这也肯定是事前计划好的。刚才还在败退的汉军，见齐楚联军被一分为二，当即返身杀回，急攻龙且。

很快，龙且就在汉军的围攻下，死于乱军之中，过河的齐楚联军也在汉军的追杀下，溃不成军，四散奔逃。潍水西岸的景象，被潍水东岸的齐楚联军全程目睹，不等汉军过河追击，整个联军便土崩瓦解。

齐王田广率齐军逃往城阳。韩信率军直追，赶上齐军，又是一阵厮杀，将齐军击溃，生擒齐王田广，不久，即将其斩首。田横听闻齐王田广死讯，便自立为齐王，带兵反击灌婴部。两军交锋，灌婴大败田横于嬴下。田横败走梁地，投奔彭越。汉军乘胜追杀齐军。灌婴击齐将田吸于千乘。曹参击齐将田既于胶东，皆杀之。齐地尽平。韩信终于有了属于自己的地盘。

接下来，韩信做了一个在后人看来备受争议的举动，请封假王以镇齐地。韩信派人向刘邦报捷的同时上书请求封王。韩信给出的理由是："齐国伪诈多变，反覆之国；南边楚。请为假王以镇之。"

刘邦看到韩信的上书，勃然大怒，大骂道："我受困于此，日夜盼望你来助我，如今刚刚平定齐地就想自立为王！"此时，韩信的使者也在场，张良、陈平赶紧对刘邦附耳低语："如今形势对我军不利，急需韩信出兵解困，这个时候韩信想称王，我们阻止得了吗？不如顺势答应，做个人情给韩信，封其为王。不然，恐生大变。"

经张良跟陈平的提醒，刘邦也猛然醒悟过来，又是一顿大骂，不过，虽然都是大骂，但这次骂的内容与刚才不同。之前，痛骂韩信居然趁势要挟想自立为王，而被点醒之后的刘邦再次大骂，骂的却是韩信不够大气。

刘邦骂道："大丈夫既然要做诸侯，那就做名副其实的真王，做何假王！"

刘邦当即允其所请。

这番操作简直堪称现场变脸见风使舵的教科书式表演。大家都熟知刘邦平时的作风，经常骂人，有时候骂人就是单纯的骂，有时候骂人其实是夸。所以，对刘邦前后不一致的反应，众人也并未在意，因为早就习以为常了。

既然做出承诺，就要及时兑现。春秋时期的齐国名将司马穰苴在其所著兵法《司马法》中就明确写道："军赏不逾月。"意思是说，军功奖赏不可拖延，要尽快兑现迅速履行。

军功奖励要及时，其实不难理解，这就如同国家再困难，军队的军饷也必须按时足额发放是一个道理。

二月，刘邦就派张良赶到齐国，正式册封韩信为齐王。这个速度已经非常快了。潍水之战发生在十一月。考虑到之后韩信还要分兵四出追杀田广，再遣使向刘邦提出申请，最快也要十二月。

在满足韩信心愿的同时，刘邦再度征调其军队增援正面战场。

对韩信的拥兵自重、挟功自立的行为，历来多有批评，甚至认为韩信未来的悲剧命运就是始于此时的自立为王。

但站在韩信的角度，其实，这是他必然会做出的选择。因为他与刘邦积怨已久，即使他处处妥协步步退让，到头来也未必会有好结果。他与刘邦分道扬镳是迟早的事情。

连草包张耳都被封为赵王。伐魏攻赵降燕定齐的韩信难道不可封王？以韩信的军功早应封王。但以刘邦对韩信一贯的压榨打压态度，以刘邦自己的意思很可能最后只会封韩信为侯。

在韩信被册立为齐王前后，张耳跟黥布也受封为王，其中张耳封赵王，黥布封淮南王。

项羽得知楚军战败龙且被杀，向来勇武强横的他，此生第一次感到恐惧，一股凉意席卷全身，遍体生寒。

因为项羽明白，大祸将至，他以及西楚随着这场战败已经跌入谷底。龙且是他麾下为数不多的能征惯战的大将，如今也死了。他好不容易东拼西凑出的西楚最后一支战略机动部队也在此战中溃散。他再也派不出精锐军队去填补漏洞。诸侯中最后一个盟友齐国也倒下了。他再也找不到可以牵制韩信的友军了。

曾经的魏国是潜在盟友，因为有魏王豹；曾经的赵国是潜在盟友，因为有赵王歇；曾经的齐国是得力盟友，因为有齐王田广。

站在项羽的角度，只要是刘邦的敌人，只要是不服从刘邦号令的诸侯，都是楚国的潜在盟友。

不服西楚不要紧，不服刘邦就行。楚汉争霸，项羽与刘邦是主角，但这场历史大戏也需要众多诸侯当配角。项羽与刘邦是红花，那众多诸侯就是衬托他们的绿叶。

楚汉争霸，就是项羽跟刘邦两个霸主，各自带着一群站队自己的诸侯与对方血拼的战争。

但现在楚国的盟友在以肉眼可见的速度减少直至消失，而与此同时，大汉的盟友却在急遽增加，遍布天下。

魏王豹被杀，魏地归汉。

赵王歇被杀，张耳取代赵王歇成为新赵王。

齐王田广被杀，韩信取代田广成为新齐王。

曾经的战友九江王黥布，如今是仇敌淮南王黥布。

燕王臧荼不战而降束手归汉。

韩王信是汉的最忠实的诸侯。

举目四顾，尽为敌国。形势如此，项羽怎能不心生悲凉，又怎能不心怀忧惧？西楚已经陷入彻底的孤立。

潍水之战是楚汉战争真正的转折点，决定着楚汉争霸的胜负。这是西楚最后的机会。战胜，齐国将与西楚深度绑定，以齐国之大，以齐国之强，在北方尚可与韩信对抗。项羽至少暂时不会有后顾之忧，依然能在正面战场压制刘邦。至于彭越、黥布，只是袭扰，威胁不到大局。战争还可以打下去，项羽还有获胜的机会。

但龙且的兵败身死，齐国的迅速败亡，使得局势向着更有利于刘邦的方向迅速发展。

形势变化很快，但刘邦与项羽依旧在正面相持，因为变化发生在北方，决定楚汉战争胜负的人也在北方。因为北方已经是此人的专属，这个人自然就是韩信。北方的魏、赵、燕、齐都是韩信平定的，虽然这时韩信只是齐王，但只要他愿意，整个北方都是他的。

因而，看似是东西争霸，其实是三足鼎立。项羽在东，刘邦在西，韩信在北。项羽与刘邦东西对峙，北方韩信的态度就相当关键极为重要，甚至可以说，韩信的态度就能决定楚汉战争的结果。

韩信与刘邦的关系在经历脩武夺兵与自立为王之后，变得十分微妙。

这点项羽也看得很清楚，于是，项羽就有了新的想法，派人游说韩信。时至今日，项羽当然不敢奢望韩信会背汉投楚。项羽的目的其实很简单，也很明确，那就是劝韩信在他与刘邦之间保持中立，天下三分，鼎足而立。

项羽认为劝说韩信保持中立是有可能的，三分天下，符合他的利益，也符合韩信的利益，受损的只有刘邦。北方尽归韩信，他与刘邦争霸中原，项羽认为这个规划有可能说动韩信。只要韩信按兵不动，西楚就有生机。

于是，项羽也罕见地派出说客武涉前往齐国游说韩信，期望能说动对方。

说客武涉来到齐国，见到齐王韩信，开门见山对其展开游说。武涉说："天下苦秦久矣，相与戮力击秦。秦已破，计功割地，分土而王，以休士卒。今汉王复兴兵而东，侵人之分，夺人之地；已破三秦，引兵出关，收诸侯之兵东击楚，其意非尽吞天下者不休，其不知厌足如是甚也！且汉王不可必：身居项王掌握中数矣，项王怜而活之；然得脱，辄倍约，复击项王，其不可亲信如此。

"今足下虽自以与汉王为厚交，为之尽力用兵，必终为所禽矣。足下所以得须臾至今者，以项王尚存也。当今二王之事，权在足下，足下右投则汉王胜，左投则项王胜。项王今日亡，则次取足下。足下与项王有故，何不反汉与楚连和，参分天下王之？今释此时而自必于汉以击楚，且为智者固若此乎？"

这篇游说之词，以要说明的事情分为前后两大部分。第一部分，说了很多，但重点是最后一句，汉王不可亲信。这句是点睛之笔，也是第一部分要说明的主要观点。

第二部分则全是干货，说得相当实在，也相当的直白。首先以汉王不可亲信为依据，明确告诉韩信，刘邦靠不住。别看你们现在"如胶似漆，琴瑟和谐"。他早晚会对你下手，之所以不动你，只是因为你还有利用价值，因为项王存在的缘故。

后面的话就更露骨，直接摊牌，"当今二王之事，权在足下，足下右投则汉王胜，左投则项王胜"。项羽想要韩信知道，作为刘邦、项羽之外的第三方势力，韩信对整个局势有多重要。简单地说，就是韩信站队哪边，哪边就能赢。这点大家都清楚，项羽清楚，韩信清楚，刘邦当然也清楚。所以，项羽才要派人游说，所以韩信才有底气自立为王，所以刘邦尽管不情愿也只能封韩信为王。

但项羽派人游说的重点在后面的三足鼎立。因为项羽知道韩信不可能站队到他这边，不要紧，只要不站队刘邦就行。项羽只是希望韩信保持中立。只要能稳住韩信，他就还有希望。

项羽通过使者之口提醒也是警告韩信："项王今日亡，则次取足下。"

表达的意思很清楚，不管之前如何，如今他们是唇齿相依、唇亡齿寒的关系。明明是敌人，为何又会相互依存？这就涉及一个古老的话题，挟寇自重。韩信的价值就是因为项羽的存在。

其实，即使项羽不把事情讲明，韩信也懂得这个道理。大家都是聪明人，有些话，即使不说出口，彼此之间也是心照不宣的。项羽之所以把话说明，也实在是被逼急了。

最后，说客将项羽的立场表明，希望韩信对楚汉之争作壁上观，三分天下。

面对游说，韩信是如何反应的呢？韩信表面婉拒：“臣事项王，官不过郎中，位不过执戟；言不听，画不用，故倍楚而归汉。汉王授我上将军印，予我数万众，解衣衣我，推食食我，言听计用，故吾得以至于此。夫人深亲信我，我倍之不祥；虽死不易！幸为信谢项王！”

韩信对当年在楚营不被重用的事情，至今仍耿耿于怀。但这只是韩信推辞项羽的表面理由。而他刚刚封王，与刘邦的关系至少看起来还不错，正处于蜜月期。而韩信对楚使说的也是真心话，韩信能有今日，靠的是刘邦。身为士人，韩信对刘邦是心存感恩的，尽管两人之间也有矛盾，但韩信对刘邦的知遇之恩始终念念不忘。韩信是知道感恩的。

但如果就此认为，以上就是韩信婉拒项羽力挺刘邦的全部原因，那就将事情想简单了，也将韩信想简单了。

韩信对楚汉战争的局势洞若观火。项羽说的是实情。韩信当然明白。但站在韩信的角度，他只能这么说，因为政治立场必须正确。但具体怎么做，那还不是全凭韩信的心情。不久之后，韩信就会用实际行动做出回答。

韩信的谋士蒯通十分认同楚使三分天下的观点，但他认为楚使未能说动韩信，原因在于未把话说透。于是，蒯通决定再接再厉，去完成楚使未能完成的使命。当然，蒯通不是项羽的人，他这么做完全是出于自身利益。蒯通是韩信的亲信谋士。韩信若能三分天下有其一，与项羽、刘邦鼎足而立，他也必将从中受益。

但楚使才说过的话，蒯通不好直接明言，只好绕道走，迂回而进。蒯通于是以相人之术劝说道："相君之面，不过封侯，又危而不安；然相君之背，贵不可言。"韩信不明其中原因，便问："此话怎讲？"蒯通说："天下初发难，忧在亡秦。今楚、汉分争，使天下之人肝胆涂地，父子暴骸骨于中野，不可胜数。楚人起彭城，转斗逐北，乘利席卷，威震天下；然兵困于京、索之间，迫西山而不能进者，三年于此矣。汉王将数十万之众，距巩、雒，阻山河之险，一日数战，无尺寸之功，折北不救。此所谓智勇俱困者也。百姓罢极怨望，无所归倚。以臣料之，其势非天下之贤圣固不能息天下之祸。

"当今两主之命，悬于足下，足下为汉则汉胜，与楚则楚胜。诚能听臣之计，莫若两利而俱存之，参分天下，鼎足而居，其势莫敢先动。夫以足下之贤圣，有甲兵之聚，据强齐，从赵、燕，出空虚之地而制其后，因民之欲，西向为百姓请命，则天下风走而响应矣，孰敢不听！割大弱强以立诸侯，诸侯已立，天下服听，而归德于齐。案齐之故，有胶、泗之地，深拱揖让，则天下之君王相率而朝于齐矣。盖闻'天与弗取，反受其咎；时至不行，反受其殃'。愿足下熟虑之！"

蒯通的这番说辞几乎就是楚使的升级版。两者内容大同小异，都着力强调韩信对局势的决定性影响。"为汉则汉胜，与楚则楚胜"。然后，蒯通也建议韩信三分天下，鼎足而立。

对蒯通的劝说，韩信还是应付楚使的那套说辞。

韩信说："汉王遇我甚厚，吾岂可向利而背义乎！"

对此，蒯通似乎早有准备，因为楚使的游说便是止步于此。蒯通则从人性的角度出发，并列举张耳、陈馀的刎颈之交来作说明。

蒯通说："当初张耳、陈馀为布衣时，相与交好，为刎颈之交；后争张黡、陈泽之事，井陉之役，张耳杀陈馀泜水之南，身首异处。此二人之相交，天下之至欢，然而最终却相互残杀，这是为何？患生于多欲而人心难测也。足下欲行忠信于汉王，能强过张耳、陈馀的刎颈之交吗？大夫文种存亡越，辅佐句践成就霸业，功成名就而身死亡，野兽尽而猎狗烹。以交友言之，则不如张耳之与陈馀；以忠信言之，则不过大夫文种之于句践，此二者足以观矣！愿足下深虑之。且臣闻'勇略震主者身危，功盖天下者不赏'。今足下戴震主之威，挟不赏之功，归楚，楚人不信；归汉，汉人震恐。足下欲持是安归乎？"韩信游移不定只能敷衍说："先生且去休息，容我三思。"

蒯通之言比楚使更深入，明确告诉韩信，张耳、陈馀，文种、勾践，就是你的前车之鉴。而且，蒯通在最后指明了韩信在刘邦阵营里最大的危机，那就是功高震主。

蒯通的话已经讲到明处，以韩信的才干、军功跟能力，楚汉双方都不敢真心接纳他。原因就是他太强了。强到令君主内心不安。如今，看似步入人生巅峰的韩信，其真实处境却是进退两难。但问题在于，韩信做不成君主，他既没有那个野心，也没有那个能力。韩信的天花板就是做一路诸侯。韩信对自己的定位还是很准确的，他从未想过三足鼎立，最多是在刘邦称帝之后，做地方诸侯，既向刘邦称臣，同时又在齐地称王，保持相对的独立。韩信最大的梦想就是做一路诸侯。

楚使所言跟蒯通所说的道理，韩信当然明白。他的选择是在刘邦未满足他的相应利益之前，在北方坐山观虎斗，看着刘邦与项羽拼斗，按兵不动，坐观成败。韩信的做法其实在事实上就是中立。只不过，韩信本人从未说过这些话。因为韩信深知，有些事情可以说，但不可以做；有些事情可以做，但不可以说。韩信只想低调行事，偏偏楚使跟蒯通硬要韩信表态。韩信自然不愿意把话说明，那么做，他就没有回旋的余地了。

数日后，蒯通不见韩信回应，便再次找到韩信说："功者，难成而易败；时者，难得而易失；机不可失，时不再来！"韩信犹豫，不肯背汉；又自以为功多，遂不用蒯通之计。事已至此，蒯通话已出口覆水难收，知道韩信早晚必败，到时将连及自己，为保全性命，只好假装疯癫离韩信而去。

汉四年（前203）二月，韩信被册封为齐王。之后，他就一直待在齐地，并未立即出兵南下。项羽派人进行的游说，多少还是有点作用的。楚使跟蒯通的话，韩信至少部分听进去了。

韩信拥兵齐地，迟迟不肯南进。这不就是楚使跟蒯通希望他做的！

楚使说："当今二王之事，权在足下，足下右投则汉王胜，左投则项王胜。项王今日亡，则次取足下。"

蒯通说："当今两主之命，悬于足下，足下为汉则汉胜，与楚则楚胜。"

韩信也深明此理，所以他两边都不投，两边都不帮。他就在齐国待着不动。这不就是楚使跟蒯通期待的三分天下、鼎足而立吗！韩信只是不说，但他做了。

正因为韩信谁也不帮，坐观成败，项羽在潍水之战之后才能与刘邦又对峙近一年。

楚使传达项羽之意，想与韩信联合。这个韩信肯定不会答应，且不说之前的恩怨，如今项羽日薄西山，行将败亡。就是从利益角度出发，也不会站队项羽。当然，项羽其实也未指望能说动韩信。项羽真正想通过楚使向韩信表达的是这句话"项王今日亡，则次取足下"。显然，从韩信的反应看，这句话他是听进去了。

正因为韩信观望形势按兵不动，刘邦只能自己跟项羽死磕。

打了三年，都打不动，之前打不动，现在还是打不动，刘邦三年前的认识是明智的，靠他自己打不垮项羽。对峙日久，双方都精疲力尽，两边都打不动了。于是，刘邦主动提出议和息兵。项羽当即同意。

汉四年（前203）九月，经过一番唇枪舌剑讨价还价，楚汉双方最终达成协议，就地停战，以鸿沟为界，以西归汉，以东归楚。

鸿沟就在楚汉对峙的荥阳前线，因此说是就地停战。

中原的河流大多是东西流向，但鸿沟却是南北流向，因为鸿沟是人工开凿的运河。

中国人兴修水利最早可以追溯到大禹治水时代。作为农耕民族，勤劳智慧的中国人在实践中积累经验，是这个世界上最精通水利的民族之一。

鸿沟是战国时代修建的运河，最早由魏国于魏惠王十年（前360）开凿，目的是引黄河水南下通过颍水连接淮河，实现黄河与淮河两大水系的连通。

南北流向的鸿沟连通了很多河流，在中原地区形成密集的水网分布，之后，又有很多运河被开凿出来连通南北，这些运河组成广义上的鸿沟水系。

众所周知，水运的成本远远低于陆运，在古代尤其如此，当时陆运的成本是水运的十倍。水运不仅成本低速度还快，省钱省时自然就省心，所以，只要有条件，水运是最佳选择，战争时期更是如此。

楚汉双方为何在成皋、荥阳一线不惜代价反复争夺？就是因为这里是水运中心，荥阳是庞大的中原水运体系的西线枢纽，也是各类物资尤其是粮食的集散地。敖仓为何会在荥阳附近？就是因为转输便利，粮仓设在这里便于运输存储。

楚汉双方按照达成的协议，罢兵休战。项羽也将刘邦的父亲以及妻子吕雉放回，之后，引兵东归。

刘邦也准备率军西返。但这时，刘邦的两位谋士张良跟陈平却对刘邦说："汉有天下大半，而诸侯皆附；楚军兵疲食尽，颓势已现，这是追歼楚军击败项羽的良机，岂可错过，不趁此时出击，更待何时。大王不可西返，而应东进。"刘邦采纳了两位谋士的建议，决定追击楚军。

由此看来，鸿沟和谈很可能是刘邦对项羽的军事试探，如果项羽不愿和谈，说明楚军尚有余力，仍应固守，与之相持对峙。如果项羽同意和谈，那就证明楚军确已兵疲粮尽，无力再战。果真如此，刘邦就要趁机反攻。

果然，鸿沟之约墨迹未干，刘邦就撕毁协议，主动向项羽发起攻击。楚汉战火再起，刘邦与项羽之间最后的战略决战即将到来。

十面埋伏 四面楚歌——垓下之战

刘邦还是很了解他的对手的。一向强横的西楚霸王居然同意讲和，说明楚军是真的撑不住了。

而在与项羽对阵中，向来只会防守的刘邦，这次居然主动发起进攻，也是楚汉战争以来不多见的。刘邦不仅主动攻击，而且攻击的不是项羽部将，而是项羽本人，且是正面进攻。放在三年前，刘邦想都不敢想，但现在，他不仅敢想，也敢干。这只能说明，楚汉之间攻守易形了。

刘邦胆气壮了。他敢从正面攻击项羽了。谁给他的勇气？当然是日益强大的实力。楚汉军力的此消彼长才是刘邦敢于主动挑战项羽的底气。但刘邦的实力，不仅仅源于他自己，也包括韩信跟彭越的力量。

而韩信跟彭越面对即将到来的胜利时，表现得却不如刘邦那么兴奋。韩信的举动就颇耐人寻味，之前说过，自从入主齐国当上齐王，韩信就开始"不思进取"。刘邦不说，他不动。刘邦说他，就稍微动动。

如果说韩信的中立还是遮遮掩掩犹抱琵琶半遮面，那彭越的中立几乎就是明目张胆了。被韩信击败的过气齐王田横就是被彭越收留的。《汉书·田儋传》甚至说得更直白："彭越时居梁地，中立，且为汉，且为楚。"文言总是相对含蓄，说得这么露骨的还真是不多见。

但刘邦要追歼项羽，必须要二人出兵相助才行。刘邦在行动之前，当然会遣使向二人征兵，在得到许诺之后才行动的。

胸有成竹，刘邦才敢追击东归的楚军。刘邦连与他们会师的地点都定好了，就在楚军撤退的必经之地固陵。

汉五年（前202）十月，刘邦率军追击项羽至固陵。然而，到了这里，刘邦发现一个严重的问题，追到固陵的只有他的部队，期待中的友军并未出现。

友军未跟上来，刘邦面对项羽只能孤军奋战。

这下就尴尬了。

原本想三打一，群殴；结果变成一对一，单挑。如果刘邦一对一能打赢项羽，楚汉战争也不会打这么久。刘邦也不用让出利益给韩信、黥布、彭越这些人，给他们三人封王。自己吃独食不香吗！正是因为靠他自己打不过项羽，才会出现一个好汉三个帮的场面。刘邦自己单独面对项羽几乎就未赢过。

韩信、彭越失期不至，这可坑苦了刘邦。楚军虽然实力大不如前，今非昔比，但单独对付刘邦还是绰绰有余。两军在固陵遭遇，刘邦率领的汉军与项羽率领的楚军不可避免地展开激战。结果，刘邦惨败，被迫就地筑垒固守。

很明显，韩信跟彭越是在观望，他们在事实上保持着中立。这点不需说出来，他们的行动就是最好的证明。

这次事件也同时说明，刘邦对他们的控制力很弱。彭越向来如此。但韩信是刘邦带起来的，如今也脱离其掌控。他们与刘邦现在只是名义上的上下级，是实质上的盟友。

刘邦其实还应该感到庆幸，虽然韩信跟彭越用行动保持中立，但这个中立还是偏向刘邦的。这还要感谢项羽。要不是早年项羽将二人给彻底得罪，说不定，他们真的会一直中立下去。甚至被项羽拉过去都有可能。但项羽当年做事不地道，反秦之际不重用韩信，戏下分封漏掉彭越，致使二人对他怀恨在心，对西楚更是恨之入骨。所以，刘邦才有机会。

楚汉之争，胜负之机在韩信跟彭越的身上，准确地说取决于韩信，彭越都是跟着韩信走。

这时，刘邦只能再次问计于张良："诸侯不从，如之奈何？"张良对曰："楚兵破亡在即，而二人尚未有所分地，其兵不至也属寻常。如果您能与之共天下，许以分封，二人之兵可立至。齐王韩信之立，非您王意，韩信亦知；彭越本定梁地，您因为魏豹之故拜彭越为相国，如今魏豹已死，彭越亦望魏王之位久矣，而您不早定其封，因此不来。如能取睢阳以北至穀城以封彭越，从陈以东傅海与韩。信家在楚，其意欲得故邑。诚能捐此地以许两人，使各自为战，则楚必破。项羽之亡可计日而待。"

张良很清楚韩信跟彭越二人的小心思，他们在内心深处还是站队刘邦的，原因也很简单，刘邦能给他们最大的利益。刘邦能给的，项羽给不了。但刘邦也不是那么情愿给的。项羽不愿给的，难道刘邦就愿意？刘邦当然也不愿意，但他懂得一个十分浅显又十分深奥的道理，将欲取之，必先予之。说它浅显，是因为它很好懂，几乎人人都明白。说它深奥，是因为又有谁心甘情愿地将到手的好处分给别人。能做到的，都不简单。

刘邦问张良，韩信这些人消极怠工，不肯出力，这事儿你看怎么办？张良说消极还怠工，那肯定是好处没有给到位。项羽败亡在即，但他们的事情您还未给解决呢！韩信那个齐王是他跟您要的，多少带点胁迫的意思，封他为王不是您的本意，这点韩信也知道，此时只有加大对韩信的封赏才能坚定其心。彭越则一直想做魏王，之前，您因为魏王豹的缘故，只让彭越做魏国的国相。如今，魏王豹已死。彭越一心想做魏王，但您迟迟不表态，所以，彭越才会迟疑消极。

如今之计，可将陈县以东至于大海的楚地尽封韩信。他本是楚人，衣锦还乡，人之常情。再以睢阳以北至穀城之地封彭越。则二人必从。刘邦依计而行。韩信、彭越果然引兵来会。

因为刘邦做出了封地的许诺，而这些地现在还都是项羽的。只有击败项羽，刘邦许诺的分封才能成为现实。这也是促使韩信跟彭越出兵攻楚的最现实的动力。刘邦其实只是画了两张大饼，韩信跟彭越能不能吃到嘴里，就要看他们自己的本事了。

虽然画饼的人很多，但画饼跟画饼还是有很大不同的。刘邦画的饼就很有水平，因为以韩信跟彭越的实力，他们有能力将画饼变成大饼吃下去。

项羽的楚军主力如今都被刘邦牵制在固陵。楚地兵力空虚。刘邦许诺分给二人的地，现在几乎是唾手可得。更妙的是，这些地盘大多在北方，而且都在韩信跟彭越南下固陵的路上。

刘邦的意思很明确，这些地方，只要你们能打下来，就都是你们的。而他们南下略地的终点就在固陵一线。他们可以一边南下抢地盘一边来跟刘邦会合。占了项羽的地盘，为了保住既得利益，他们就必须也只能彻底站队刘邦。因为只有除掉项羽，他们打下的地盘，才真正属于他们。

刘邦就是用这种利益绑定的方式使韩信跟彭越甘愿为他所用，跟着他一起围攻项羽，而且还不怕他们反水，会跟着他一心一意打项羽。啥叫水平？这就叫水平。

韩信率齐军、彭越率魏军一路攻城略地，南下与刘邦军会师。至此对项羽的北线包围网完成。

刘邦在追击项羽至固陵时，又分兵派将军刘贾、淮南王黥布南下，从南面迂回侧击楚军后方。

汉五年（前202）十一月，将军刘贾率军南渡淮河，包围淮南重镇寿春，遣人诱降楚大司马周殷。估计周殷早已被陈平策反，当即背楚投汉，举九江兵迎黥布，最后与刘贾会师。至此南线对项羽的包围网也已经形成。

这时，项羽已经被南北合围，在劫难逃。西楚大势已去。

项羽的担心是对的。韩信才是能定他生死的那个人。

同月，韩信在北线也发起对楚国的攻击。相比南线的封堵退路，北线的进攻才是更具威胁的釜底抽薪。因为韩信攻击的是项羽的大本营彭城。

韩信兵分两路，南下攻楚。其中，灌婴率骑兵长途奔袭迂回侧击。韩信率步兵主力沿沂水东岸南下。两军分进合击在下邳成功会师。韩信率军与楚将项声、薛公、郯公会战下邳。灌婴率骑兵在外围机动阻击从彭城方向赶来的楚军援兵。

韩信在下邳全歼楚军主力，攻占下邳，随即率兵南进，彭城楚军投降。韩信占领西楚国都彭城。淮河以北的楚地尽归韩信所有。这对正在前线与汉军作战的楚军的军心、士气是极为沉重的打击，而这种打击是持续性的。

韩信进占彭城。灌婴则率骑兵快速西进，目的是与刘邦军会师。刘邦也分兵东进配合灌婴军攻占固陵东面的苦、谯两地。刘邦向东进兵为的是封堵项羽回救彭城的去路。得知彭城危急的项羽自然不会坐视都城被攻而不救。他应该做出过救援的努力，但显然，他失败了。

彭城的失守也标志着，楚汉争霸，项羽惨败。

西楚的都城被韩信占领。项羽的家丢了。而大司马周殷投降汉军，意味着淮南项羽也回不去了。

项羽的梁楚九郡已尽为汉军所有。

现在项羽能做的就是率军撤回江东，以图东山再起。但刘邦当然不会给他这个机会。

黥布在回到老根据地九江后，经过休整补充即率军北上进攻城父。因为这里是项羽军退往江东的必经之地。

城父的楚军拼死抵抗。黥布的攻击也异常凶猛，因为双方都知道这是生死之战。

项羽得知城父被攻，立即就明白了汉军的用意，当即指挥楚军东进去救城父，但在陈县以东遭到汉军的顽强阻击。汉军的主要将领，在附近的、能来的，几乎都赶到陈县东面阻击楚军，灌婴、樊哙、靳歙、夏侯婴等大将都出现在战场。

项羽被牢牢地挡在城父以西。在汉军主力拼尽全力的阻击下，项羽的突击被挡住。黥布也因此经过苦战，攻下城父。可能是因为攻城损失过大，破城之后，黥布进行了屠城。城父之战很惨烈。陈县以东的阻击战相比之下只会更为血腥激烈。

项羽见攻击受挫，在城父之战尚在进行之时，留下部分兵力在固陵、陈县拖住汉军，他则率陈县的楚军主力悄悄撤出战场向南再向东急速撤退。

项羽在固陵留下大将钟离昧，在陈县留下大将利几阻挡汉军的追击。钟离昧很快被追杀而来的汉军击败。陈县的利几则未作抵抗，直接向刘邦投降。因为他明白，留下来就意味着已经成为项羽的弃卒，他可不想为项羽做炮灰。刘邦率军进入陈县，才确定项羽已经逃了。

项羽跑得很快。待刘邦发现，项羽已经跑到城父东南。黥布虽然攻占城父，但晚了一步，未堵住项羽的退路。

得知项羽逃走，刘邦立即率军向东南方向一路猛追。刘邦的部将陈武、周勃动作比刘邦稍慢，也跟在刘邦后面紧追。

如果只靠他们，项羽很可能会冲出重围回到江东。靠他们追不上项羽。因为项羽的动作更快，早已将他们甩在后面。项羽的政治谋略不及刘邦，但永远不要低估西楚霸王的军事能力。

项羽的军事嗅觉极其敏锐。得知黥布攻击城父，项羽就知道大事不妙，留下钟离昧、利几拖住汉军，就立即率军向东狂奔。

项羽的反应足够快，跑得也很及时，但他最终还是未能跑出去。因为有人已经在他逃跑的路上张网以待，在前面等着他了。这个人就是韩信。兵仙韩信再次预判了敌人的预判。项羽率军一头扎进了韩信为他准备的埋伏圈。

见项羽进入口袋，韩信立即收网。韩信亲率大军居中，孔将军孔聚在左，费将军陈贺在右。在纵深阵地出击的韩信大军担任主攻。孔将军与费将军则各率所部组成钳形攻势收住袋口，将项羽军困在其中动弹不得。对项羽的伏击阻击都是由韩信完成的。刘邦尚在来的路上，未赶上这场战斗。

陷入韩信十面埋伏的楚军在突围过程中，在韩信的伏击围攻之下，损兵折将，损失惨重，使得本来兵力就处于劣势的项羽的处境更加雪上加霜。

被韩信挡住，突围失败的项羽只得就地筑垒防守，他停下的地方就是垓下。这个地方不是项羽选定的，而是他逃跑途中遭遇阻击，被迫停留的地点。项羽是被困在垓下，而不是他想待在垓下。

被包围在垓下的楚军修营筑垒就地转入防御。这个时候，刘邦大军才从后面追上来。刘邦的汉军与韩信的诸侯军在垓下胜利会师。

项羽的楚军被汉军及诸侯军四面合围。

而韩信在十面埋伏困住项羽后，再度放出大招。很快，楚营四周便响起楚歌声，歌声此起彼伏，包围圈里的楚军听得清清楚楚，那分明就是楚地的民谣，是他们熟悉的楚歌。楚兵早就听说韩信打下了彭城，如今这四面楚歌声就是最好的证明。楚军的士气以不可逆转之势迅速消沉低落。军心在歌声中一点点瓦解。对此，项羽却束手无策，只能眼睁睁地看着部队垮掉。

十面埋伏，四面楚歌。

韩信一招比一招狠辣，一计比一计致命，简直就是杀人诛心。

　　韩信才是项羽的劲敌，是韩信用十面埋伏挡住项羽使其陷入重围，是韩信用四面楚歌瓦解摧毁楚军的斗志军心。

　　如果不是韩信，刘邦最后即使能击败项羽也要更长的时间，付出更大的代价。

　　当楚营四面响起楚歌声，项羽知道，大势已去，局势已不可挽回。

　　汉五年（前202）十二月，被困垓下兵少粮尽的项羽终于穷途末路。曾经叱咤风云的西楚霸王，即将以最悲壮的方式告别离场。

霸王别姬　西楚悲歌——项羽之死

北风呼啸，冬夜的风透着寒意彻骨的冷冽，数十万汉军已将垓下楚军重重围困。楚军饥寒交迫士气低落。

入夜，楚营外再次响起楚歌声。

深夜，项羽在帐中愁饮，不觉悲从中来，慷慨悲歌：

> 力拔山兮气盖世，时不利兮骓不逝。
>
> 骓不逝兮可奈何，虞兮虞兮奈若何！

项羽的宠妾虞姬亦拔剑起舞，以歌相和，凄然唱道：

> 汉兵已略地，四方楚歌声。
>
> 大王意气尽，贱妾何聊生！

项羽感叹，他的英武豪气世间少有，却遭众叛亲离，如今兵败至此，被困垓下。项羽看向虞姬，轻轻地说，虞姬，虞姬，这可如何是好！这可如何是好！

项羽唱罢，不觉早已泪湿衣裳，左右闻歌皆泣。

这正是：

　　　　十面埋伏，四面楚歌。

　　　　英雄末路，儿女情长。

西楚霸王项羽败亡之际的《垓下歌》唱尽英雄末路的凄怆悲凉。虞姬的《和垓下歌》也唱出她对项羽的一往情深，这曲爱情悲歌也成为他们的挽歌。

传说虞姬有倾国倾城之貌，舞姿翩翩，美艳动人，有虞美人之称。

为不拖累项羽，虞姬拔剑自刎，为项羽送行。

看着心爱之人香消玉殒，项羽顿感万箭穿心之痛。

当夜，项羽率麾下八百骑兵，趁着夜色突围而出，向南撤退。直到天亮，汉军才察觉，之所以这么晚才发现，在于项羽率领的是不足千人的小部队，目标小，更重要的原因是，楚军大队未动。汉军注意的是楚营的整体动向。对千余人的队伍，汉军并不在意，而这也正是项羽的聪明之处。

但项羽抛弃大部队也意味着，他很难再东山再起，而且一旦被汉军追上，千余人的部队也注定逃脱不掉汉军的围剿。而这时楚军军心已乱。大家只待项羽出走，便归降汉军，也不肯随他突围。

刘邦得知项羽突围南走，立即令骑将灌婴率五千骑兵急追。

项羽率部奔走一夜待渡过淮河，追随在身边的骑兵仅剩百余人。突围的过程中，并未发生大的战斗，如此规模的减员，只能说明，他们是在突围之后，自己走的。这也可以解释，项羽为何只带八百人突围，因为大军已经不愿听其号令。

即使是这八百人，在突围成功后，大部分人也选择各自散走。

与其说是项羽抛弃了楚军，还不如说是楚军抛弃了项羽。因此，项羽只能弃军而走，只带少数亲信南奔。但事到如今，即使是亲信，多数人也不愿再追随他了。

项羽已然穷途末路。

走到阴陵时，项羽又迷失了方向。他迷路了。部下向田边的一位老农问路。老农指给他们说，向左。他们一行人便朝左边的路往前走，谁知走出不久即陷入泥泞的沼泽之中，他们这才知道被骗了。地形不熟，又被人故意指错路，耽搁了大量的时间，等他们好不容易退出沼泽，汉军的骑兵已经从后面追上来了。

项羽率部向东奔逃，逃至东城，身边仅剩二十八骑。而汉军骑兵追者数千。

项羽自知今日难以脱身，不由大发感慨，对身边的从骑说："我起兵八年来，身历七十余战，未尝败北，称霸群雄。然而今日却困于此地，此天之亡我，非战之罪也。今日必死于此，当与敌决死一战，为诸君痛痛快快大战一场，必溃围，斩将，刈旗，三胜之，令诸君知天亡我，非战之罪也。"

于是，项羽将二十八骑分为四队，朝向四面。汉军随后赶到，围之数重。项羽对其从骑说："我为公等取彼一将。"言罢，令二十八骑四面飞驰而下，分做三处。项羽亲自纵马大呼而下，所过之处，汉军披靡，不敢阻挡。项羽于阵中斩杀一将。当时，郎中骑杨喜尾追项羽，被项羽发现，项羽瞋目叱之，杨喜人马俱惊，狂奔数里。

项羽与其从骑分为三处。汉军不知项羽所在，于是也分军为三，分别加以包围。项羽再度疾驰而出，复斩汉都尉一人，杀数十人。经过一阵厮杀，再次与其从骑会聚，清点人数，仅亡两骑。项羽带着骄傲的口气对其从骑说："如何？"从骑皆服曰："果如大王之言！"

于是，项羽率部驰走，欲东渡乌江，此时乌江亭长在岸边等候，对项羽说："江东虽小，地方千里，众数十万，亦足以称王。愿大王急渡！今独臣有船，汉军至，无以渡。"项羽凄然一笑说："天之亡我，我何渡为！且籍与江东子弟八千人渡江而西，今无一人生还；纵江东父兄怜而王我，我何面目见之！纵彼不言，籍独不愧于心乎！"

于是，项羽以所乘乌骓马赠予亭长，令从骑皆下马步行，持短兵接战。仅项羽一人便杀伤汉军数百人，而项羽身亦被十余创。

乱军之中，项羽看见汉骑司马吕马童，喊道："来的可是我的故人吗？"吕马童闻声看去，认出是项羽本人，当即指给中郎骑王翳说："这就是项王！"项羽对着吕马童喊道："听说刘邦悬赏千金要我的项上人头，封邑万户，我就成全你吧。"说罢，拔剑自刎而死。

王翳手疾眼快夺取其头，剩下的人开始争抢项羽的尸身，为此不惜相互攻杀，死者数十人。最后，杨喜、吕马童及郎中吕胜、杨武各得其一体，五人因此皆封列侯。

楚地悉定，独鲁不下，刘邦引兵欲屠之。至其城下，犹闻弦诵之声，以其为守礼义之国，为主死节，乃令人持项羽的人头以示鲁国父兄，鲁乃降。汉王刘邦以鲁公礼葬项羽于穀城。

历代以来，为项羽赋诗作文者众多。

一千多年后，大唐会昌元年（841），唐代著名诗人杜牧被任命为黄州刺史。上任路上，杜牧路过乌江的楚汉古战场，不由想起西楚霸王项羽乌江自刎的典故，触景生情，以诗抒怀，当即赋诗一首，这就是《题乌江亭》：

胜败兵家事不期，包羞忍耻是男儿。

江东子弟多才俊，卷土重来未可知。

连南宋著名的婉约派词人李清照为写项羽，也难得地豪放了一次，写出《夏日绝句》：

生当作人杰，死亦为鬼雄。

至今思项羽，不肯过江东。

他们写作时都是结合自身遭遇与时代背景有感而发，明是写项羽，其实是以此抒发他们的感慨。

项羽为何不愿卷土重来？为何不肯过江？因为杜牧跟李清照是长在温室里的人，在温室里待久，人会变傻。他们不懂人情，更不通晓世故。他们是真的很傻很天真。

垓下之战，项羽已经输了，而且输得很彻底。西楚的政权基础是项氏家族。在项羽兵败垓下之前，他们就已经降的降、死的死，土崩瓦解。项羽的亲信部将也是死走逃亡，各奔东西。项羽的主力部队在经过多次激战后也伤亡殆尽。

项羽的基本盘也是楚国精华的地方，都在淮河流域，在彭城，在下邳。他的政权主要都在江北。他的实力来源十之八九也在江北。这些地方如今已尽为韩信所得，他拿什么东山再起，又拿什么卷土重来？江东只是项氏的起兵之地，不是他们的根本之地。卷土重来需要人，东山再起需要势。但两者，江东都不具备。即使过江，也不过喘息一时，项羽最终也难逃败亡的命运。

杜牧以为项羽回到江东会一呼百应，很快便能再聚江东子弟卷土重来。可惜，现实比他想象的要冷酷得多。事实上，江东子弟不才也不帅，直到三国时期，这里依然是山越的聚居地；而且江东人口也很少，甚至比不过中原一个大郡。唐朝之前，江东都是蛮荒之地。想以荒僻的江东同中原对抗，那简直就是螳臂当车，不自量力，蚍蜉撼树，自取其辱。

　　李清照以为项羽回到江东，受到的是江东百姓夹道欢迎热烈拥护。她会这么想，是因为她不懂世态炎凉人情冷暖。如果项羽是率八千子弟渡江南下，上述场景可能会出现。但当他仅率二十余骑出现在江东时，等待他的将是准备抓捕他立功邀赏的人群。

　　在项羽之后兵败逃回江东的黥布，七国之乱中败逃回到江东的吴王刘濞，就是最好的例证。他们确实渡江了，他们也回到江东了。但他们很快就被人出卖，被诱捕处死，身首异处。项羽如果真的回到江东，下场只会更惨。在江北都难以容身，难道江东就有立足之地？

　　项羽是聪明人，至少比黥布、刘濞聪明得多。项羽知道人心险恶，他更知道，从古至今，雪中送炭者寥寥可数，落井下石者比比皆是。锦上添花人人愿做，因为有利可图。雪中送炭鲜有人行，因为难得好处。项羽看透了世道人心，知道回去也是死，还是受尽屈辱地死。与其如此，不如死在江北。垓下之战，他已经尝过众叛亲离的滋味。项羽不肯过江东，是因为他不愿再次受辱。自刎而亡已是西楚霸王项羽能选择的最体面的保留尊严的离去方式。

　　楚汉争霸，以西楚霸王项羽的自杀宣告结束。项羽彻底失败。刘邦在韩信等人的助力下赢得最后的胜利。

入朝不趋　剑履上殿——酬功定封

战后，刘邦践行诺言，将项羽的梁楚九郡封给彭越跟韩信，其中，彭越得梁地，韩信得楚地。其实，这些地方在垓下之战时就已经被二人攻取，如今，不过是履行程序。

汉五年（前202）十二月，垓下之战结束，项羽兵败身亡。

汉五年（前202）正月，刘邦改封齐王韩信为楚王，都下邳，尽有淮河以北之楚地，之前所封之齐地仍归韩信所有。魏相国建城侯彭越封梁王，都定陶，尽有魏国旧地。

二月，刘邦在定陶大会诸侯。会场上其乐融融，人人的脸上都洋溢着笑容。这是欢庆胜利的时刻，众人脸上的笑应该都是发自内心的，因为他们得到了利益。

会上，各路诸侯共同上书一致推举汉王刘邦登基称帝。这些诸侯有楚王韩信、梁王彭越、淮南王黥布、韩王信、赵王张敖、长沙王吴芮、燕王臧荼。领衔劝进的是楚王韩信，他的功劳最大，实力最强，由他带头顺理成章。

刘邦则按照规矩，故作推辞，以示谦逊。韩信等诸侯自然是再接再厉，再次劝进。

最后，刘邦才勉为其难，于汉五年（前202）二月甲午日，于汜水之北，登基称帝，是为汉太祖高皇帝。

人类历史上最伟大的王朝之一从此诞生。汉也成为这个世界上最伟大的民族之一汉族永远的名字。

皇帝刘邦册封吕雉为皇后，册立吕雉之子刘盈为皇太子。

刘邦将汉朝的新都选在洛阳。

五月，诸侯各归封国。刘邦也回到都城洛阳。

称帝封王，册封皇后，册立储君之后，依照顺序，就应封赏功臣了。

皇帝刘邦在洛阳南宫置酒设宴款待群臣，这当然又是庆功宴，但又不是那么简单。刘邦有他的用意。

酒过三巡，刘邦看似闲谈以轻松的口吻问在座的诸位大臣："列侯诸将，大家畅所欲言，实话实说，我之所以有天下，项氏之所以失天下，原因何在？"

话音未落，拍马屁的人就站出来了。王陵对曰："陛下使人攻城略地，即与赏赐，与天下同利；项羽则不然，有功者害之，贤者疑之，此其所以失天下也。"

刘邦笑笑，说："公只知其一，未知其二。夫运筹帷幄之中，决胜千里之外，我不如子房；填国家，抚百姓，给饷馈，不绝粮道，我不如萧何；连百万之众，战必胜，攻必取，我不如韩信。此三者皆人杰，我能用之，这才是我之所以能取天下的原因。项羽只有一个范增却不能用，此所以为我擒也。"群臣不管心里如何想，表面上都露出心悦诚服的表情。

刘邦与群臣在洛阳南宫的对话中，称张良、萧何、韩信为人杰，也由此产生一个新词——汉初三杰。

刘邦的这番话并不是随便说说，他是有用意的。那就是为之后的大封功臣定下基调。汉初三杰成为刘邦亲定的首功之臣。随之而来，刘邦对他们三人的封赏自然远在众人之上。

当刘邦的心思都用在酬功定封赏赐功臣时，他尚未意识到新生政权的潜在危机。

很快，危机变成现实。

七月，燕王臧荼起兵反叛。楚汉在荥阳成皋正面激烈交锋时，他不反；刘邦调动各路诸侯围攻项羽时，他不反。待胜负已分，尘埃落定之时，他偏偏就反了。早不反，晚不反，偏要等刘邦称帝再起兵谋叛。臧荼这是咋想的，他这是唱的哪一出呢？只能说，臧荼造反不是临时起意而是蓄谋已久。

燕王臧荼在北方各路诸侯中是一个异类的存在，原因在于，在长江以北的主要诸侯王中，只有他是项羽册封的。他是项羽戏下分封在中原仅存的硕果。剩下的诸侯如楚王韩信、梁王彭越等都是刘邦册封的。臧荼在这些诸侯中显得格格不入。在刘邦的体系中，丰沛功臣是嫡系，异姓诸侯只能算杂牌，以此类推，臧荼这个项羽封的燕王就是杂牌中的杂牌。

臧荼可能预感到在不久的将来，他这个纯正的杂牌迟早要被收拾。与其被动挨打，不如主动出击，先发制人。早在项羽显露颓势，在他被迫归汉之时，他很可能就在谋划反叛。项羽曾经是他的靠山。当韩信逼近，项羽靠不住时，臧荼就开始寻找新的靠山了。地处北方的臧荼还能去哪里找靠山呢？答案显而易见，只有匈奴。项羽靠不住就是因为相隔遥远，而匈奴近在咫尺。

臧荼谋反后的反应也可以说明这个问题，因为他起兵后不是南下而是西进，他的攻击目标不是南边的赵国、齐国，而是同在北方的代国。燕国在今天的河北北部。代国在今天的山西北部。一千年后的燕、代也称燕云十六州，有一个叫石敬瑭的人为袭夺中原政权，将燕云十六州送给了由北方的游牧部落组建的国家契丹。

事情到此已经很清楚了。臧荼想干的，就是后来石敬瑭干过的。臧荼据有燕国又出兵攻击代国，就是要将北方门户尽数占领，然后投靠匈奴，开放长城，迎匈奴骑兵南下中原。

臧荼想做带路党，但刘邦可不会惯着他。

刘邦亲自领兵出征，行动迅速，出击迅猛，仅用两个月就平定了臧荼叛乱。

九月，汉军将叛乱的贼首臧荼生擒活捉。刘邦改立太尉长安侯卢绾为燕王。相比杂牌臧荼，卢绾可谓嫡系中的嫡系。虽说卢绾的能力平平，但关键是领导放心。卢绾与刘邦不仅是老乡，还是邻居，是发小。他们从小一起长大，关系铁到穿一条裤子。

卢绾后来追随刘邦起义，也是刘邦最为信任的亲信之一。这点从官职上表现得最为直观。

秦汉时期，丞相是文官之首，太尉是武官之长。满朝之中，只有丞相与太尉的官印是金印紫绶。

刘邦的丞相是萧何，而刘邦的太尉就是卢绾。至少从官职等级上，卢绾是与萧何平级的。

刘邦对卢绾已经不能算宠信而应是宠爱。卢绾确实有过战功，比如与刘贾一起深入敌后联合彭越袭扰楚地，又扫平临江王。但刘邦对他的奖赏远远超过他的贡献。这只能说是刘邦有意的厚此薄彼了。

卢绾是丰沛功臣中唯一一个封王的人，不是因为他功最大，而是因为他是刘邦最亲近的人。人生得遇贵人已属幸运，这个贵人还是发小那就更为幸运。关键在于，这位发小还能做到"苟富贵，勿相忘"。那就极为难得，而卢绾全占了。

刘邦原本已将卢绾封为长安侯，那是因为刘邦理想中的都城在洛阳，但在有识之士的劝说下，他决定迁都长安。卢绾只能离开长安，而封王也是刘邦对卢绾的一种补偿。而在关东众多异姓诸侯中也需要安插一个自己人来达到平衡。换下最不信任的臧荼，换上最信任的卢绾，就是为了制衡异姓诸侯。

刘邦为何要迁都长安？他不是刚刚才定都洛阳吗？因为安全形势。洛阳不足以应对潜在的危机，只有长安才能提供给新生的大汉真正的安全保证。

楚汉战争期间，萧何已经将关中经营成汉军牢固的可靠的大后方，四塞之地的关中足够险要，可以化解来自各方的危机。以项羽攻击力之猛，却连洛阳都靠近不了，更不要说函谷关后面的关中了。项羽尚且如此，其他人可想而知。

洛阳位于天下之中，四通八达。然而，正因如此，洛阳不适合做帝都，至少此时不适合。因为刘邦的政权刚刚建立，尚不稳固。

项羽封的诸侯靠不住，难道刘邦自己封的诸侯就靠得住？

之前，因为有共同的敌人项羽，大家才能团结一心，但共同的敌人消失后，矛盾就产生了。现在，这些诸侯刚刚封王，志得意满，还不会生邪心，但天长日久，难保他们不会变。如今的天下依旧是分封的格局。只不过，刘邦的对面，从项羽换成了韩信、彭越跟黥布，后者瓜分了项羽的地盘。

刘邦很清楚异姓诸侯靠不住。其实，何止异姓诸侯。刘邦不知道，但我们都知道，后来发生的事情如七国之乱证明，不仅异姓诸侯靠不住，同姓诸侯也靠不住。

但眼下刘邦思虑不到那么长远，他首先要考虑的是如何稳固新生政权。但他将新都首定洛阳，就说明他尚未意识到潜在的危机。新都距诸侯过近，一旦有事，相当危险。

刘邦想不到的事情，有人帮他想到了。这个人是个戍卒。齐人娄敬戍边陇西，路过洛阳，身衣羊裘拜见齐人虞将军请求见上言事。虞将军欲为之更置衣装，娄敬说："臣衣帛，衣帛见；衣褐，衣褐见，终不敢易衣。"

虞将军只好作罢。

刘邦召见娄敬，问他所言何事。娄敬曰："陛下都洛阳，岂欲与周室比隆哉？"上曰："然。"

娄敬曰："陛下取天下与周异。周之先，自后稷封邰，积德累善，十有余世，至于太王、文王、武王而诸侯自归之，遂灭殷为天子。及成王即位，周公相焉，乃营洛邑，以为此天下之中也，诸侯四方纳贡职，道里均矣。周之盛时，天下和洽，诸侯四夷宾服，效其贡职。及其衰也，天下不朝，周不能制；非唯德薄，形势弱也。今陛下起丰、沛，席卷蜀、汉，还定三秦，与项羽战荥阳、成皋间，大战七十，小战四十；使天下之民，肝脑涂地，父子暴骨中野，不可胜数，伤夷者未起；而欲比隆于周之成、康，臣窃以为不及也。秦地被山带河，四塞为固，关东有事，百万之众可立至。关中膏腴之地，天府之国。陛下入关而都之，山东虽乱，秦之故地可有。夫与人斗，不搤其亢，拊其背，未能全胜。今陛下案秦之故地，此亦扼天下之亢而拊其背也。"

刘邦问群臣，群臣多为山东人，乐都洛阳，争相进言："周王数百年，秦二世即亡。洛阳东有成皋，西有殽、渑，倍河，向伊、洛，其固亦足为恃。"

刘邦又问张良。张良对曰："洛阳虽固，方圆不过数百里，田地薄，四面受敌，此非用武之国也。关中左殽、函，右陇、蜀，沃野千里。南有巴、蜀之饶，北有胡苑之利。阻三面而守，独以一面东制诸侯；诸侯安定，河、渭漕挽天下，西给京师；诸侯有变，顺流而下，足以委输。此所谓金城千里，天府之国也。娄敬说是也。"刘邦遂定计，即日车驾西行，迁都长安。娄敬因进谏有功拜为郎中，号奉春君，赐姓刘氏。迁都长安确是思虑长远，当时还不明显，那是因为刘邦的水平高超，在危机尚未形成之前就将其化解，而后来发生的同姓诸侯的七国之乱才彰显出当年定都长安的远见卓识。

汉初的政治军事格局与战国七雄时代其实差异不大，甚至可以说是极其相似。区别只在于汉高祖取秦始皇而代之，关东依然是六国。刘邦能直接统治发号施令的仍仅限于关西，这与楚汉战争时期他据有的地盘大致相当，项羽的地盘如今都属于关东各路诸侯。

汉六年（前201）甲申，刘邦剖符大封功臣。萧何封酂侯，食邑尤多。对此，众多功臣特别是武将公开表示不服说："臣等被坚执锐，多者百余战，小者数十合。萧何未尝有汗马之劳，徒持文墨议论，反居臣等之上，是何原因？"刘邦对大家说："诸君知道打猎吧？狩猎追杀兽兔的是狗，而发现野兽踪迹指示目标的是人。诸君攻城野战却有功劳，但只是功狗，至于萧何，他才是那个发现踪迹指示目标的功人。"刘邦怕这些大老粗不懂，特意以围猎作比喻。在刘邦的生动说明之下，在君威的压制下，群臣再不敢言。

与萧何的情况十分相似的还有谋臣良、平，即张良跟陈平，他们也没有汗马之劳，也未有攻城野战之功，但他们是汉初居功至伟的大功臣。因为张良并不担任实际职务，刘邦便用封邑作为补偿，上来就封三万户。汉初经过战乱，百业凋零，户口锐减。丞相萧何初封只有八千户，后经增补，也才勉强达到万户。

而刘邦给张良定的标准是三万户。张良知道这是刘邦对他多年付出的酬报。但他更知道，刘邦的这份好意，他只能心领。萧何是丰沛功臣，属于刘邦起家的自己人，受封万户，群臣尚且不服，被刘邦强行压制才压下去。张良是外来之臣，威望不如萧何高，根基不如萧何深，如果贸然接受刘邦的三万户封赏，就会立即成为众矢之的，成为群臣攻击的对象。

张良很识趣，婉拒了刘邦的封赏。张良说："臣起于下邳，与陛下相会于留地，此天以臣授陛下。陛下用臣计，幸而时中。臣愿封留足矣，不敢当三万户。"于是，刘邦封张良为留侯。

紧随汉初三杰受封的便是陈平。刘邦封陈平为户牖侯，因为户牖是陈平的家乡。谁知，陈平却推辞说："此非臣之功。"刘邦说："我用先生之谋，战胜克敌，先生言非己之功，那当属何人？"陈平说："若非魏无知，臣安有今日？"刘邦瞬间就明白了陈平的意思，说："先生可谓不忘本！"又因举荐之功下令赏赐魏无知。陈平六出奇计，每一计出辄益其封邑，凡六益其封。陈平最后获封曲逆侯。

刘邦大封功臣二十余人，其余文武大臣日夜争功。一次，刘邦在洛阳南宫，从复道望见诸将三三两两聚坐沙中交头接耳、窃窃私语。刘邦不知他们议论何事便转头问身边的张良。留侯张良故作惊讶之状，说："难道陛下不知！他们相聚在此意图谋反！"刘邦说："天下安定，何故谋反？"张良说："陛下起于布衣，以此辈取天下。今陛下为天子，而所封皆故旧亲爱，所诛皆平生仇怨。今军吏计功，天下不足遍封；此属畏陛下不能尽封，又恐见疑平生过失被诛，故相聚谋反耳。"

刘邦于是又问出那句："为之奈何？"怎么办？张良说："陛下平生最为痛恨的，又为群臣所共知的人是谁？"刘邦几乎是不假思索脱口而出："雍齿，此人与我有旧怨，数次窘辱于我；早欲杀之，为其功多，故隐忍至今。"张良说："为今之计，当急封雍齿，如此则群臣自安，人人自喜。"于是，刘邦置酒洛阳南宫再度设宴，席间，封雍齿为什邡（方）侯，以安抚人心。同时又急令丞相、御史尽早定功行封。宴会结束，群臣个个笑逐颜开，相互贺道："雍齿尚为侯，我们不必担心了。"

列侯受封已毕，诏定元功十八人。即使是从众多功臣中选出的十八人也要排出先后顺序。众人的一致看法是，曹参当为首功排第一："平阳侯曹参，身被七十创，攻城略地，功最多，宜为第一。"曹参战功卓著，有目共睹，所以，大家的意见比较统一。

但这时谒者关内侯鄂千秋上前进言："群臣之议非也。曹参虽有野战略地之功，此一时之事耳。陛下与楚相距五岁，失军亡众，数次脱身而走，幸而萧何常从关中遣军补充，陛下虽未有令，而数万之众已会于军中。两军对峙，军粮匮乏，又是萧何转漕关中，供给军食。陛下虽数亡山东，萧何常全关中以待陛下。此万世之功也。曹参虽有百战之功，然汉不缺能征惯战之将。奈何欲以一旦之功而加万世之功之上哉！萧何理应第一，曹参当次之，列其后。"刘邦对鄂千秋的直言进谏予以充分肯定，当即拜萧何为十八功臣之首，并赐萧何剑履上殿，入朝不趋。

鄂千秋竟敢逆流而上，违逆众意。而刘邦居然肯定了鄂千秋的提议，并对其大加褒奖。如此反常，必有原因。一个鄂千秋，他当然不敢公然与众多功臣大唱反调，他之所以敢这么做，只是因为背后有人给他撑腰。站在他背后的人就是皇帝刘邦。

这次，刘邦不再亲自出面强力压制，而是躲在幕后进行操纵。鄂千秋负责在前面"冲锋陷阵"，刘邦则予以配合。鄂千秋逆势进言，刘邦及时力挺。群臣又不傻，当然知道他们在演戏，即使有所不满，也不得不顺从其意。

对关键时刻敢于冲锋在前的鄂千秋，刘邦也及时给予褒奖。刘邦说："我听说进荐贤士的人应受上赏。萧何功虽高，得鄂君之荐方显于当世。"于是，刘邦以鄂千秋进贤有功，封其为安平侯。

鄂千秋成为这次廷议妥妥的赢家，但最大的赢家还是萧何，不仅萧何本人被定为功臣第一，享受至高荣耀，萧氏父子兄弟十余人，皆受食邑；萧何又被加封两千户，成为名副其实的万户侯。

刘邦之所以得人心，在于赏罚分明。萧何做的募兵筹粮这些后勤工作，最辛苦又最不显眼，战争年代，大家更关注的往往是前线的将领，更看重的是军功，但只有刘邦知道后勤的重要，更懂得萧何的辛劳，每次打败仗，损兵折将，都是萧何及时从关中补充兵源；每次粮草告罄，都是萧何四处调拨将军粮及时运到前线。要不是萧何竭尽心力地维持，刘邦的正面战场可能就撑不到胜利了。

战争结束，大汉初兴。

韩信的作用降低，张良的计谋淡化，但治理国家更需要萧何这种长于谋国的人才。鄂千秋说的就是刘邦想说又不便于说的话。刘邦只能用鄂千秋之口对萧何的功绩进行肯定。虽然刘邦不是亲自出面，但谁都知道，这就是皇帝的意思。萧何自然也会领刘邦的这份情。

而萧何对汉朝的贡献还远不止于此。陈平不忘魏无知的举荐之恩，刘邦对二人都有封赏。魏无知举荐陈平有功受赏。如此说来，萧何举荐的韩信的功劳要远远大过魏无知。刘邦能打赢楚汉战争，前方靠的是韩信攻城略地，后方靠的是萧何足兵足食。

为何说曹参有攻城野战之功仍要居萧何之下呢？想想曹参那百城之功是如何取得的，他跟的人是韩信。因为韩信定赵平齐，以摧枯拉朽之势横扫两国，大势已定之后，曹参才有机会夺得攻占百城之功。曹参立下军功靠的是人家韩信。而韩信是谁慧眼识珠提拔推荐的？是萧何。人所共知，萧何月下追韩信。兜兜转转，转了一圈，又回到起点，从韩信到曹参，他们的军功也都有萧何的功劳。

为显示对萧何的尊重，刘邦特别赐予萧何剑履上殿、入朝不趋的特权，满朝文武，只有萧何一人享此殊荣。

但刘邦怎么也不会想到，这些皇帝赐给大臣的至高荣誉，后来却成为权臣的标配。

剑履上殿、入朝不趋之外，又发展出赞拜不名，此后历朝享受这份特权的大臣可以列出很长的名单，这里仅举几个耳熟能详的知名大臣：董卓、曹操、曹爽、司马懿。汉献帝在授予曹操这份特权的诏书上是这么写的："天子命公赞拜不名，入朝不趋，剑履上殿，如萧何故事。"

汉初十八功臣侯：酂侯萧何、平阳侯曹参、宣平侯张敖、绛侯周勃、舞阳侯樊哙、曲周侯郦商、鲁侯奚涓、汝阴侯夏侯婴、颍阴侯灌婴、阳陵侯傅宽、信武侯靳歙、安国侯王陵、棘浦侯柴武（一作陈武）、清河侯王吸、广平侯薛欧、汾阴侯周昌、阳都侯丁复、曲成侯蛊逢。

酬功定封，大封功臣。不仅要考虑功劳，也要照顾到各大派系的利益。只要有人的地方，就会有派系。只要有派系，就会有纷争。古今中外，都不例外。

汉初功臣以派系划分主要有：

丰沛功臣、吕氏外戚、外来从臣。

各个派系都要有名额，必须雨露均沾，以十八功臣侯为例：

丰沛功臣：酂侯萧何、平阳侯曹参、绛侯周勃、汝阴侯夏侯婴、安国侯王陵、汾阴侯周昌。

吕氏外戚：宣平侯张敖、舞阳侯樊哙、阳都侯丁复、曲成侯蛊逢。

外来从臣：曲周侯郦商、颍阴侯灌婴、阳陵侯傅宽。

其中，丰沛功臣以出身又可细分为三系：

县吏派：萧何、曹参、夏侯婴、周昌、任敖、周苛等沛县县吏为其代表。刘邦本人即县吏出身。他们是刘邦的白道关系网，很受刘邦尊重，属于刘邦的客卿。他们组成刘邦的行政班底。刘邦后来能在关中顺利接收秦的政权，主要依靠的就是这些人。

县民派：樊哙、周勃等人是此派的主要代表，他们组成刘邦在丰沛的民间关系网。他们在县里的职业各异，樊哙是屠户，周勃是鼓吹手，但他们都属于刘邦在道上的兄弟，在当时属于壮士。他们多为武将，在沙场上冲锋陷阵的主要就是此派。他们是刘邦的武力担当，也是汉军中刘邦的嫡系将领。他们的地位比县吏派要低，但对刘邦的依附程度更高。

县豪派：以沛县土豪王陵为代表。那个被刘邦最为痛恨的丰邑土豪雍齿也属于此派，因为坑过刘邦，未入选十八侯。王陵是沛县的豪强。刘邦在沛县时都要叫王陵大哥。此派的社会地位最高，与刘邦的关系也最为疏远，勉强属于合作关系。因为对刘邦知根知底，所以，他们轻视刘邦，但在形势逼迫下又不得不依附刘邦，处于彼此都看对方不顺眼，但又相互需要的尴尬局面。

刘邦的政权基础是丰沛功臣与吕氏外戚，他们之间也有重叠，典型的例子就是樊哙。外来从臣也大都与丰沛功臣跟吕氏外戚关系亲近。

丰沛功臣的代表先是萧何后是曹参，他们先后为相，萧规曹随，主持国政。在他们主导之下，汉初政权基本是丰沛功臣掌权。之后担任丞相的王陵、周勃也都是丰沛功臣。

吕氏外戚的代表先是吕泽后是吕雉。吕泽以军功靠实力赢得地位。吕雉当权后更是将吕氏推向权力巅峰，但她的胃口过大，吃相又过于难看，要搞赢者通吃，同时得罪刘姓宗室诸侯与丰沛功臣集团，于是在她死后，吕氏被刘姓诸侯与丰沛功臣联合剿杀。

外来从臣不成派系，各自为战，但也因此他们都极度依附当权者，而又相对孤弱。忠诚又有能力的外来从臣反而赢得皇帝的信任。最典型的就是灌婴，从汉高祖刘邦到汉惠帝刘盈再到汉文帝刘恒，都对灌婴十分器重，极为信任，表现就是历仕三朝的灌婴始终掌握着兵权。

未入选十八功臣侯的，并不代表他们不重要，很多反而极其重要比如吕氏外戚的代表周吕侯吕泽，以发兵佐高祖定天下，封侯。吕氏外戚本身的实力就已经很强，同时，他们与丰沛功臣的关系又很好，至少在刘邦在位时期双方关系相当不错，彼此有着共同的利益。吕雉的儿子刘盈能被册立为太子并顺利继位就是他们两派关系亲近的最好证明。

又比如外来从臣的张良跟陈平，他们的排名很低，一方面是因为汉初定封多以军功，身为谋臣的他们在这方面很吃亏。一方面是因为丰沛功臣占据主导地位，他们的地位被有意压制。张良不居实职。陈平则是被丰沛功臣打压的典型。但他们都依附于刘邦，也是刘邦亲近信任的心腹。谋臣良、平实至名归，刘邦需要他们为自己出谋划策，同时也利用他们制衡丰沛功臣。

鸟尽弓藏　兔死狗烹——异姓诸侯

通过酬功定封稳固内部，通过清除异己稳定外部，这大概就是刘邦登基称帝后的基本方略。纵观刘邦称帝后的诸多举措，很符合这个思路。

刘邦大封功臣二十余人，之后立功封侯者多达一百四十三人。这些人以丰沛功臣为主，兼顾各派。在任何时候，想要坐稳江山，首要做的都是稳住基本盘，丰沛功臣就是刘邦的基本盘。关键时刻，这些丰沛功臣都是愿意为刘邦拼命的人，因为他们的利益已经与刘邦深度绑定。只有在刘邦这里，他们才能得到最大的利益。

刘邦在利益分配上极度向功臣群体倾斜，这是极为正确的。身为帝王，对下属臣民必须区别对待。当然，表面上宣传都必须说些人人平等、一视同仁、王子犯法与庶民同罪之类的话，但在实际操作上必须做到亲疏有别利益有差。

对所有人都好，就等于对所有人都不好。好与不好，其实是通过利益分配的差别来实现的，是通过厚此薄彼来体现的。只有受到特别优待，才会感受到自己的与众不同，也才会对君王感恩戴德。

众人遇我，众人报之。国士遇我，国士报之。

功劳有大小，赏赐就有厚薄。唯有如此，才能真正激发大家的积极性。刘邦对汉初三杰的充分肯定以及远超众人的封赏，对十八功臣侯的册封，大封一百四十三人为侯的举动，体现的就是以功定酬的思想。

酬功定封，稳固内部。接下来，刘邦要做的就是清除异己，稳定外部。这个异己指的就是刘邦册封的那些异姓诸侯王。

最先跳出来的燕王臧荼被清除。接着被提到议事日程的是前齐王田横。本来田横兵败之后投奔的是彭越。因为当时彭越在楚汉之间偏中立。但刘邦册封彭越为梁王后，彭越的态度就变了。田横害怕被清算，带着五百部下泛舟入海，躲入海岛。

但刘邦很快用实际行动证明了"溥天之下莫非王土，率土之滨莫非王臣"的道理。躲到海岛上又如何！就算跑到天涯海角，也跑不出皇帝的掌控。刘邦并没有因为田横避居海岛就放过他。

刘邦这时可能已经在为他的儿子布局了。江山必须是他们刘家的江山。诸侯也要换成他的儿子来做。

因此要消除所有的隐患，而国家最大的隐患就是异姓诸侯王。田横作为楚汉战争时代的诸侯王，尽管早已落魄，但声望还在，而且在齐地极具号召力，这就是隐患，这就是威胁，那就必须清除。刘邦希望留给子孙的是稳定的国家。即使威胁再小，也必须扫除，以确保今后国家长治久安，国祚绵长。

皇帝刘邦派出使者来到海岛，宣布赦免田横之前所有的罪过，条件是随使者入朝。

田横表示感谢皇帝宽宏大量，但他曾烹杀郦食其，如今听说其弟郦商在朝为将，忧心恐惧，害怕遭到报复，因此不敢奉诏，请求做个普通百姓，留居岛上，以度余年。

使者将田横的忧虑回报皇帝，刘邦特意下诏给卫尉郦商，齐王田横将至，有敢挟机报私仇者，诛三族。然后，刘邦再次派出使者将警告郦商的情形告知田横，并说，田横来，大者王，小者侯；不来，举兵加诛！田横只好与两个门客随使者前往洛阳。

行至距洛阳只有三十里时，田横突然对使者说："朝见天子，当沐浴更衣。"这个理由十分合理。使者只好同意在此停留一晚。田横并不打算沐浴，他只是用这个借口骗开使者。田横对追随他一路而来的两位门客说："当初，与汉王一同南面称孤。如今汉王为天子，而横为亡虏，北面事之，其耻甚矣。且烹人之兄，与其弟并肩而事主，纵彼畏天子之诏不敢动，独不愧于心乎！陛下欲见者，不过吾之面貌。今斩吾头，驰三十里间，形容犹可观。"言罢，田横遂自刭而亡，令门客奉其头，与使者进洛阳面君。

刘邦得知事情原委，也大为感慨，为之流涕，拜其两位门客为都尉；发卒两千人，以王者之礼葬之。两个门客在葬礼结束后，也随之自刭而死，从田横于地下。刘邦听闻大惊。田横旧部尚有五百人在海岛，未随之来。刘邦派使者征召，使者来至岛上，田横的五百部下得知田横已死，集体自杀。田横与其部下五百壮士的事迹，今人读来，仍能感到深深的震撼，更何况是当事人刘邦。不过，刘邦在震撼之余，更会感到害怕。田横在齐地竟如此深得人心。

刘邦本意可能并未想杀田横，只是将其召到洛阳，就近看管起来。这个可以对比之后刘邦对韩信的处置办法，也是解除兵权带到都城就近关押，不久就恢复其自由。

异姓诸侯都是异己势力，也都是隐患，是威胁。但相比之下，在刘邦看来，最大的威胁跟隐患还是韩信。

曾经韩信为刘邦战胜项羽夺取天下，立下大功。那时韩信是刘邦最锋利的剑，但那是因为有项羽存在。当项羽败亡之后，刘邦就不需要韩信这把宝剑了。而且，刘邦也清楚，韩信这把剑，虽然锋利，却也是把双刃剑，稍有不慎，就可能危及刘氏的江山社稷。

刘邦在时，还能凭其威望权谋压制韩信，但刘邦毕竟年事已高，百年之后，他的继承人刘盈是肯定压不住韩信的。他麾下的大将捆在一起也不是韩信一个人的对手。韩信只有刘邦一个人压得住。韩信也只服刘邦。这对一心想坐稳帝王之位传之子孙的刘邦而言，是相当危险的。为了汉室江山，为了子孙后代，刘邦必须在他有生之年，解决韩信这个最大的隐患，最具威胁的异姓诸侯王。

不解决韩信这个最有实力也最具威胁的异姓诸侯，刘邦怕是连觉也睡不踏实。

父爱其子，必为之虑深远。

父爱如山，是沉重的。

背负沉重压力的刘邦也很清楚，韩信是最难对付的异姓诸侯。明知山有虎，偏向虎山行。刘邦即使明知前路艰险，但也决心负重前行。

汉六年（前201）十月。有人上书"告发"楚王韩信意欲谋反。

但其实，此时楚王韩信志得意满，至少现在是不会反的。韩信满足于做一路诸侯，才当上楚王，才过上好日子，他才舍不得谋反呢！但刘邦需要韩信"反"。只有韩信"反"，他才能找到理由收拾韩信。领导有需要，自然会有下属积极配合。于是，很快就有人站出来"告发"。

刘邦对此当然是十分重视，立即召集亲信重臣商议对策。刘邦问众将，韩信谋反，当如何处置。大家异口同声："发兵，坑竖子耳！"刘邦默然。

众将的态度与刘邦的反应都颇值得玩味。韩信的军事能力，文臣不清楚也就罢了，将军们即使未跟过韩信，对其事迹多少也有所耳闻，略知一二。明知打不过，为何还要表现得如此高调呢？表现高调才是身在官场的正常反应。

身为大将，即使明知不是对手，也不可表现出来。临敌胆怯，是耻辱，更是大忌。领导首先要看的是你的态度，至于你的能力合不合要求，能不能胜任，其实，领导心里有数。他是不会轻易让你去冒险的。他不是心疼你，他是心疼他的军队。

刘邦对手下这些将领的水平心知肚明，知道这些人也就是在这里喊喊口号、表表姿态，即使他们真敢去，刘邦也不敢派他们去，所以，只能默然。这些将军虽然本事不大，但至少态度是很好的。

刘邦知道以武力对付韩信，那是以己之短攻敌之长。

韩信擅长军事。刘邦精通权谋。

所以摆平韩信，要扬长避短，以计取胜。

说到计谋，又不好明着来，那就只能用阴谋。刘邦的谋臣中精于此道的，当然非陈平莫属了。

刘邦问陈平有何良策。陈平问："有人上书言韩信谋反，韩信知道这件事吗？"刘邦说："不知。"陈平又问："陛下之精兵与楚相比孰精？"刘邦答道："不如楚。"陈平又问："陛下帐下诸将，用兵有能超过韩信的吗？"刘邦只能叹着气回答："众将皆不及。"陈平开始作总结性发言："今陛下兵不如楚精而将又不及，举兵攻之，百战百败，窃为陛下危之。"

刘邦又说出他的经典语录："为之奈何？"怎么办？陈平沉思良久，徐徐答道："古者天子有巡狩四方大会诸侯之先例。陛下可以巡狩为名，伪游云梦，大会诸侯于陈地。陈县，楚之西界，韩信闻天子出游，其势必远郊迎谒；陛下可趁其拜谒之际擒之，此一力士之事耳。"刘邦深以为然，于是遣使四出，告谕诸侯，将与诸侯大会于陈，"吾将南游云梦"。

且说楚王韩信衣锦还乡，回到楚地，找到当年送饭给他吃的那位漂母，以千金相赠，一饭千金，这可以算得上是滴水之恩涌泉相报了。对当年常去蹭饭的南昌亭长，韩信也未忘记，特赐予百钱。相比漂母，这位南昌亭长招待韩信的时间更长、更久，得到的赏赐却不及漂母之万一。百钱之赏，与其说是赏赐，不如说是羞辱更合适。而韩信也对此做出了解释："公，小人也，为德不卒。"韩信的意思是，你是个小人，做过好事，可惜，未做到底。

韩信又召来当初让他受胯下之辱的那个泼皮屠户。韩信不仅未杀他，反而以其为中尉，韩信还告诉部下，这是个壮士。当初羞辱我时，我不是不能杀他，只是杀之，非但不能扬名还会因此取祸，所以宁受胯下之辱。韩信以德报怨，明显是在邀名。现在他已经是楚王了，杀一个市井泼皮，轻而易举。但韩信不杀他反而用他只是沽名钓誉彰显他的王者气度。其实，韩信大可不必如此做作。一饭之恩必酬，睚眦之怨必报，才是大丈夫所为。

韩信真的有王者气度吗？看看钟离眛的下场就知道了。项羽败亡，其麾下大将钟离眛逃亡。韩信在楚营时与钟离眛相交甚厚。钟离眛作为楚军大将，当年在荥阳成皋大战时，也多次困辱过刘邦。待刘邦登基称帝，有仇报仇，有怨报怨，他才不像韩信那般贪图虚名。刘邦听说钟离眛躲藏在楚地，就下诏给楚王韩信令其缉捕钟离眛，将其捉拿送交朝廷。

楚王韩信到下属各县邑巡察，所到之处都要陈兵出入，十分警备。因为他也怕被人加害，更担心他的秘密被人发现，通缉犯钟离眛此时就躲在他的府邸。刘邦用陈平之计，以天子巡狩大会诸侯为名，发使遍告诸侯大会陈地，欲做云梦之游时，韩信就觉察到了危险。

虽然韩信不知刘邦的具体计划，但他还是隐隐约约觉得这次云梦之游，很可能是冲着他来的。

韩信的预感是对的。刘邦名为做云梦之游，实则欲袭韩信。眼看刘邦的车驾即将到达陈县。韩信必须要做出反应了。韩信想过发兵直接反了，但是，他又心存侥幸，认为未犯过错；想亲自去拜谒皇帝，又担心中计被擒。

韩信犹犹豫豫，难下决心。这时有人劝他，可斩钟离眛，将其人头送给皇帝。皇帝见到钟离眛的人头，必然高兴，到时就不会归罪于你了。

韩信思来想去，也想不出更好的办法，只能厚着脸皮来找钟离眛，以相当委婉的措辞述说他当前的困境。钟离眛听出了韩信的话中之意，十分鄙视韩信的行为，他对韩信说："汉所以不击取楚，以眛在此。若欲捕我以取媚于汉，吾今日死，公亦随之亡。"最后，钟离眛大骂韩信："公非长者！"说罢自刭而死。

当初，韩信以为他很仗义，才敢收留钟离眛。如今却不得不出卖钟离眛以求保全。他不具备王者的气度，却偏偏要装得很有气度，结果却是自食其果，到如今，猪八戒照镜子——里外不是人。钟离眛怨恨他，刘邦也不会领他的情。

汉六年（前201）十二月，刘邦在陈县大会诸侯。韩信持钟离眛的首级小心翼翼地上前拜谒。刘邦微笑着令人接过首级，却突然脸色一变，喝令在场的武士将韩信绑缚，押上后车。韩信这才如梦方醒知道中计，不由得大呼道："人言：'狡兔死，走狗烹；飞鸟尽，良弓藏；敌国破，谋臣亡。'天下已定，我固当烹！"刘邦只是笑笑，说道："有人告你谋反。"事已至此，韩信已经沦为阶下囚，只能跟着刘邦回到洛阳。伪游云梦，计擒韩信。刘邦颇为得意，除去一个心腹大患，高兴之余，专门下令大赦天下。

韩信刚刚被抓，就有人惦记上韩信的地了。有个叫田肯的人上书刘邦："陛下得韩信，又治秦中。秦，形胜之国，带河阻山，地势便利；下兵于诸侯，譬犹高屋建瓴。齐地，东有琅邪、即墨之饶，南有泰山之固，西有浊河之限，北有勃海之利；地方二千里，持戟百万，此东秦也，非亲子弟，不可使王齐者。"刘邦对其奏疏很是满意，特意下令赏赐其黄金五百斤。因为田肯的话说到刘邦的心里去了。抓人就是为了分地，而且还不能给外人，要留给亲子弟。其实，人选刘邦早就有了，就是他的长子刘肥。

刘邦认为秦之二世而亡，原因之一就是不肯分封同姓，以致孤弱亡国。天下初定，诸子幼弱，有鉴于此，刘邦才想到大封同姓拱卫王室。与今日之视角不同，当时，分封才是社会的主流思想，深得人心。刘邦此举不过是顺其潮流的应时之举。特别是秦因不肯分封宗室而全面推行郡县，却二世而亡。秦的覆亡，有诸多原因，但从古至今，人们只看结果，不重过程，所以，很多人想当然地认为，秦的速亡是因为未行分封而执意于郡县。

刘邦采取的是郡国并行制。在中央实行郡县制，同时又将异姓诸侯强行改为同姓诸侯，实行分封制。两种制度共同施行，最大限度降低风险的同时，也将两种制度的优点尽皆吸收。

正月，刘邦以齐之胶东、胶西、临淄、济北、博阳、城阳郡共计七十三县为齐国，立长子刘肥为齐王，民能齐言者皆与齐。

同月，刘邦又分楚地为二国，以淮东五十三县立从兄将军刘贾为荆王。以薛郡、东海、彭城三十六县立四弟刘交为楚王。以云中、雁门、代郡五十三县立兄长刘喜为代王。

十二月扣押韩信，正月就分韩信的地。刘邦此举显然是蓄谋已久。

韩信当初吃下多少，如今就吐出多少。韩信是最大的输家，辛辛苦苦，奋斗多年，到头来，却是给他人做嫁衣。刘邦则是最大的赢家。之前分封异姓诸侯，不过是权宜之计，现在连本带利一并收回，赚得盆满钵满。

刘邦诸子，以齐王刘肥最长，此年也不过二十，刚及弱冠之年。嫡子刘盈则更小，只有十余岁。诸子幼弱，刘邦只得封从兄弟、兄弟为王。兄弟只是过渡，刘邦的本心还是要遍封诸子。

齐王刘肥是刘邦的长子又是第一个被册封的儿子，刘邦对其抱有很高的期望。为此，刘邦特意任命平阳侯曹参为齐相辅佐齐王刘肥。曹参曾追随韩信征战齐地，又是功臣第二，极具威望，把他派到齐国能镇得住局面。

刘邦在做出这项决策之时，想必也是经过深思熟虑、反复权衡。但曹参被任用为齐相，还有一个传闻，刘肥的母亲也就是刘邦的情妇是曹氏。

曹参又被派到齐地，直到萧何死后才被召回朝廷。于是，有人就此认为，曹参与曹氏很可能是一家人，甚至曹氏就是曹参的妹妹，而刘肥就是曹参的外甥。舅舅辅佐外甥，合乎情理。这个推测过于大胆，但也存在这种可能。

世人大多喜欢长子，娇惯幼子。帝王将相亦不免俗。齐国是刘邦所封同姓诸侯中实力最强的国家。凡是会说齐国话的都算齐民，可以看作是刘邦对长子刘肥的特别偏爱。楚国被一分为二，只有齐国被完整地保留下来。

亲生儿子要封到富庶的齐地，异姓诸侯却只能接受相反的结果。刘邦认为韩王信所在的封地北近巩、洛，南迫宛、叶，东有淮阳，皆天下劲兵处；韩王信待在中原，不合时宜，于是以太原郡三十一县为韩国，将韩王信迁徙到太原以北，备御胡寇，以晋阳为都。不久，韩王信上书："国被边，匈奴数入寇；晋阳去塞远，请治马邑。"刘邦愉快地批准了韩王信的请求。不久之后，韩王信就会为他的这个决定悔青肠子。

当年秋天，匈奴大举南下寇边，围韩王信于马邑。此后数十年，每到秋肥马壮之时，北方沿边各郡便会燃起烽火，狼烟四起，传递示警，告诉人们，匈奴来了。

匈奴畏惧强者。自秦始皇派大将蒙恬出击匈奴，大破之，收复河南地，北边安定十余年。匈奴远遁，不敢近边。及至秦末，群雄逐鹿，中原大乱，匈奴趁势南渡黄河，复据漠南。几乎在刘邦取得楚汉战争胜利的同时，匈奴也完成了对北方草原的统一，使"诸引弓之民，并为一家"。

匈奴头曼单于的太子名叫冒顿，是其前任阏氏所生。头曼后来又娶了更年轻的阏氏，生下少子。头曼宠爱娇妻幼子，欲废长立幼。这时北方草原有三大势力，匈奴西有月氏东邻东胡。东胡强而月氏盛，匈奴居其中，左右皆为强敌。

为使幼子顺利上位，头曼单于想出一条狠计，他要借刀杀人。为何说是狠计呢？因为他要杀的是他的儿子冒顿。头曼借的刀就是西邻月氏。

头曼单于先是假意与月氏通好，再派冒顿去月氏做人质，以示诚意。头曼想利用月氏麻痹大意之际，偷袭月氏，毕竟，外人很难想到，两国刚刚和好，匈奴甚至才将太子派来，怎么说也不至于立即翻脸吧。头曼利用的就是这点，他要趁其不备，突袭月氏。到时，损失惨重的月氏必然迁怒于在其国中为质的冒顿，盛怒之下月氏人肯定会杀了冒顿。而头曼呢？他既能以偷袭的方式重创强敌月氏，同时又能借月氏之手除去冒顿，可谓一箭双雕。

头曼单于在将冒顿送到月氏后，就立即对月氏发动突然袭击。月氏未作防备，在匈奴的突袭下，损失巨大，恼怒的月氏人果然想杀冒顿泄愤。但冒顿事前得到消息偷了一匹快马居然跑回来了。头曼单于大为惊讶，也不由得对这个儿子刮目相看，暂时打消了杀死冒顿的念头，还令其统领一万骑兵。

头曼不打算杀冒顿了，冒顿却想要杀头曼了。冒顿制作了一种叫鸣镝的响箭，用来训练部队骑射，还下令说："鸣镝所射而不跟射者，斩之！"

很快，冒顿就开始了鸣镝之射。冒顿先以鸣镝射其宝马，稍有迟疑者，当即被斩。冒顿说到做到。既而冒顿又用鸣镝射其爱妻，左右不敢射者，尽皆被斩。有过两次死里逃生经验的部众再不敢犹豫，因为稍有迟疑，就将性命难保。冒顿做到了令行禁止。当冒顿意识到他已经在部下心中树起权威后，便开始执行筹谋已久的计划。

冒顿以鸣镝射向头曼单于的坐骑，左右几乎是条件反射般地立即追射，甚至连目标都来不及看，就跟着射。冒顿对部众的表现很满意。于是，冒顿知其部下可用。追随头曼围猎时，冒顿以鸣镝射向头曼，其部下左右皆随，头曼几乎瞬间就被射成刺猬。

头曼单于就这么被杀了。头曼留下的娇妻幼子以及不肯听从冒顿命令的大臣也一并被其诛杀。冒顿自立为匈奴单于。

近邻东胡听说冒顿杀父自立，认为匈奴刚刚经历内乱，有机可乘，于是派使者前来，表示非常希望得到前任单于头曼的千里马。冒顿问向群臣征求意见，群臣都说，匈奴的宝马怎能轻易与人！冒顿却表现得很大度，说与人为邻，何必在意一匹马呢，遂将千里马送给东胡。

不久，东胡使者又来了。这次东胡人表示特别想得到单于的一位阏氏。冒顿再次问向左右，大臣都愤怒了。大家表示东胡欺人太甚，请求出击，狠狠教训教训狂妄的东胡人。冒顿再次表现得十分大度，说与人为邻，何必在意一个女人呢，于是，又将一位喜爱的阏氏送给东胡。

冒顿连番示弱，令东胡王愈发骄狂。东胡王也用实际行动证明什么叫得寸进尺。东胡与匈奴中间有弃地千里，两国各居其边。东胡使者第三次登门，请求据有千里之地。冒顿问向群臣，大臣分成两派，有的大臣见冒顿多次退让，以为这次也是，就说此弃地，予之亦可，不予亦可！有的大臣则表示坚决不给。待大臣都表态之后，冒顿才露出本来面目，大怒道："土地，国之根本，怎可予人！"于是，那些说可以给的大臣就都被拖出去砍了。

就在众人惊魂未定之际，冒顿又发布命令："全军出击，后出者斩！"匈奴举兵袭击东胡。而东胡被冒顿的一再示弱麻痹，未作防备，在匈奴的突袭下，一战而亡。

冒顿单于扫平东胡，接着又西击月氏，将其驱逐，又趁胜南下吞并楼烦进据河南地，侵掠燕、代，蒙恬所复之土，又被匈奴悉数侵占。

刘邦即将面对的就是这么一个狠人，十分凶猛，又极其狡猾，还很奸诈。

匈奴在冒顿的带领下，迅速崛起，称雄一方。匈奴控弦之士三十万，实力强劲。如此阵势，韩王信抵挡不住也很寻常。韩王信派出使者到匈奴谈判。朝廷发兵救援马邑，很快就得知韩王信与匈奴频繁接触的事实，因此怀疑韩王信有二心，派人责让。韩王信害怕被治罪，干脆直接投敌。九月，韩王信以马邑降匈奴。匈奴冒顿单于引兵南逾句注，进攻太原郡，兵锋直指晋阳。

汉七年（前200）十月，刘邦率军亲征，北上讨伐韩王信，于铜鞮大破叛军，斩其将王喜。韩王信败走逃往匈奴；其部将曼丘臣、王黄等立赵苗裔赵利为王，复收散兵，与韩王信及匈奴合兵欲谋攻汉。

匈奴使左、右贤王将兵万骑，与王黄等屯兵广武以南。汉兵出击，匈奴败走，不久又再次屯聚。汉兵乘胜追击，恰巧碰上天气大寒，雨雪交加，汉军士兵十之二三都被冻伤。

刘邦驻军晋阳，听闻匈奴冒顿单于人在代谷，就准备率军出击。在进攻之前，刘邦先派出使者，名为交涉，实则是以此探察匈奴虚实。然而，冒顿单于也是此中高手，他故意将精兵隐藏，将那些膘肥的牛马藏起。于是，汉使见到匈奴皆为老弱，牧畜羸弱。刘邦总计派出十余批使者，这些人回来后的说法相当一致，都认为匈奴虚弱可击。刘邦并未轻信，而是再次派出使臣，想要摸清敌方的真实情况。这次刘邦派的是刘敬。但刘敬出使匈奴尚未归来，三十二万汉朝大军已经出发，逾过句注，向北追击。刘敬出使归来，立即前来报告。刘敬说："两国交战，本应示强。今番臣往，徒见羸瘠老弱，此乃匈奴故意示弱于我，恐有伏兵。愚以为匈奴不可击。"此时大军已发，刘邦大怒，当即大骂刘敬："汝以口舌得官，今乃敢妄言沮军耶！"刘邦下令将刘敬逮捕入狱，待大军凯旋，再行定罪。

刘邦不待大军聚齐，便率前锋部队先行出发，孤军深入先至平城。汉军主力尚在赶来的路上。

冒顿单于得知刘邦冒进，汉军大队未到，立即抓住时机，调集四十万骑，将刘邦及汉军先锋困于白登山，这一围就是七天。

刘邦及其麾下精锐，虽被困于白登，但其实并不危急。匈奴人虽多，却不善攻坚。汉军占据地利凭险据守，与之形成对峙。

匈奴多次进攻，均被汉军击退，而汉军大队援兵将至。冒顿单于进退两难，但既然来了，总要捞点好处才能走，不然，如此兴师动众，却劳而不得，部众必有怨言。

匈奴实际上是由多个部落组成的联盟，相当于多个抢劫团伙的联合体，单于不过是那个带头的匪首。大家之所以愿意追随他，听其号令，就在于单于能给他们带来好处。用一句电影台词概括就是，跟着单于，有肉吃。如果长期吃不到肉，单于的威信就会降低，再严重点，大家就会推翻他，再选出新的令他们满意的单于。所以，匈奴单于必须率部不停地劫掠，才能有足够多的好处分给属下的各个部落。

匈奴单于也不是那么好当的，每次出来都带着抢劫指标，完不成，属下可是会换老大的。

但汉军据守在白登山上，匈奴人攻不上去。匈奴骑兵只有在平原草场上才能纵横驰骋。面对险峻的高山，他们也一筹莫展。刘邦身边的谋臣陈平敏锐地觉察出单于的两难境地。陈平劝说刘邦派人秘密联络单于阏氏。通过阏氏向冒顿单于释放谈判信号。既然是谈判肯定是有条件的，而谈判的条件也不难猜，比如你撤兵，我给你财帛金银，等等。

冒顿单于本来约好与王黄、赵利共同进兵，而如今仗打到此时却不见黄、利二人带兵来，心中已有疑惑，再加上攻击受挫，汉军主力即将赶到，到时不仅要撤兵，而且一点好处也捞不到。不如答应，多少能捞点实在的利益。于是，匈奴悄悄撤去包围。

汉军则趁雾气初起，突围而出。待刘邦回到平城，大军也已赶到。这时匈奴骑兵亦随之退去。匈奴北还，汉军南归。双方各自罢兵。刘邦令樊哙平定代地叛乱，自己则率大军班师回朝。刘敬也被从大牢放出。刘邦封刘敬为建信侯，食邑两千户。

刘邦率军南归路过曲逆，见曲逆户口众多，市面繁荣，不禁大为感叹："壮哉大县！我遍行全国，只有洛阳的繁华能与之相比。"鉴于陈平在此次白登之围中的表现，刘邦再次改封陈平为曲逆侯。

在这次匈奴南侵中，韩王信并不是唯一一个受波及的诸侯王。才被封为代王的刘邦的哥哥刘喜也被匈奴的气势唬住，弃国南逃。对这个不争气的哥哥，刘邦也不留情，免去其代王，贬为郃阳侯。刘邦趁机立宠姬戚夫人所生的皇子刘如意为代王。虽有白登之围的意外事件，但刘邦此行还是基本达成了目的，那就是解决了一个异姓诸侯韩王信。虽然韩王信又闹腾了两年，但已经掀不起大浪。

刘如意被立为代王这年只有六岁，但已经是刘邦众多儿子中比较年长的了。刘如意在刘邦的八个儿子中排行老三，大哥刘肥、二哥刘盈，他后面还有弟弟刘恒也就是未来的汉文帝，以及弟弟刘恢、刘友、刘长、刘建，还有同父异母的姐姐鲁元公主。

刘如意的大哥刘肥是刘邦的长子，被册立为齐王时也不过刚及弱冠之年。刘如意的二哥刘盈是太子也是嫡子，这年也才十一岁。刘如意作为老三第二个被封王也是按照兄弟的长幼顺序。

大哥刘肥已经受封齐王。二哥刘盈是太子，是被指定的国家未来接班人。

虽然只有六岁，但老三刘如意也要担负起父亲赋予他的职责，作为分封出去的同姓诸侯，去取代那些异姓诸侯。这是他作为刘邦的儿子必须完成的使命。

当然，这些年幼的同姓诸侯只是去占位置，刘邦也不会真的让他们去肩负重担。刘邦派重臣曹参作为齐相去辅佐齐王刘肥。对更年幼的刘如意，刘邦自然也早就做好了安排。不久之后，阳夏侯陈豨受命统领赵、代两地的边兵，负责辅佐保护幼小的代王刘如意。

但正是这个被刘邦信任的陈豨不久之后也反了。陈豨的叛乱将北方几乎所有的异姓诸侯王都卷入其中，这里面就包括已经被贬为淮阴侯的韩信跟梁王彭越。

任何异姓诸侯王，刘邦都不打算放过，即使亲戚也不例外。刘邦令陈稀统领赵、代边兵。但此时的赵王还不是他的儿子，是他的女婿张敖。刘邦跟张耳是相交多年的好友。刘邦有个女儿鲁元公主。张耳有个儿子张敖。于是，两人决定好上加好，结为儿女亲家。张敖娶了鲁元公主成为刘邦跟吕雉的女婿。但即便如此，张敖也未躲过刘邦对异姓诸侯王的大清洗。

汉七年（前200）十二月，刘邦北征归来路过赵国。身为赵王又是女婿的张敖自然是热情款待殷勤备至。但刘邦似乎并不领情，对女婿百般刁难横加指责，张口就是一阵疯狂输出，骂得很难听，连赵王的手下都听不下去了。人家好歹也是诸侯王，多少给点面子呀。但刘邦丝毫不留情面，呵斥女婿如同训斥奴仆。

赵王的手下被骂得心头火起，怒火万丈，但奇怪的是赵王本人很沉得住气。刘邦越是怒骂，赵王的态度越是恭顺。看起来不可思议，其实一点也不奇怪，因为赵王张敖是见过世面的。张敖参加过巨鹿之战，更亲历了楚汉战争的全过程，对这位岳父泰山的脾气秉性很了解，赵王张敖其实很清楚刘邦的用意。

看看燕王臧荼、韩王信的下场，刘邦清除异姓诸侯的意图已经十分明显。越是这个时候，越是要顺从，千万不要被抓住把柄。刘邦这次来就是鸡蛋里挑骨头来找茬儿的。他想骂，就让他骂。只要不出错，至少就能挺过眼前这关。

刘邦与张敖是高手过招，不是局中人完全看不懂。张敖是个聪明人。可惜，他有一群不大聪明的下属。

赵王张敖很有水平，但他的属下很没水平。张敖接住了刘邦的大招，却毁在一群猪队友的手上。赵臣贯高、赵午等都被刘邦激怒，表示要刺杀皇帝，为赵王雪耻。张敖怕他们做蠢事急得咬破手指发誓，说我们父子能有今日富贵，都是皇帝陛下所赐，你们不要再口出妄言，今日之事，到此为止，不准再提。张敖强行将事情压下去。但他想不到手下们已经决定瞒着他行动了。

汉八年（前199）冬，刘邦再次亲征北上讨伐韩王信及其余部，路过柏人。赵臣贯高等在厕所安排刺客，准备趁机刺杀刘邦。这晚，刘邦本来要在当地留宿，但心里忽然觉得不舒服，就问左右："此县何名？"对曰："柏人。"刘邦说："柏人者，迫于人也。"这个名字不吉利，于是不作停留，连夜出发。刘邦突然要走，可能是因为名字，也可能是对贯高等人的行动有所觉察。总之，警惕性很高又小心谨慎的刘邦躲过了此劫。贯高等人行刺失败。十二月，刘邦率军离开赵国抵达前线位于常山郡的东垣。

因为贯高等人的刺杀行动是多人谋划集体作案，所以计划泄露是迟早的事儿。这种密谋，知道的人越少越好，知道的人少，才能保密，至少泄露出去的时间会晚很多。可贯高这些人并不懂，偏要群策群力，那等待他们的就只有败亡一途。这群人用实际行动证明了何为成事不足，败事有余。

果然，一年后，计划泄露，东窗事发，贯高被仇家举报揭发。赵王张敖连同贯高、赵午参与密谋的十余人都被逮捕。

赵午等人知道事情不妙，闯下大祸，不等审讯，便争相抹脖子自杀。这群自私自利的人，遇事只会甩包袱。贯高多少还明白些事理，知道这时候必须站出来，作为当事人要把事情的经过讲明白，不然的话，赵王张敖就有口难辩，说不清了。贯高陪同赵王张敖一同前往长安受审，并主动说明，行刺皇帝是他们的主意，全程都瞒着赵王，赵王张敖对此并不知情。

张敖的岳母吕雉这时也一再为女婿求情，说尽好话。刘邦的本意也不是要处置张敖，只是想趁机削夺其封地，收回赵国。现在借口已经有了，也就见好就收了。

汉九年（前198）正月，皇帝刘邦赦免了赵王张敖，但罢黜其赵王之位，夺其封国，贬为宣平侯，封三子代王刘如意为赵王，取代张敖。刘邦以同姓诸侯替换异姓诸侯的计划取得重大进展，又向前迈进一大步。从齐王刘肥到赵王刘如意，每一步都走得很踏实。

可怜赵王张敖委曲求全，只是希望能保住赵国。但在贯高等人的"努力"下，还是配合刘邦，使张敖的愿望化为泡影，从赵王降级为宣平侯。

汉十年（前197），后宫的夺位之争进入白热化。受宠的戚夫人并不满足儿子刘如意做一个小小的赵王。她希望她的儿子成为太子，将来接刘邦的班做皇帝。但她的这个非分之想踩到了皇后吕雉的红线，这也注定了戚夫人未来的悲惨结局。吕雉是一个政治狠人，对政敌没有最狠只有更狠。

定陶戚夫人很受恩宠，也因之恃宠而骄。儿子刘如意虽被封为赵王，却常年待在长安。一来因为年龄小，二来戚夫人也不想让儿子走。此时吕雉因为年老色衰早已不受待见，被冷落一旁，连带着儿子刘盈也不受父亲重视。

刘邦更喜爱年轻貌美的戚夫人，整日与之缠绵，朝夕相处、形影不离，出巡关东也总要带上戚夫人随行。戚夫人虽然很得宠，但看着日渐衰老的刘邦，她也很清楚，眼前的幸福不会长久，她必须为她们母子的将来作打算，最好是能说动刘邦改她的儿子刘如意为太子。

为了儿子，戚夫人一哭二闹三上吊。如果刘邦是个乡下的土财主，戚夫人可能也就得逞了。可惜，刘邦是个从底层一路走来，平民出身的皇帝，并不吃这套。但已是老人的刘邦也架不住娇妾的整日哭闹。

为了哄骗娇妾，刘邦只好假意对朝臣表示要改立太子，罢黜刘盈，册立赵王如意。大臣自然群起反对。太子是国家的根本，岂是说换就能换的！

大臣们面折廷争，刘邦很会演戏，表面上装作一意孤行不予理睬，御史大夫周昌是反对最激烈的大臣。周昌为人口吃，特别是生气的时候，激动得连话都说不出来，但这并不影响他表达自己的意见。周昌说："臣口不能言，然臣期期知其不可！陛下欲废太子，臣期期不奉诏！"刘邦欣然而笑。他需要的就是周昌这种人。

　　周昌可能并不知道刘邦内心的真实想法，但刘邦需要周昌这类朝廷重臣配合他一起演戏，因为要演就得演全套。刘邦对周昌的表现很是满意。而吕后对周昌就不仅仅是满意了。她是特别感激。

　　刘邦同周昌的对话，被躲在东厢偷听的吕雉听得真真切切、一清二楚。即使她知道，儿子的太子之位不会被轻易撼动，但关键时刻，敢于站出来，挺身而出为她母子说话，也是需要很大勇气的。

　　朝会结束，吕雉专程来见周昌，跪谢，表达感激之情。吕雉感动地说："今日要不是您，太子的位置几乎不保。"吕雉此人爱憎分明。她恨一个人必欲将之置于死地。但她同时也是一个知恩图报的性情中人。对她有恩的人也一定要报答。她在沛县坐牢被狱卒调戏时，沛县老乡任敖挺身而出替她解围，吕雉掌权后提拔其为御史大夫，级别相当于副丞相。

　　当时赵王刘如意才十岁，刘邦深知戚夫人这一举是将吕雉给得罪透了。他在的时候，吕雉不敢把戚夫人母子如何。但他百岁之后，以吕雉的为人，以他对吕雉的了解，吕雉肯定要对戚夫人母子下手的。

　　刘邦对此深感担忧。符玺御史赵尧请为赵王配置强相，这个人必须要有威望能稳住局面，又是被吕后、太子、群臣平素敬重忌惮的人。能同时满足以上条件的人并不多。刘邦问："朝中谁可担此重任？"赵尧回答："御史大夫周昌，他是最适宜的人选。"刘邦思虑良久，也认为只有周昌才能胜任，于是以周昌为赵相辅佐赵王刘如意，而以赵尧接替周昌为御史大夫。

　　赵尧不仅为皇帝排忧解难，还赶走周昌使自己得以顺利上位。打着为别人好的名义，实则是给自己谋求好处。问题在于，刘邦明知赵尧的小算盘，但依然采纳其计，因为赵尧的提议在具体事件上确实是对的。赵相的位置只有周昌最合适。这是赵尧对皇帝说的。但赵尧还有话未说出口，但皇帝刘邦也懂了，那就是接任御史大夫的人，也是他，赵尧最合适。

　　戚夫人还不知，刘邦所做的那些表面文章只是为了哄她。她更不知，刘邦已经在为她母子的未来作布局。她还满心期待自己的儿子能当上太子。可惜，这只是她的一厢情愿。

她以为只要皇帝答应就行，她以为只要一番哭闹皇帝就会如她所愿。她实在是过于天真了。

殊不知，皇帝也不是万能的，皇帝很多时候也要妥协，也要让步，也会有不知所措的时候，也会有办不成的事情。仅以立太子这件事来说，就不是皇帝一个人能说了算的，而是各方博弈后的结果。

刘邦的天下不是他一个人的，而是丰沛功臣集团、吕氏外戚集团、异姓诸侯王、外来从臣等各方势力共同努力得来的。

作为刘邦政权两大支柱的丰沛功臣与吕氏外戚显然是站队太子刘盈的。周昌就是丰沛功臣的代表，他的态度几乎就是整个丰沛功臣集团的立场。而吕氏外戚如今的代表就是吕雉。吕氏的实力依旧。更重要的是，丰沛功臣与吕氏外戚至少在现在利益是一致的。那些异姓诸侯即将被清除，他们的态度可以忽略不计。至于外来从臣大多是依附于丰沛功臣与吕氏外戚的。整个政权都在两大政治势力的操控之下，刘邦只能选择刘盈做接班人，即使他不喜欢这个儿子。刘邦确实有强行改立太子的权力，但丰沛功臣与吕氏外戚有改变结果的能力。

戚夫人是没有政治派系支持的。就算刘邦册立刘如意做太子，刘邦百年之后，戚夫人母子也守不住，到时只会死得更惨。戚夫人显然没有意识到政治斗争的风险以及失败后的结局。她还不知道激怒吕雉的下场有多么恐怖。

刘邦任命周昌为赵相，又令阳夏侯陈豨统领赵、代边军。周昌是丰沛功臣中德高望重的大臣。陈豨则是刘邦诸多大将中能力特别出众的一个。为何这么说呢？陈豨，关于他的史料不多，但他同时受到两个人的器重跟信任，足以说明此人的能力超群。是的，看重他的两个人就是刘邦跟韩信。应该不会有人质疑他们两个人的眼光。

刘邦能派陈豨到赵、代领兵就代表着对其信任有加。刘邦为齐王刘肥配置的大将是曹参，为赵王刘如意配备的大将是陈豨。两相对比，就会发现，能被刘邦选中辅佐同姓诸侯王的都是能力超强又靠得住的心腹，至少刘邦当时是这么认为的。刘如意对标刘肥，陈豨对标的是曹参。通过对比，不难发现陈豨此人在刘邦心目中的分量有多重。

自从被刘邦骗到洛阳，韩信就特别消沉，整日闷闷不乐。这也情有可原。昔日的楚王韩信，如今已被刘邦贬为淮阴侯韩信。昔日指挥千军万马的统帅，如今只能在长安的府邸中闲住。如此巨大的落差，换成谁都不会开心，更何况是心高气傲的韩信。

韩信整日在府中闲居，遇有朝会便称病不出。刘邦也知道韩信有怨气，便随其意不作理会。

韩信羞与周勃、灌婴同列，因为这些人当初要么级别比他低，要么是他的下级。

一天，也许是实在闲得慌，韩信信步而游，路过将军樊哙的府邸，就顺便进去坐坐。樊哙见是韩信来访，受宠若惊，跪拜送迎，口称臣，说："大王乃肯光临臣舍！"韩信出门，颇为自嘲地笑说："生平竟与樊哙为伍，真是羞耻！"韩信居然看不起樊哙，要知道，樊哙战功虽然还不如周勃、灌婴，但人家的政治地位高，他是刘邦在沛县时的铁杆兄弟，又娶了吕雉的妹妹，与当今的皇帝是连襟，如此显赫的身份竟肯跪迎韩信，而韩信居然坦然接受，还认为理所应当。都落魄成淮阴侯了，还是这般傲娇，当初巅峰期得有多狂傲可想而知。

即使在刘邦面前，韩信也是一如既往地骄傲，丝毫不作收敛。

一次，刘邦请韩信到宫中做客，两人闲谈。刘邦与韩信坐在一起品评众将的能力，说到哪位将军，刘邦就让韩信评论，说这位将军能带多少兵之类的话题。韩信照刘邦的要求，将军中众将都评论了一番，刘邦见韩信点评得头头是道，于是也不禁问道："你看我如何，能带多少兵？"韩信也不客气，很实在地说："陛下最多能带十万兵。"

刘邦来了兴致，说："那你呢？你能带多少？"韩信颇为自信地说："于臣则多多益善。"刘邦听了大笑，说："多多益善，怎么还被我擒住呢？"韩信嘴上不说心里想，你还好意思说，还不是因为你使用诈术，不然，我怎么会被你抓住。但韩信表面还是说："陛下虽不善将兵但善将将，此乃韩信之所以为陛下所擒也。且陛下乃天授，非人力也。"

陈豨在去代地之前，去淮阴侯府向韩信辞行。韩信很亲密地拉着陈豨的手，屏退左右，与之慢步于后庭。此处与樊哙的跪拜送迎形成强烈对比，也凸显出陈豨在军中的地位，能同时被刘邦韩信看重赏识的人，其能力非等闲之辈可比。

走着走着，韩信不禁仰天长叹："可以同将军说说心里话吗？"陈豨赶紧说："唯将军令！"韩信说："公之所居，天下精兵之处；而公陛下之信幸臣也。人言公叛，陛下必不信；再至，陛下乃疑；三至，必怒而自将兴师讨伐。到那时，我在京师为将军应援，天下可图也。"陈豨素知韩信之能，对此深信不疑，当即答道："谨奉将军之令！"

陈豨为代相守边数岁，休假南归。但陈豨不是一个人走的，还有数千门客追随。陈豨有属于他的偶像，战国四大公子之一的魏信陵君。之前说过，信陵君也是刘邦的偶像。信陵君门客三千，闻名于诸侯。陈豨学习偶像信陵君，他的门客也有数千人之多。陈豨路过赵国邯郸时，城里的大小馆驿都被他的门客住满了。

但陈豨如此招摇，引起了一个人的不满，就是赵相周昌。为此，周昌专门上书告状，他主要谈及两点：一是陈豨在边地统领重兵多年，恐其生变。所谓生变，就是担心陈豨形成小团体，尾大不掉成为割据军阀。二是陈豨门客众多，这些门客良莠不齐多有横行枉法者，地方官不敢管。国家已经统一，岂能有法外之地，因而必须对其进行惩戒处罚。

应该说，周昌讲得很有理，也说到点上了。刘邦派人去查，结果不难预料，以陈豨这些年在边地干的那些事儿，收集他的黑料简直易如反掌，因为遍地都是。陈豨门客犯法，陈豨自然难辞其咎，甚至很多就是陈豨本人做的。

很多重大违法案件都牵涉到陈豨。事情越查越大，陈豨也知道上面在查他。陈豨害怕了。如果刘邦真的秉公执法，他是跑不掉的。韩王信得到风声派部下王黄、曼丘臣等人前去游说，希望拉陈豨下水。陈豨犹豫之际，赶上太上皇崩，皇帝遣使召陈豨进京。这个时候，陈豨当然不敢回去。可是，不去就是抗旨，即使这次躲过去，早晚也会被秋后算账，再加上王黄等人的怂恿蛊惑，陈豨一不做，二不休，干脆直接反了。

这次事件看似寻常，却并不普通，在其背后隐藏着更深的政治目的。周昌表面上是查陈豨违法乱纪，实则是清除赵王刘如意的班底亲信。因为周昌从始至终都是一个太子党。丰沛功臣是支持吕氏外戚的。而周昌是丰沛功臣的代表。

陈豨是刘邦亲自为赵王刘如意选定的政治班底，是护佑刘如意的主要军事力量。周昌对陈豨下手，就是冲着赵王刘如意来的。而周昌的行动又是得到刘邦允许的。这意味着刘邦正式放弃了册立刘如意为太子的想法，转而开始考虑刘盈跟刘如意兄弟今后的政治出路。刘盈既然是太子，刘如意就只能做赵王。

刘邦同意周昌对陈豨下手也是有条件的，那就是日后，周昌要负责保护赵王刘如意。因为刘邦很清楚吕雉的性格跟为人。周昌忠诚地履行了他的职责，竭尽全力保护赵王刘如意，甚至不惜为此搭上他的政治前途。以他的资历，本可为相，就因为保护刘如意而得罪吕后，仕途止步于赵相，但终究他还是未能做到，刘如意被吕雉毒杀后，周昌不久也抑郁而终。

保护赵王刘如意，刘邦应该也对太子刘盈做过类似的交代，所以，后来刘盈即位，将进京的弟弟刘如意带到自己的住处，同吃同住，形影不离，就是怕吕后加害。因为他答应过父亲，要保护好弟弟。可惜，他也未做到。但必须要说，他们已经尽力了。刘邦死后，吕后当权。吕后想杀的人，谁也拦不住，即使汉惠帝刘盈也不例外。在经历弟弟被害以及人彘事件的重击后，刘盈不久也忧郁而亡。

汉十年（前197）九月，陈豨起兵叛乱，自封代王，遣军南下攻略河北。

从事件发生后，从赵地的迅速崩溃来看，刘邦显然未料到陈豨会反。刘邦可能只是想夺其权，未想过逼其反。如果刘邦真想逼反陈豨，至少应该在赵地提前部署军队，而不是现去调兵，弄得手忙脚乱。

叛乱发生后，刘邦亲自率军出征，赶到邯郸，发现陈豨并未第一时间抢占这里，还略带得意地对人说："陈豨不南据邯郸却阻漳水而守，我就知道他难成大事。"

话说得轻松自信又从容，然而，实际情况并不乐观，甚至有些糟糕。

仅仅一个月，陈豨就占领整个代地，常山郡二十五城，有二十城直接投降。曲逆、东垣、襄国等赵国重镇相继沦陷。陈豨的前锋部队甚至已渡过黄河，深入到黄河以南攻城略地。陈豨起兵之初，进展迅速，几乎以迅雷之势席卷赵、代，河北为之震动。

赵国仅邯郸等为数不多的城池得以幸存，这还是因为刘邦行动及时，他来得再晚点，恐怕邯郸也丢了。不是陈豨不想据有邯郸，而是刘邦的动作也很快。

刘邦的从容自信，也有演戏的成分，眼下河北特别是赵地人心惶惶，他要是不表现得从容镇定一些，投降逃跑的人只会更多。出于稳定人心的需要，刘邦也必须展示他在长期战争岁月里练就的纯熟演技。封王韩信时的即兴发挥，广武中箭时的精彩表演，处处都彰显出刘邦作为闯荡江湖多年的老戏骨扎实的表演功底。

人生如戏，全靠演技。

一个不会表演的亭长，注定不会成为一个好皇帝。反之，一个很会演戏的亭长，肯定能成为一个好皇帝。

陈豨之所以这么快就能席卷河北，原因在于他驻守在北方边界，有大量的骑兵部队。骑兵相对于步兵，最大的优势就是快。

古往今来，战争对速度的追求都是没有最快只有更快。

兵贵神速。

只要速度够快，就能弥补兵力的不足，就能补齐数量的短板，就能实现以少胜多，以弱胜强。

就体量而言，陈豨自然不可同刘邦相比，但他有先发优势，诞生于反秦起义的成语，先发制人，后发制于人，又一次在战争中被生动演绎。陈豨是发动战争的人，他可以决定何时进攻如何进攻。而缺乏准备的汉军在初期则陷入被动防御。

因为有数量可观战斗力又强的边军骑兵。陈豨还有速度优势。骑兵部队在河北平原上可以随心所欲纵横穿插。而以步兵为主的汉军则面临追不上又堵不住的尴尬境地。

先发优势是短暂的，但速度优势是持久的。

陈豨利用边地彪悍的骑兵发动的是标准的闪电战，主打的就是一个速度，从开战之初就派骑兵渡河南下，便可知陈豨的胃口不小，他要的是整个北方。

刘邦也很快意识到局势的严峻。陈豨这家伙野心很大。为了围攻陈豨，刘邦亲率汉军主力北征，同时遣使四出，向齐、梁、燕等诸侯国征兵。镇守齐国的是曹参，等于中央直辖，自然不成问题，但梁、燕两个异姓诸侯国都出了问题。

梁王彭越只派部将率少数军队应诏，他本人则留在原地不动。这一方面是因为陈豨的部队已经南下威胁到彭越，一方面则还是彭越的老习惯，遇事总是先看风向，喜欢坐山观虎斗，等局势明朗再出手，捞取胜利果实。但刘邦可不想再惯着他了。

既然早晚要收拾异姓诸侯，不如尽早一块儿都收拾了。彭越因为观望形势，不肯出力而被刘邦列入黑名单。

而最搞笑的是燕国。燕王卢绾是刘邦的亲信，也是屈指可数的能够被信任的异姓诸侯。而燕国在北方，要面对匈奴，也有战力很强的骑兵。对付骑兵最好的办法，当然还是骑兵。燕国自然是刘邦征召的重点。

刘邦从北面进攻的同时，让他的发小好兄弟卢绾从东往西打，配合他。起初，卢绾确实相当配合，打得也很卖力。当时陈豨派王黄出使匈奴，请匈奴出兵相助。卢绾听说后，也派人出使匈奴，向匈奴晓以利害，希望匈奴不要卷进来。卢绾派去游说匈奴的使者名叫张胜。他本来是去做说服工作的，结果却被人给说服了。

卢绾能派张胜出使匈奴，说明此人口才、能力应该不差，但在匈奴，他遇到了一个比他更有口才更具能力的人，前任燕王臧荼之子臧衍。臧荼因为造反被杀，他的儿子臧衍只能流亡匈奴。

臧衍在匈奴见到了来这里出使的燕王卢绾的代表张胜。臧衍对张胜说："您之所以在燕国受到重用是因为熟悉边事，燕国之所以能够久存是因为诸侯数反。今日您为燕国出使匈奴，欲急击陈豨，可是一旦陈豨被剿平，燕国也就失去了存在的价值，下一个被扫平的恐怕就是燕国了。而燕国若是不复存在，您恐怕也要落得跟我相同的下场。为了您以及燕国的利益，何不减缓对陈豨的攻击，而与匈奴联合！战事平息，可以长久为燕地之王；即使汉军来攻，也可以匈奴为援，保住燕国。"张胜深以为然，他说得有道理呀。他说得对呀。

于是，张胜不仅不劝匈奴退兵，反而暗中怂恿匈奴出兵帮助陈豨。燕王卢绾得到情报怀疑张胜通敌，上书请诛杀张胜三族。奏疏才送上去，张胜就从匈奴归来，还将臧衍对他说的话又对卢绾复述一遍。卢绾听后，跟张胜是一个反应，人家说得有道理呀。人家说得对呀。于是，燕王卢绾也被说服随便找个理由帮张胜脱罪，并派张胜专门负责与匈奴联络，又秘密派遣范齐作为密使去陈豨处，暗中相助，只要战事不停，燕国就是安全的。

卢绾有这个反应也不奇怪。刘邦要清除异姓诸侯王的意图已经摆在明面上，连装都懒得装了。看着小伙伴一个接着一个被干掉，异姓诸侯自然生出兔死狐悲之感，现实逼得他们不得不抱团取暖。

形势如此严峻，连刘邦的铁杆卢绾都站队到异姓诸侯那边去了。要知道，当初刘邦选卢绾做燕王就是用来制衡异姓诸侯王的。因为卢绾曾是他最好的兄弟也是他最信任的伙伴，卢绾跟刘邦的感情有多好，何需多说，众多丰沛功臣，也只有卢绾一人被封王。但生活是现实的，不是感情决定立场，而是利益决定立场。燕王卢绾起初是真的很卖力地在打，但通过臧衍的说服工作，真打很快变成假打。

而梁王彭越之所以选择观望，很可能也是陈豨外交努力的成果。至于陈豨是如何做通梁王彭越的思想工作的，这个可以参考燕王卢绾的现成例子。

至于韩王信，原本就是他拉的陈豨下水，如今也是陈豨造反事业上的合作伙伴。

至此，北方的所有异姓诸侯都以不同方式被不同程度地卷入陈豨叛乱事件。对了，还有一个人，他比韩王信、燕王卢绾、梁王彭越加起来的分量都重，虽然他现在已经不是诸侯王，但以他曾经的地盘跟实力，这三人加在一起也比不过。此人正是淮阴侯韩信。

韩信在军界的地位是其他人难以望其项背的。韩信是一个从未打过败仗的将领，常胜将军，因此在军中有着极高的威望。不论将领还是士兵都知道一个朴素的观念，一个简单的事实，跟着韩信就能赢。威望本身就是一种实力。

陈豨会想到拉拢卢绾，会想到联络彭越，难道他会想不到去争取韩信？

更何况，当初他离京之时与韩信还曾有过推心置腹的一番谈话。陈豨的信心源自他自身的实力，也源自异姓诸侯的支持，对异姓诸侯而言，不主动攻击就是一种支持；更源自京城长安时韩信对他做出过的承诺。

韩信现在确实是光杆司令，但韩信的威望还在。刘邦可以夺去韩信的兵权，却夺不走韩信的军事才干。

只不过，韩信未想到陈豨居然会败得这么快。

陈豨起兵之后的攻击方向不是南下太原而是兵进东南攻略燕、赵，这是吸取韩王信的教训，避免被汉军合围在山地，因而选择在华北平原与汉军决战，平原更利于骑兵做大范围机动。陈豨部将侯敞率骑兵一万在河北进行游击战，部将王黄率骑兵千余进驻曲逆，部将张春率兵一万渡河攻击聊城。

刘邦赶到邯郸时，常山郡二十五城，已亡二十城；赵相周昌请以失职之罪诛杀守、尉。刘邦问："这些守、尉反了吗？"周昌回答："未反。"刘邦说："那就是力所不及，不必治罪。"刘邦显然更为清醒也更加高明。这时候诛杀守、尉，这不是把人往陈豨那边赶吗！还嫌不够乱吗！看着蠢笨的周昌，刘邦真是骂都懒得骂他。

刘邦令周昌挑选可令为将者。有四人应选得到刘邦的召见。刘邦见到四人上来就是一顿痛骂："竖子，也能为将！"四人羞惭地跪伏在地，被骂得不敢抬头。但刘邦骂归骂，用还是照用，而且还是重用。刘邦下令以四人为将，加封食邑各千户。

见此情形，左右赶紧劝谏："从陛下入蜀、汉，伐西楚的功臣尚未尽封；这些人未立寸功，遽受封赏，恐怕不妥。"刘邦说："此非汝等所知。陈豨反，赵、代之地皆为豨有。我以羽檄征天下兵，至今尚未有至者，如今只有邯郸兵可用。我岂会吝惜四千户的赏赐，不以此慰劳赵国子弟！"左右大臣这才明白刘邦的用意是以封赏收买人心。

刘邦听说陈豨的部将很多都是商贾出身，便拿出大笔金银进行贿赂策反，不用问，这又是陈平的工作。

面对陈豨的骑兵游击战，刘邦则选择进行阵地攻坚战，因为他的主力是步兵，攻坚才是强项。战争的方式应当扬长避短，尽量发挥己方的优势，才是取胜之道。

陈豨选择分兵而进。刘邦也针锋相对，多路进兵，兵分四路。

西路军以太尉周勃为主将从太原北上进攻马邑，目的是夺取云中郡、雁门郡、代郡。

东路军以齐相曹参为主将统领齐、梁等诸侯军进攻黄河南岸的陈豨军张春部，目的是将之就地围歼，至少也要将其驱逐回北岸。

中路军由刘邦亲自统率，这路也是汉军的主力，阵容也极其豪华强大，灌婴、靳歙、郦商、樊哙都在其中随同征伐。

北路军就是卢绾率领的燕军，经过陈豨的外交努力，画风也从真枪实战逐渐转变到应付表演，徘徊观望。

战场从山西高原到华北平原再到黄河南岸，双方在数千里长的战线围绕多处战略要点反复争夺。樊哙、郦商作为先锋，北上攻占襄国、柏人，进而包围赵利、曼丘臣据守的东垣。

车骑将军靳歙接替灌婴成为骑兵的主将，与灌婴一起，进攻曲逆，与之对阵的是陈豨部将侯敞、韩王信部将王黄。靳歙、灌婴首先在野战中击溃侯敞的游击骑兵，将之包围在曲逆城。在随后的攻击中，汉军顺利取胜。曲逆之战结束后，灌婴、靳歙率军西进，沿途城邑望风归降。他们率领骑兵配合汉军主力又取得东垣之战的胜利。

在东垣之战中，因为城上的士兵曾集体以不文明的方式问候刘邦及其父亲。攻下东垣后，怒气未消的刘邦专门派人追查，凡是当天问候过他家人的叛军一律处死。战后，刘邦将东垣改名真定。

先锋樊哙北进后，与西路军周勃部，顺利会师，很快平定代地。

韩王信被汉军柴武部包围在参合城。汉军劝降不成，便直接将其杀掉。韩王信被杀后，陈豨又坚持了一年，最后被汉军击杀于代地的灵丘。韩王信的死基本标准着陈豨之乱的结束，至于陈豨后来的游击战，已经极其不重要。

淮阴侯韩信长期称病不出，还曾秘密派人联络陈豨，与之通谋。韩信计划率家臣于夜间诈称有诏赦免诸官徒奴，将其武装起来，袭击吕后、太子；部署已定，只待有陈豨的消息就行动。

这时，韩信府中有舍人犯罪被韩信囚禁，待杀未杀之时，舍人的弟弟上书言告韩信欲反。吕后得报，欲召韩信进宫，但又怕韩信发觉不来，于是命人"请"来相国萧何与之共谋。

吕后这招相当高明。萧何与韩信的关系众所周知，韩信若果真谋反，萧何就是极其关键的人。如果他们联起手来，事情会很难办，他们两人都具有极高的威信，一文一武，相得益彰，配合起来更是得心应手。真是如此，长安很快就会被韩信控制。

到时，陈豨反于外，韩信应于内，刘邦就将腹背受敌。关键时刻，吕后显示出一个政坛高手应有的沉着与机敏。她迅速出手抢先控制住萧何，然后，再利用韩信对萧何的信任，逼迫萧何出面对韩信进行诓骗，假称前线大捷，陈豨已经被擒获，列侯、群臣皆入宫朝贺，请韩信也进宫祝贺。

可是，谁都知道，韩信一直以来都装病不出，别人请不动韩信，能让韩信放松警惕的只有萧何。吕后就是利用这一点，以萧何之名相邀。韩信信以为真，结果，刚进宫门，就被早已埋伏在那里的武士绑缚。吕后当即令人将韩信斩于长乐钟室。临死前，韩信大呼："悔不用蒯通之计，乃为女子所诈。"吕后处死韩信，又下令诛杀韩信三族。

韩信因萧何而兴，也因萧何而亡。

正是，成也萧何，败也萧何！

刘邦班师凯旋，听闻淮阴侯的死讯，且喜且怜。刘邦的态度真实反映出他对韩信既爱惜又防范，既爱其才又惧其变，心理是复杂矛盾的。

刘邦问吕后："韩信死前留下过话吗？"吕后说："韩信言恨不用蒯通之计。"刘邦点点头说知道了，是那个齐地的辩士蒯通。

于是，刘邦下诏给齐国抓捕蒯通。皇帝想抓的人，自然跑不了。

很快，蒯通就被绳索捆绑押到刘邦面前，刘邦问："是你教淮阴侯谋反的吗？"对曰："是，确实是臣教的。可惜，竖子不用臣计，所以才死于妇人之手；如用臣计，陛下安得坐享其成！"刘邦大怒，当即下令烹杀蒯通。敢情，煮人不是项羽的专属，刘邦得势也想这么干。

蒯通赶紧大呼冤枉。蒯通这么一喊，倒把刘邦给喊蒙了。刘邦说不是你教唆韩信谋反吗！你也承认了，何冤之有！蒯通对曰："秦失其鹿，天下共逐之，高材疾足者先得焉。跖之狗吠尧，非尧不仁，狗吠非其主。当是时，臣独知有韩信，不知有陛下。且天下之人欲为帝业者甚多，难道都烹杀了吗！"蒯通的话还真把刘邦给问住了。最后，刘邦还是将伶牙俐齿、能言善辩的蒯通给放了。

代地被平定后，刘邦立其四子刘恒为代王，定都晋阳。

接下来，轮到梁王彭越了。他终究还是躲不掉这轮大清洗。狡兔死，走狗烹。彭越也即将步韩信的后尘。

刘邦征讨陈豨时，曾征兵于梁；当时梁王彭越也学韩信谎称有病拒不出战。彭越一直以来都在仿效韩信。从韩信在齐地称王，彭越就开始亦步亦趋地紧跟韩信的步伐。韩信怎么做，他就怎么学。彭越已经不是摸着韩信过河，而是拽着韩信的衣角过河。

因此，当韩信被杀的消息传来，彭越第一次感受到切身的恐惧。当刘邦的使者来到梁国指责梁王彭越时，彭越就已经准备亲赴京城谢罪了。但部将扈辄却劝他不要去，扈辄说的也很有道理。扈辄说当初您不肯前往，如今受到责备才想起去请罪，这不是不打自招，坐实了当初抗命的罪责！事到如今，不如干脆直接发兵反了。但彭越最终还是没有谋叛，他是真的不敢。陈豨、韩信就是前车之鉴，他的能力不如前者，造反，会死得更快。

眼看彭越即将倒台，梁国的太仆立即逃到京师告状，告发梁王与扈辄意图谋反。于是，刘邦迅速派出密使趁彭越左右徘徊游移不定之际，将其抓捕，押到洛阳囚禁起来。

有司很快递交处理结果，"彭越反形已具，请论如法"。有关部门"反形已具"的结论也不知是从何得出，但必须要说，他们在顺承上意这点上做得还是相当到位的。其他的事可以拖可以慢，领导的事必须尽心办好，从重从快，符合领导的心意，他们的仕途才能通畅。

但这次，他们会错了意，刘邦多少念及一些旧情，未打算杀彭越，只是将其贬为庶民，发配蜀地。彭越从洛阳出发，一路西行，在路上刚好遇到从长安东来的吕后。彭越看见吕后犹如见到久别的亲人，一把鼻涕一把泪地诉苦，诉说他的冤屈，还表示如今只希望回到故乡昌邑做一个布衣百姓就心满意足了。

吕后百般安慰，对彭越的诉求满口答应，就这么带着彭越原路返回，来到洛阳。等见到刘邦，吕后才露出本来面目。她对刘邦说："彭越乃当今壮士，留下总是隐患，不如杀之。我已经把他带回来了。"既然吕后如此说，刘邦也只能答应了。于是吕后令彭越的舍人告发彭越再度谋反。廷尉奏请诛杀彭越并其三族，刘邦当即准奏。

汉十一年（前196）三月，彭越被诛杀三族，枭首洛阳市。

彭越喋血洛阳市，血迹未干，他的梁国就被刘邦瓜分。刘邦立其五子刘恢为梁王，立其六子刘友为淮阳王。罢东郡，并入梁国；罢颍川郡，并入淮阳国。

七月，淮南王黥布反。

黥布很自觉，不用刘邦给他编排罪名，直接反了。这很正常，因为按照顺序，轮也轮到他了。

黥布比彭越强，至少还有反抗的勇气。淮阴侯韩信的死，已经让黥布心惊肉跳坐立不安。彭越的死,则加剧了黥布的紧张情绪。但吕后认为刺激得还不够,还要加大力度。于是,不久之后,黥布就收到了一份来自洛阳的特别礼物,用彭越的肉制作的肉酱。

当时,黥布正在外面围猎,当他打开包装,看见吕后为他准备的"礼品"时,可以想象他的震惊程度。从后来发生的人彘事件推测,这类重口味的操作,很可能出于吕后之手。刘邦虽然心也挺狠,但总的来说,还算比较厚道。能干出这么恐怖的"行为艺术"的人恐怕也只有心狠手辣的吕雉了。

得知黥布起兵叛乱,刘邦一如往常地召集众将问计,而将领们的反应也跟之前相同,连台词都未改,皆曰:"发兵击之,坑竖子耳!"

不知是之前的平叛战争的顺利令刘邦信心十足,还是急不可待地完成他以同姓诸侯替代异姓诸侯的计划,尚未出兵平乱,刘邦就先将淮南王黥布的地盘提前分封出去。这次依然还是按照长幼顺序,刘邦立其七子刘长为淮南王。

当时,刘邦已经有病在身,就打算让太子领兵前往淮南平乱。太子的门客东园公、绮里季、夏黄公、角里四位先生得知集体去游说太子的舅舅建成侯吕释之:"太子将兵,有功则位不益,无功则受大祸。君当急请皇后,涕泣言上:'黥布,天下猛将,善用兵。今帐下诸将皆陛下昔日故旧,令太子将此辈征战,何异于使羊将狼,必不肯为用;黥布闻之,必鼓行而西!皇上虽病,强载辎车,卧而监护,诸将不敢不尽力。上虽苦,为妻子计当自强!'"

吕释之也意识到问题的严重性,连夜来见吕后,将四位老先生的话说给吕后。精通权谋之术的吕后当然也明白,太子仁弱,岂能带兵,于是日夜泣涕言于刘邦如四人之意。刘邦只好说:"我就知道这小子不成器,还是我亲自去吧。"

刘邦御驾亲征,留守群臣,皆送至霸上。留侯张良也抱恙在身,这时也强撑病体前往送行。见到刘邦，张良说："臣本宜从征，奈何病甚。楚人剽疾，陛下不可与之争锋！"并趁机劝说皇上令太子为将军统领关中兵。

刘邦知道张良这时已经站队太子，支持吕后。刘邦也只能说些慰勉的话："子房虽病，还请尽力辅佐太子。"当时，叔孙通为太子太傅，留侯张良为太子少傅。刘邦征发上郡、北地、陇西车骑、巴蜀材官及中尉兵三万人为皇太子护卫，驻军霸上。如此一来，兵权在握，太子刘盈的地位才算真正稳固。

黥布起兵之初，为激励士气，对其属下众将说："皇上老了，厌倦打仗，不会亲自带兵来，肯定会派大将领兵，众将之中，所患者只有淮阴侯韩信、彭越，今二人已死，余者皆不足畏。"正是算准了这一点，黥布才有底气造反。

刘邦大军与黥布兵在蕲西遭遇，两军摆开阵势，准备厮杀。黥布兵精士锐。刘邦在营垒上望见黥布军的布阵与当年的项羽军颇为相似，这令刘邦极为反感。

开战之日，刘邦与黥布遥遥相望，刘邦质问黥布："何苦谋反？"黥布回答："欲为帝耳！"刘邦大怒，大骂黥布。黥布为何而反，刘邦心知肚明。黥布的回答颇有点黑色幽默，显然他是有意激怒刘邦。不过，真打起来，黥布依然不是刘邦的对手。大军野战，刘邦只顾忌项羽一人，旁人还真打不过他。

两军激烈交锋，一场混战，黥布率军败走，南渡淮河。其间，两军又多次交战，黥布依然大败，最后仅率百余人渡过长江南逃。

黥布大势已去，汉军重新占领淮南。刘邦令部将追击。黥布不久即被番阳人杀于乡民田舍。

这时，北方也传来捷报。周勃平定代郡、雁门、云中，斩陈豨于当城。叛乱悉平。

随着陈狶之乱被平，燕王卢绾与之串通的事也因之败露。刘邦派辟阳侯审食其、御史大夫赵尧前往验问审查。卢绾干脆躲起来不见二人，并对亲信部下说："往年春杀淮阴，夏诛彭越，皆吕氏之计。如今皇上病重，吕后掌权。吕后妇人，专欲诛杀异姓王者及功臣。"卢绾的话很快就被辟阳侯审食其知道了。审食其将之上报皇帝，刘邦大怒。这时又有匈奴降者说张胜如今就在匈奴为燕使。刘邦说："卢绾果然还是反了！"

二月，刘邦令樊哙将兵讨伐卢绾。如之前的淮南故事，刘邦在叛乱未平之际，再次提前瓜分了燕国，立其八子刘建为燕王。至此，刘邦的八个儿子全部封王。

刘邦以同姓诸侯取代异姓诸侯的计划也基本实现。

刘邦征讨黥布时为流矢所中，加上他年事已高，又有旧伤，此时病势沉重。吕后请来良医为刘邦诊治。良医检查过病情后说："尚可医治。"刘邦听后大骂："我以布衣提三尺剑取天下，此乃天命！我命在天，虽扁鹊何益！"刘邦不肯治疗，赏赐黄金五十斤，将良医打发走。

吕后问："陛下百岁之后，萧相国既死，谁可为相？"刘邦说："曹参可以。"问其次，曰："王陵亦可，然其稍戆，陈平可助之。陈平智谋有余，但难独任。周勃重厚少文，然安刘氏者必是周勃，可令其为太尉。"吕后再问，刘邦就不回答了。四月，甲辰，刘邦崩于长安长乐宫。卢绾闻讯逃入匈奴。

刘邦在他的人生走到尽头之前，终于将具有威胁的异姓诸侯尽数清除，实现以同姓替代异姓的目标，代价就是燃尽他的生命。

楚汉争霸，楚败汉胜。刘邦能最终战胜项羽靠的其实是以韩信为首的异姓诸侯。然而，功成之日，刘邦即过河拆桥，用尽各种谋略，对异姓诸侯进行攻击，政治清洗，军事压制。果真是敌国破，谋臣亡。

似乎很不体面，似乎很阴暗，然而，这才是真实的历史，哪有那么多道德楷模，哪有那么多谦谦君子。有的只是尔虞我诈，有的只是诈术权谋。

汉朝从不隐瞒过往的阴暗，因此才更彰显出其质朴之美。

贵族出身的项羽不懂人性。而底层出身历尽艰辛的刘邦懂。

刘邦最清楚真实的世界，他的儿子们也将之传承下来。汉文帝刘恒从边地藩王到入主中枢，成为皇帝。在这个过程中，他忽悠过吕后，忽悠过刘氏宗亲，忽悠过功臣集团，忽悠过匈奴，忽悠过所有挡路以及可能挡路的敌人，在得势之后，也是过河拆桥，与刘邦的做法如出一辙，因为这是通往帝王之路必需的。

这种人当权，普通的骗术很难忽悠他，因为常见的那些套路，都是他玩剩下的。他自己就是一个大忽悠，你还想去忽悠他，那你的下场会很惨，死得会很难看。

汉景帝亲手砸死堂哥，杀掉辅佐他的功臣，弄死不听他话的媳妇，砍死敢反对他的藩王，这种强势的人，你想搞他？你还未动手，就会被他搞死的。

汉武帝从小看他爹的各种操作，看他娘的各种宫斗，看他奶奶的各种政争，他是在这种家庭教育的熏陶下长大的，他有啥不懂。汉朝值得称道的，最值得学习的，就是这点，父亲在进行各种复杂的政治斗争时，从不瞒着儿子，而是亲自示范，教育儿子，尽早认清现实，认识到人性的黑暗。只有如此，才能不被黑暗所笼罩，才是识破世道人心。

汉朝的皇帝不虚伪不做作，他们很真实很实际，只有精通权谋，精通军事，才能真正掌控国家，也才能真正治理好国家。

外行是很难领导内行的。只有自己成为内行，才不会被欺瞒，才能拥有掌控局面的能力，才有解决复杂局势的水平。

汉朝的皇帝才不会进行虚伪的道德说教，因为他们知道道德说教是最虚伪的谎言。真正的大忽悠，真正的权谋者最清楚谎言的巨大危害，也最清楚实话具有的强大力量。该忽悠的时候，必须忽悠。该说真话的时候，必须要说真话。

建立政权的黑暗面，从不隐瞒，不去刻意包装自己。

不用谎言去粉饰，才是真正的大智慧。

因为谎言终将被识破，而真实才能长久。

汉朝四百年天下，最可贵的即它的真实。